時代と格闘する人々

静岡県近代史研究会

はしがき

私たち静岡県近代史研究会は、一九七八（昭和五三）年八月に市民的な地域史研究団体として誕生して以来、毎月の例会で会員の研究報告を行い、年一回の総会では同時に記念講演会を開催して、会員相互の研鑽と親睦を図ってきた。また、毎月会報（B５判四頁立て）を発行し、毎年一冊会誌『静岡県近代史研究』（二〇一四年で第三九号）を刊行して、会員の研究成果を公表している。

わたしたちの活動の基本は、あくまで会員個々人の自主的な研究活動にある。しかし、その一方で共同研究の企画を立て、会の総力を挙げて一つの研究テーマに取り組むという活動も行ってきた。これまで取り上げたテーマは自由民権運動、戦争遺跡、人物史などで、そのつど研究成果を出版物として公表してきた（『ドキュメント静岡県の民権』三一書房、一九八四年、『静岡県自由民権史料集』三一書房、一九八四年、『史跡が語る静岡の十五年戦争』青木書店、一九九四年、『近代静岡の先駆者』静岡新聞社、一九九九年）。

そして、ここ一〇年余にわたって取り組んできた共同研究のテーマは「静岡県の戦後史」である。いうまでもなく、ここにいう「戦後」は、一九四五（昭和二〇）年、日本と連合国間の戦争が終結――国際法上は八月一四日のポツダム宣言受諾ではなく、九月二日の日本による降伏文書調印をもって戦争が終結したというべきだろう――した後の時代を指す。

周知のように、この「戦後」という概念はきわめて曖昧である。その時期区分からして難問である。「いつから戦後が始まったのか」は――八月一五日以後か九月二日以後かという違いはあるが――それなりに明確である。しかし、「いつ戦後は終わったのか」ということになると人によって大きく意見が分かれる。一九五六年版『経済白書』が「もはや戦後ではない」と記述したのは有名である。しかし、他方で、二一世紀を迎えてもなお「まだ戦後である」と主張する人々も存在する。

戦後の始期と終期を考えることは、実は、「戦後とはどんな時代だったのか」を考えることにほかならない。戦後のとらえ方によって戦後の終期をどこに置くかも変わってくる。たとえば日本国憲法や国際連合憲章が連合国側による戦後処理の法的枠組みであることを重視する人にとって、日本国憲法や国連憲章が存在する限り日本の「戦後」は終わらないのかもしれない。

このような曖昧さを残しながらも、二一世紀を迎えようとする頃から、国内外で「戦後」への関心が高まってきたように思う。戦後史を歴史研究の対象として取り上げるという傾向が顕著になってきたのである（著名なものでは、小熊英二『〈民主〉と〈愛国〉』新曜社、二〇〇二年、ジョン・W・ダワー『敗北を抱きしめて』岩波書店、増補版二〇〇四年、などがある）。それはやはり、七〇年近い時間の流れが嫌も応もなく戦後を「現在」から「歴史」に換えつつあるということなのかもしれない。

私たちは、こうした研究動向に学びながら、静岡県という地域の戦後史を共同研究のテーマとして選択した。そして、静岡県という地域にとって、そしてこの地域に住む人々にとって、「戦後」とはどのような時代であったのか、という問いを立てた。それから一〇年余、この問いに答えるべく、多様な角度から、さまざまな問題について考察を重ねてきた。

しかし、想像以上に戦後史研究は困難が多かった。それは前述の時期区分の問題にとどまらない。難しさの理由の一つは、執筆者全員が一つの歴史像を共有しうるほどには、戦後史はまだ十分に「歴史」になってはいないというところにあるかもしれない。そうした困難を越えて、ひとまず私たち自身の答え――それはあくまで執筆者それぞれの答えだが――として本書を編むことができた。まだまだ不十分な点も多いが、いまはその完成を率直に喜びたい。

なお、本書は、静岡大学人文社会科学部長裁量経費（研究成果刊行助成費）の交付を受け、「静岡大学人文社会科学部研究叢書」の一冊（叢書番号三九）として刊行される。この学部からのご支援がなければ、本書を刊行することは到底できなかっただろう。ここに記して深甚の謝意を表したい。また、困難な出版状況にもかかわらず本書の出版をお引き受けいただいた羽衣出版および松原正明氏にも心よりお礼を申し上げたい。

二〇一五年二月一六日

静岡県近代史研究会　　橋本誠一

目次

第一部　戦争と文化・基地・核

第一章　プランゲ文庫に見る県下の言論と文化（一九四五〜四九）……市原正恵……11
第二章　米軍・自衛隊基地と住民運動……枝村三郎……30
第三章　第五福竜丸事件と原水爆禁止運動……枝村三郎……52
【コラム1】女性参政権が実現したとき—男女共同参画社会へ向けて—平井和子……74
【コラム2】静岡県への空襲に関する戦後の主要な運動と研究……日野資純……85
【コラム3】ある郷土部隊の引き揚げ……村瀬隆彦……87

第二部　時代と格闘する人々

第一章　戦後の静岡県青年団運動
—一九四〇年代、五〇年代の新生青年団を中心に—……肥田正巳……93
第二章　小笠郡の農民組合運動……竹内康人……113
第三章　「偶像を焼く」、地域民衆史研究を支えたもの
—小野芳郎を中心として—……清水　実……134
【コラム4】「戦後」の立ち上がり——庶民大学三島教室……川口和正……155

【コラム5】登呂遺跡は日本のポンペイ……五味響子……158

第三部　地域社会と人権

第一章　人権の戦後史……橋本誠一……165
第二章　戦後静岡における「在日」……小池善之……190
第三章　障害児の親たちの運動……鈴木雅子……209

第四部　地域経済のあゆみ

第一章　戦後県政と地域経済―経済・開発政策を中心に―……高柳友彦……233
第二章　川根茶業の歩みと現状
―高度成長期以降の中川根町（川根本町）を事例として―……高木敬雄……250
第三章　温泉観光地の発展と地域変容―伊豆半島を事例に―……高柳友彦……271
第四章　高度成長期における住民生活と水利用
―三島市を事例として―……沼尻晃伸……289
【コラム6】「NPO法人夢未来くんま」にみる地域おこし……大塚佐枝美……311
執筆者一覧……317

第一部　戦争と文化・基地・核

第一章　プランゲ文庫に見る県下の言論と文化（一九四五〜四九）

市原正恵

一九四五年八月一五日、戦争が終結し、占領軍兵士が日本へ上陸して、さまざまな占領政策が開始された。そのひとつに「検閲」があった。アメリカ軍は日本敗戦以前から、検閲について周到な用意をしていた。四五年九月から、新聞・雑誌、書籍、映画、はては紙芝居に至るまですべての表現媒体は検閲を経て公にされなければならなかった。出版物を出すときには、たとえガリ版刷りであろうと、少部数であろうと、東京のＣＣＤ（民間検閲局）に提出して検閲を受けた。提出にあたって収集された資料は厖大で、雑誌だけで一万三千タイトルあったといわれる。

その資料は一九五一年、歴史家でアメリカ軍将校、ゴードン・Ｗ・プランゲによってアメリカに送られた。一九七九年、それはプランゲ・コレクション（日本では文庫）と名づけられ、のち、日本の国立国会図書館によってマイクロフィッシュ化され、近年、静岡県立中央図書館でも見ることができるようになった。静岡県分は、雑誌一九九タイトル、六二一冊あった。

本稿では、プランゲ文庫の所蔵する静岡県において出版されたさまざまな雑誌―総合雑誌から、労組機関誌、青年団誌、宗教誌など、多岐にわたる出版物の、検閲がどのようになされたか、占領軍は、検閲の行なわれた四五年から四九年の間にどのように政策を変更したかを課題とする。占領軍は、八・一五から、日本が再び軍国主義化することをおそれたが、四六年三月、Ｗ・チャーチル英国首相の「鉄のカーテン」発言によって世界情勢は変換し、「冷戦」が開始され、アメリカの日本占領政策にも大きな変化があった。

いまひとつは、当初は事前検閲だったが、四七年九月からは事後検閲となって、日本側の自己規制も働き、おわりごろにはほとんど有名無実となったということもあった。

検閲の対象になりながら、そのまま通過した出版物も数多くあり、それらをひもとくと、静岡県民の、敗戦当時四年間の、言論と文化をさまざまな角度から知ることができる。食べるにこと欠く戦後の混乱の中で、さまざまな表現活動に熱心に取り組んだ静岡県民の息遣いが、六〇数年を経てはじめて明らかになるものが多々あると思う。

一　プランゲ文庫

文庫の名の主、ゴードン・W・プランゲ（一九一〇～一九八〇）は、アイオワ州生まれ、二七歳で州立メリーランド大学の歴史学の教師となり、対日戦に参加後、一九四五年からはGHQ参謀第二部（G―2）の戦史室に六年間勤務、資料収集・分析にあたった。帰国した五一年には戦史室長であった。真珠湾攻撃を日米双方から描いた映画「トラ・トラ・トラ」（一九七〇年）の原作者でもある。帰国の際、CCD（民間検閲局）の行なった膨大な検閲資料を持ち帰り、母校メリーランド大学、東アジア資料室に収めた。七九年プランゲ文庫と名づけられてのちは、「はじめに」に記したとおり、当初は現地まで行かなければ調査できなかったものが、近年は手軽に利用できるようになった。

プランゲ文庫にある雑誌一九九タイトルのうち、『静岡県立図書館雑誌所蔵目録』に掲載されているのは、一〇タイトルのみである。それらは『天城』『菩提樹』『茶』『茶業界』『遠州展望』『芙蓉』『報徳』『柑橘』『農業技術研究』『ＰＴＡ教室』である。その他『月刊静岡』『静岡公論』『静岡展望』『東海人』の県立図書館所蔵の四誌は、欠号を大幅に埋めてくれるという意味で貴重である。例えば『月刊静岡』はプランゲには創刊号からあるが、県立には二巻五号からしかない。『月刊静岡』の欠号一八冊を、プランゲ文庫が埋めてくれる。他の三誌についても同様である。雑誌を手がけた個人とか、または読者が保存している場合も考えられるが、ともあれ占領下に出版されたものは、公共図書館に、ほとんど所蔵されておらず、今回はじめて日の目を見るものが大半である（勝呂奏個人誌『奏』一二号、一三号、二〇〇六年夏、秋、が、プランゲ文庫所蔵の主要文学誌の目次を摘記しているのは貴重である）。

ここで、おおまかであるが、一九九タイトルをジャンル別に分類してみよう。地域総合誌一一、労働組合四〇、青年団一七、学校二五、文芸誌一七、俳句誌七　短歌誌一一、詩誌五、趣味・娯楽一三、宗教一一、業界一六、農業六、政治三。あと報徳、町内会、衛生がそれぞれ一、未分類分が若干あるが、労働組合、文芸が多いのは敗戦直後四年間の状況をよくうつすものであろう。

こうしてみると、むしろ検閲制度に関連して、今日前記の六二一冊を閲覧できるようになったことの方が意味があるかもしれない。六二一冊をひもとくことによって、この地の人びとの、文化への餓えが、戦後いっきょに噴出した状況を、如実に写し出してくれるのである。

二　検閲について

占領下において日本国民は、すべてのコミュニケーション手段を占領軍の検閲下に置かれた。郵便が開封されたことは、各戸へ届けられる郵便がランダム方式で封筒の下部が切り取られ、「OPENED BY MIL……」と印刷されたセロテープで再び封をされて届けられることで、一般庶民でも否応なく知りえた。当時小学校高学年の筆者自身の記憶にもしっかりとある。しかし、新聞、雑誌、書籍、放送、演劇、紙芝居など、すべての表現媒体が検閲の対象であったことは、当事者以外には秘密であった。

建前的には、一九四五年一〇月、「民権自由に関する指令」と「民主化に関する五大改革」の中に「言論及新聞の自由」に関する最初の公式ＧＨＱ覚書があり、検閲などもっての外のはずであった。にもかかわらず、検閲は、ＧＨＱ内の巧妙な装置によって四五年九月から四九年九月まで、確実に行なわれた。一カ月前の敗戦まで行なわれていた帝国日本の内務省警保局による検閲は、不許可の箇所を伏字の×××で示してあったものが、一九三五年ごろからは、文章そのものを削除して、一見検閲の痕跡がわからないような方式となった。占領軍の場合も、それを踏襲したのかどうか、検閲の痕跡を残させない形で巧妙に実行された。どんな小さなものでも、部数が少なくても、冊子を出すからには、ＧＨＱの、ＣＣＤに、出版するもののゲラを提出し、検閲を受けねばならなかった。

提出先は、日本全土が三分割され、静岡県は第一地区、東京の管轄であった。検閲用のゲラを郵送または持参して提出、検閲により、修正または禁止がきまると、ゲラをとりに行くシステムであった。しかし現実として商業出版社ならともかく、青年団や町内会、労組、学校などが、静岡から東京まで、その都度ゲラをとりに出かけるなどということがありえたかどうか。当時は蒸気機関車で、東京まで片道四時間半、浜松からは六時間、それに列車の窓から押し込まれてようやく乗車できるほどの混雑時期である。郵便を使用することが多かったのではないだろうか。東京のＣＣＤのアドレスは、東京都麹町区内幸町二ノ二放送会館六階第一地区ＰＰＢ出版課、のち港区芝田村町一ノ一関東配電ビル四階に移転。そこが窓口であった。

提出にあたっては、『検閲届』という用紙に、雑誌の名前、出版先の住所、筆者、出版社、ページ数、定価などを日本語と、英文かローマ字で書いたものを添付した。

検閲にあたっては、大方日本人が雇われた。最盛時には、六千人から八千人の英語のできる日本人を雇っていたという。彼らは、届け出にもとづき、雑誌調書（Magzine Examination）を作成した。誌名、目次、タイトルそれぞれに事前検閲、事後検閲の欄がある。調査者の名も記され、それは日本名のローマ字である。その冊子の編集方針の調査としてRight, Center, Left, Conservative, Liberal, Ladical の六項目のどれに適合するか、チェックする。ここで思想傾向が分類されたのである。また下段には、Possible Information（占領政策に有効な情報があるか）、Possible Violation（記事に問題があるかどうか）、Publication Reported（広告の出版物が検閲済かどうか）、Movie Reported（広告の映画が検閲済かどうか）、そこにYes とNo のどちらかにチェックした。「キー・ログ」という、規制する項目一覧があり、それと照合しながら、抵触しそうなところを英訳して、それをＣＣＤの係官（米兵、多くが将校）に見せる。係官は英訳を読んでDELETE（削除）、HOLD（保留）、SUPPRESS（掲載禁止）を決定した。「キー・ログ」に示された、許可されない表現、削除されるべき文章は実に多岐にわたった。

静岡の資料に見るかぎり、検閲開始の翌年一九四六年は、非常に厳しく、多くがチェックされている。その事例はのちに見ていくが、問題とされたものは削除し、あるいは掲載禁止となり、出版側として、いつも組みなおし、印刷しなおしでは経費の点でも耐えず、どうしたら検閲が通るかという要諦を心得、また自己規制をして後期にはほとんどなくなっていった。また、検閲する側としてもあまりな煩瑣に耐え得なくなり、四七年九月からは悉皆でなく、抜き取り制となった。したがって、プランゲ文庫に所蔵された雑誌が当時の出版物全部をカバーしているというわけではない。では検閲の状況を一部個別に検討しよう。

三　検閲の状況

総合雑誌で『静岡公論』（静岡公論社、四六年新年号、第二号。創刊号は検閲をまぬがれ、県立図書館所蔵）は、静岡貨物自動車（株）、用宗遠洋漁業（株）など、五社の取締役社長を兼ねる塩次鉄雄が編集者兼執筆者をつとめている。「農地解放」「婦人参政権」「インフレ征伐」など、現下の諸問題について民主的立場から意見を述べる。これらの項については削除はないが、中田駿郎「腐熟の文化より温醸の文化へ」などや他の論稿は全編にわたって、厳密な検閲削除を受けている。それらは消去の仕方があまりに黒ぐろと線引されているので、どのような理由で検閲を通過しなかったのか、判断することが不能である。

つぎに式守富司執筆の「学徒は何を考えているか」という文章の中に、見のがせぬアンケートが引用されている。この「学徒」は、中学生なのか、旧制高校生なのか、判然としない上に、学年についても記述がない。しかし文章から類推して旧制中学生のものであろう。敗戦後二ヵ月たった一〇月中旬に集計したものである。

式守の目的は、教え子たちの思想動向を知ることであった。

第一問は「現代日本の社会においてもっとも悲しむべき現象は？」で、この答えは、第一位、道徳の退廃、一三九名。それについ二、三週間前でよほど印象が強かったのだろう、「天皇陛下のマッカーサーご訪問」八九名が第二位である。第二問は「もっとも喜ぶべき現象は？」で、ただしこの二問とも、削除の対象となっているので、読者の眼には入っていない。しかし以下のアンケートは、どうして見過ごされたのだろうか。そのまま通過している。「A、日頃尊敬する日本の人物は？」「B、世界では誰か？」の二問、答えはつぎのごとくである。A　山本五十六元帥（七四）　楠正成（五七）　吉田松蔭（五四）　西郷隆盛（五二）　その他八三名。Bでは　ヒットラー（九六）　エヂソン（三二）　リンカーン（二六）　ナポレオン（二四）　マッカーサー（一一）　その他となっている。四五年一〇月の時点で、このような認識しか持てなかったのであろうか。式守がこの文章を書いたのは四五年一二月一二日とあり、これらが民主化への消極的回答のみであったことを憂い、「学徒たちは終戦直後の茫然自失の状態から立ち直り、今、真剣になって自己の生活の目標、拠り所を打ちたてようと努力している。」と「虚脱」から脱却するよう希望を述べてはいる。しかし軍国教育は戦後二カ月では、ほとんどかわりえなかった状況がわかる。

ほかに五号（四六年五月）の「検閲の関係から毎号遅延し、其の月の分が発行できぬので、四、五月合併号といたしました」というあとがきの、「検閲」という二字が問題となり、二度目の刷り直しをせざるをえなかった。しかし同誌は、「県下唯一の時局雑誌」を名乗って、一九四九年一〇月、第四五号まで続刊、うちプランゲ文庫だけが所蔵するのは、計一五冊である。廃刊がちょうど検閲終了と時を同じくしている意味でも今後同誌を調査の必要がある。

つぎもやはり総合雑誌の『月刊静岡』（新静岡株式会社）である。同誌一巻一号（一九四六年一〇月）は、削除だらけで、「知事公選と県議選挙」は、連合国最高司令官すなわちマッカーサーへの批判があるとして削除。「熱海で会ったアメリカ判事」もまた占領軍批判、また「京みやげ」はコント風のものだが、記述の中に「アメリカへの敵意」、「SCAPについての言及」これまた「占領軍への批判」があるとされ、刷りなおしを命じられた。そのため、一一月号は休刊せざるを得なかった。一二月号もまた、「色あせる赤色革命」が「ソ連の内幕をのぞいている」として問題となったが、「粛清によって支配力を強化」という見出しで、掲載された。なお、一二月号は、検閲前のゲラと、検閲後発行された号の両方がある特殊な例である。

二月号の尾崎咢堂「日本国民に与ふ」は、文中「紙幣の価値が下がる」ことを述べているのが不安を誘発する、として削除された。

この期の検閲は、細部まで目くばりして、非常に厳しいものであった。しかし編集部として、毎号刷りなおしでは耐えられないので、時事的なテーマを取り上げるのはさし控え、ただの読み物を多くし、北条誠、邦枝完二、井上友一郎のような、戦前著名だった職業作家の小説で埋めるようにして、雑誌の性格は変貌していった。江藤淳のプランゲ文庫についての先駆的な書物、『閉ざされた言語空間』（末尾の参考文献参照）というタイトルは、こうした状況をも指すものであったろう。

つぎに見る『東海文学』（四七年九月、新日本文学会静岡支部）は、一九三八年、第三次人民戦線運動として検挙されたメンバーの、戦後の立ち上がりとして発刊された。鎌倉常三、佐野嶽夫、松井太朗らを中心に、下川儀太郎、田中英光、橋爪健らも加わった。新日文の「歌声よおこれ」（宮本百合子）という中央の動きに呼応したにしては検閲で問題になったのはふたつの小説、「雄鶏闘」（前田十四雄）と「悠二とつぎ子」（松本正治）のみである。しかし日本人の検閲担当の注意書きがあり、「「東海文学」はプロレタリア傾向があるので事前検閲の方がよい」と書き添えられている。一号で終わった。なお、鎌倉常三は四一年から日本軽金属㈱蒲原工場に勤務し、戦後は労働組合幹部として活動、組合機関誌『くらすと』（一九四八年一〇月創刊）でも中心になっていたが、四九年七月レッド・パージとなった。

プランゲ文庫のリストは、ABC順なので『明るい防疫』がトップに記録されている。古くから静岡市の産婦人科として知られた秋山病院の院長秋山勝の名で発行された。このような特殊なものも見のがされることはなかった。一巻四号（四六年一一月）の「公務員と隣組」で、SCAPに言及して「アメリカは民間の団体を大いに喜ぶから、隣組もしっかりやったらよかろう」ということき、何でもないものまで削除の対象となっている。この雑誌は三巻九号（四八年九月）までつづいた。

浜松の『中部文芸』（一巻一号、一九四六年六月、浜松文化連盟）は、一号だけで廃刊となったものだが、編集者当人が、後年になってからであるが、検閲にふれた文章を残している稀な例である。すなわち『静岡の文化』七号（一九八六年秋の号）に、菅沼五十一が「私史・同人誌にかかわり四十年」を書いている。それはつぎのようである。

この年、浜松文化連盟が誕生し、機関誌である『中部文芸』が発行された。執筆者の松本長十郎の「時局雑想―天皇様について―」の論考のなかに、マッカーサー元帥と占領軍についての批評があるという筆禍事件をおこした。当時の出版物のすべてはGHQの検閲をうけた。編集発行人の責任者である私は、GHQに出頭を覚悟を決めていたが、出頭の必要なしの電報をうけてほっとした。『中部文芸』はやむなく一号で廃刊となった。

管見のかぎりでは、ＧＨＱのＣＣＤの検閲による、当事者の証言はこれのみである。松本長十郎は、戦前から浜松では著名文化人で、「新しき村」に参加した経歴も持つが、「時局雑想」では、「天皇様について、社会主義か共産主義か、革命、最後の勝利」という四項目について叙述し、うち「革命」と「最後の勝利」が検閲で削除され、「マッカーサー指令は実に痛快だ。永く居てもらいたいと思うほどだ。……そう思うとまだまだ手温い。」「最後の勝利といおうか、栄光といおうか。それは日本のものだと思っている。……武力戦で負けても経済戦で勝てる。文化戦で勝てるかも知れない。僕はさう信じて疑はぬ。」と、こうした調子が、ＣＣＤの忌避に触れたのであろう。しかしこの経験にめげることなく彼らはその秋、また新たな雑誌を創刊する。『文芸解放』である。同誌については後述する。

青年団の団誌はここに一七種集められているが、民主化に向かうものはほとんど見られない。四六年一二月に刊行の袖師村嶺（現在静岡市清水区）青年団の『嶺南』は、「噴火といふ事」という文章の中で、「これら各時代によって集まった文化の現はれも、結局朝廷の尊崇を中心にしたものであった。神国は万世一系なるが故に文化もまた永劫不滅なのである。」とかかげ「右翼宣伝」として削除されている。

また田方農魂同志会は地域青年団とは性格を異にするのかも知れないが確かめ得ない。同会発行の『農魂』（四六年九月）には、「しかし吾人は静かに今の青少年を顧みるとき、あの大海原に、または南海の孤島に勇戦した、またはあの神の如き特攻隊員であったのであり、吾われは今一度青少年をはっきりと観直して、温き指導をなし、眠れる日本精神を振るいたたせ……」と記して「ミリタリスティック」として右引用部分が削除されている。

静岡市曲金青年同志会の『同志』一号（四六年八月）は五ケ所にわたり「アンチ・デモクラティック・プロ

パガンダ」、「ミリタリスティック・プロパガンダ」として不許可になっているが同誌は「あの特攻機に搭乗して自己の生命の破砕に何ら悔いを残さぬ高邁なる犠牲的精神を堅持しながら……」「今後は日本人としての自覚を持って、総ての無より立ち上がり、必ずやこの恥辱を復さんことを想ひ誓ふのみ、記したりき。」などの文言が記されている。ここにかかげたものは、どれも四六年の時点で発行されたものであり一号のみで途切れているところから、その狂信的言辞は当事者にとっても一過性で、だんだんに民主主義の波に同化していったとも考えられる。

ついで、『葦牙（あしかび）』三号は、静岡市羽高、森栄一の発行したもので、半紙に手書きの謄写印刷、これで閉じたまことに貧しげな薄い冊子で、発行年月日も不明である。佐久良東雄（さくらあずまお）を敬慕する人びとの手になったが、ナショナリスティック・プロパガンダとして、事後検閲の結果不許可となっている。没収されたものであろうか。佐久良東雄は幕末の国学者で、万延元年桜田門の変に参画した父子をかくまい、幕府に捕らえられ、伝馬町の獄に絶命した、勤王の志士の「遺徳」を伝えたいという冊子である。和歌も多く載せられ「土食ひて飢えに死ぬとも醜弾に砕け散るとも現神　わが天皇をとこしはに護りまつらばうれしからまし」などがある。これに対して、検閲する側は、「天皇は現人神、神の世継」としているのがいけない、と書き留めている。

『東海人』は、当時として長く続いた総合雑誌であった。四六年から五四年まで、九年間刊行された。創刊号はプランゲ文庫にもなく、二巻一号（四七年一月）からがある。図書館には三巻一号（四八年一月）からとびとびに所蔵されている。発行所は吉見書店→東海人協会→静岡県学園文化協会。

ここでは、プランゲ文庫にしかない四九年春季特別号を見ていこう。すでに事後検閲であるが、全文削除などの場合は、どのような処置をとられたのであろうか、不明である。西ケ谷潔「偉大なるかな宮本百合子」という長文の評論が、半分以上削除されている。当時宮本百合子は、つぎつぎと作品を発表、第一線の人気作家であった。筆者の西ケ谷潔は清水在住、戦前から『本道楽』などに関係した郷土史家として知られていたが、戦後を迎え、左翼への回心を経験したのであろうか。しかし彼の宮本への傾倒に対して、検閲は、「正しいことが書かれていない」のひと言で退けてしまった。

旧制静高卒業にあたって、三ページにわたり「静岡高等学校三ケ年」を同誌に載せた花見忠が、全編削除の筆禍に遭った。

　終戦後、平和と民主主義の国家として、強力な意欲に燃えていたのが、昨年の春ごろから、民主化が、新しいファシズムのヴェールに過ぎなくなってきた。われわれ学生は、民主主義の貫徹と、民族の独立平和の擁護のためにあくまで闘わなければならぬ。

検閲側は「ウルトラ・レフト・プロパガンダ」とレッテルを貼り、アメリカ資本主義への批判として、糾弾したのである。花見は、旧制静岡高校二四回文二で、作家の小川国夫と同級であった。昭和二九年四月発行の静岡高校同窓会『会員名簿』によれば肩書きは東京大学法学部研究室特別研究生である。

なお同誌は、「学生に与える言葉」というアンケートを全国の著名人から広く集めているが、山田坂仁と小田切秀雄が民科（民主主義科学者協会）会員であることを理由に削除されている。いかに細かな検閲が行なわれたかの証左であろう。

『東海人』四九年春季特別号は、占領軍が、反共の旗印を鮮明にした象徴的な号となったと言えよう。

四　さまざまな雑誌

前述したように、『中部文芸』は、検閲のため創刊号だけで廃刊となった。しかし菅沼五十一は、めげることなく活動を継続、秋には『文芸解放』（四六年一一月、第一輯、浜松文化同志社）を創刊する。創刊の翌年、四七年、第二輯に、強力な助っ人が登場している。四六年、二十六年にわたる滞欧から、「敵前上陸」の勢いで帰国、読売新聞社の論説委員（のち副主幹）に納まった、松尾邦之助である。松尾は引佐町（現浜松市）出身で、東京外語大学仏語科を卒業すると、一九二二年、自由を求めてパリにわたった。辻潤の後任として読売新聞パリ文芸特置員、三一年読売に正式に入社してパリ支局長のかたわら、「パリの文化人税関」と呼ばれ、渡仏した日本人の世話をした。第二次大戦中はドイツ、トルコ、スペインなどから戦況を報道しつづけ、四六年春ようやく帰国、翌年さっそく郷里浜松の雑誌に長文の評論を寄稿したのが、「戦争とヨーロッパ文芸」である。同評論にはロマン・ロラン、アンドレ・ジッド、などと親交を結んだときの思い出から書きおこして、フランスがドイツに降伏してから、ただ一回日本の「読売」へ文学電報を打ったときのことが当時の状況に照らしておもしろく書かれている。その記事は、エミール・ゾラの百年祭にあたって、その娘ルブロン・ゾラから、父ゾラの思い出を聞いた会見記であったが、日本に送る前に検閲があり、検閲官がつぎの行を鋏で切り抜いてしまった。「父のゾラは戦争が大きらいで……」。そこで松尾が笑いながら「じゃ、ゾラは戦争が大好きで、と書きなおしたらパスしますか」と皮肉ると、フランス人の検閲官は、「折角検閲官になって月給をもらっている僕だよ、どこかちょいと、鋏で切らぬと上官が喜ばぬからね。」と言ったという。ようやくにして帰りついた母国日本の、占領軍による検閲に対して、新聞人としての日頃の痛烈な体験から、とくに記したエピソードでもあろうか。埴谷雄高に、「占領軍に使われていた日本人の検閲係の存在が、検閲の過剰に拍車をかけた」と不快感を書いたものがあるが、敗戦国は、東西同じような事情であったのだろう。

松尾の文章は、この部分も含めて、すべて検閲を通過して『文芸解放』は無事発刊されたが、この、二四ページの薄い雑誌の中で一〇ページを占める文章の結びは「自由思想と個人思想なしでデモクラシーは建てられない。二世紀も前に、合理的文化革命を行なったヨーロッパを思ふと、今頃、民主主義研究だとか、マルクスだと云ふている祖国が滑稽なくらい気の毒に見える。次の機会に、誤解されない、真個の人間的なインディヴィデュアリスム（個人主義と仮に訳す）の金言集を綴ってみたいと幻想している。私に率直に言はすれば堅牢な個人を持たぬ国の民主主義は、ファシスムの裏返しと云った様な奇観を呈して来る懼れが十分ある。」とある。

彼はこの年『フランス放浪記』、（鱒書房）『ヂイド会見記』（岡倉書房）などを刊行して、旺盛な文筆活動を開始したが、その後も郷土との交流を大切にした。残されている松尾の菅沼五十一宛書簡によれば、

浜松に何とかして自由人の自由クラブを作ってほしいと念願しています。（四九年一〇月二四日）

二六日、新居格、石川三四郎、村松正俊、小牧近江が小生宅に集まります。浜松のクラブも飲んでさわぐと同時に、近代自我研究会といった方向に持っていったらどうでしょうか。……世の中はいよいよ最悪なものに近付こうとしています。我々は小脳で服従しても「良心の抵抗」を試み、孤独の強さを持ち、自我人として生きる必要を痛感しています。（五一年三月三日）

弁天島での「個」の会は、浜松地方の文化人の参加がどの程度であろうと決行するつもりです。わたしが浜松に熱を持つ理由は、この地が私の郷土であるために、逆にやってみたくなるのです。（六四年二月五日）

（以上書簡は『月の輪書林古書目録十三』二〇〇四年より引用）

この、情熱あふれた松尾の働きかけは、浜松の菅沼、後藤一夫、浦和淳ら、戦前からの文学青年たちを揺り動かした。菅沼五十一「敗戦前後」（遺稿）によれば、浜松で本に飢えた数人が集会しているところへ松尾が来て、日本に、全き自由を希求する者のない淋しさ、物足りなさを述懐、「アッフランシ」をかかげて、「自由クラブ」を結成しようと呼び掛け、東京の大澤正道、辻まことなどとも呼応、運動を展開したという。

『生産郷』（一九四六、生産文化協会）は、焼津町（現焼津市）で刊行された。焼津も、戦前、詩の同人誌の盛んな土地柄であったが、この雑誌の中心は、疎開文化人の橋爪健である。作家活動は東京だったが、郷里沼津へ疎開して焼け出され、かねて漁民について小説を書きたい、という念願から、焼津に居を移した。その地で、四六年五月、土地の文学青年とともに同人誌に近い『生産郷』を創刊したのである。橋爪は自ら「小泉八雲と焼津」と、小説「カツオダコ」を書いている。また戦前から焼津の同人誌仲間だった田中久雄や鈴木賢も参加し、半世紀にわたって県文学連盟などで活動した、当時中学に進学する年令であった岩崎豊市の若書きまで載っているのが微笑ましい（三号）。三号（四六年一一月）までで終刊した。

下田町で刊行された『ニュー・デモクラシー』を見よう。一九四九年二月一日第一号が出た。旬刊で、鈴木文雄が主筆である。大正末から昭和一九年まで下田で刊行された『黒船』の中心であった森斧水を顧問に迎えたのも、鈴木の並々ならぬ決意であったろう。鈴木は創刊号巻頭でニュー・デモクラシーについて説明している。すなわち「ニュー・デモクラシーとは何か。一は現代のデモクラシーが、フランス革命やアメリカ独立宣言をつらぬいたデモクラシーとは異なっている意である。二は、新しい人間の確立、その三はニュー・デモクラシーの経済構造が資本主義を超えるものである意味で、それを読者諸君とともに探究しようとする新しい希望をもって名付けた。」というものである。八ページの小冊子でいわば啓蒙誌である。

鈴木文雄は、一九一二年、下田の大きな旅館に生まれ、豆陽中学から東京商科大学入学。在学中に共産青年同盟運動に参加。三二年同大学教授大塚金之助をはじめとする学内共青グループ一斉弾圧・検挙事件に連座。三四年釈放後、商大に復学、ひきつづき学内左翼運動に尽力、学内左翼勢力、民主勢力の結集に貢献。三八年東京商科大学本科卒業。のち転向して、会社づとめをした。敗戦を迎え、商大時代の人脈を生かして『ニュー・デモクラシー』の発刊を思いたったのであろう。

同誌の筆者第一号は「デモクラシーと人間」太田可夫、二号は下田在住の有識者を集めて「総選挙について」の討論会を掲載。三号から五号は朝日新聞論説主幹、笠信太郎の「欧州から日本へ」を河出書房の承諾をえて単行本から抄録した。六号は「社会主義をどう考えたらいいか」東京商科大学教授高島善哉。七号は「地方文化をどうして向上させるか」の座談会。第八号は水田洋「ルネサンス文化と民衆」であった。冊子の刊行とともにその筆者を下田に招いて講演会を開催するなど、啓蒙への意欲はなみなみならぬものであった。講師のほとんどが東京商大の教師である。四九年五月刊行の八号のつぎ、九号の予告は、十一月、十二月合併号として「中国革命史と新民主主義」とある。しかし時すでに検閲終了後であり九号は所蔵がない。八号には、鈴木自身による、一〇月の新中国誕生に向けての昂揚した文章も掲載されている。半年に満たない、不定期刊の冊子だが、下田という生まれ故郷に真の民主主義の種子を播こうという、鈴木の意欲あふれた仕事であった。

特筆しておきたいのは、静岡市有東寮、当時曙町内会と名付けられていた町の町会誌『あけぼの』（一号、四六年八月〜六号、同年一〇月、五号は欠）についてである。原口清・海野福寿著『静岡県の百年』（山川出版社、一九八二年）に、毎日新聞記事を資料としたつぎのような記述がある。

静岡市は市内小鹿の元三菱重工業工員寮を借り受け、有東寮と名付けこれを罹災者や引揚者に解放した。二十一年六月、天皇訪問のさい、市はこの施設を「保護寮」として天皇に説明しようとしたところ居住者はいっせいに反発した……。

この年六月一七日、天皇が静岡市を訪問した。その二カ月ほどのち、八月一五日に創刊された町会誌が、プランゲ文庫に所蔵されていた。B５よりも小さなガリ版刷り、二ページから四ページの、三カ月にわずか六号という短期間発行された「回覧板」だが、敗戦から一年後の、戦災者、引揚者の暮らしを語っている。五〇〇所帯、二千数百人が住んでいたというが、前記のように国に保護されているのではない、どうかして人間らしく生きたい、と町内会を結成し、就職や食物のこと、日常の問題、ゴミ処理についてまで、町民で解決していこう、という気迫にあふれた町会誌である。占領の置き土産とはいえ、このような小さな紙片まで、六〇年もの間、きちんと保存されていたことに、実に胸うたれる思いであった。

おわりに

筆者は、以前『静岡県史』（一九九七年完結）編纂にあたって、雑誌の発掘を担当してきた。その脈絡で、今回プランゲ文庫の雑誌を、戦前の雑誌とも照合しながら、調査してきた。

しかしここでは、ほんの一部を、恣意的に紹介したに過ぎず、まだまだ紹介したい資料は山積している。紙幅の関係もあり、今回はあきらめざるをえなかった。

検閲は、基本的には勝者、またはＳＣＡＰの政策についての批判、占領軍の動静、ことに売春、混血児の問題、女性との交際、強姦などの犯罪、それに戦中の軍国主義思想の片鱗でも、表現は許されなかった。それらは今後新聞を調査することで、いっそう明らかになると思う。

検閲により、必ずというほど言い換えられているのは、「大東亜戦争」を「太平洋戦争」にしたこと、また「検閲のため発行が遅延しました」などの文言が、全文削除となり、再度の刷り直しを命ぜられたこと。また多くのばあい「マッカーサー元帥」は避けられ、「ＳＣＡＰの代表者」とか「ポーリ大使」などに言い換えられたことが目立った。

さまざまな雑誌を調査する中で、戦前から自ら考える力を養ってきた者と、戦前戦中教育を未だ払拭どころか、そのまま持ちつづけた者とを、検閲を通して、知ることができた。

検閲開始当初は日本軍国主義の台頭を押しつぶすことと、占領軍への言及さしとめが最大の問題であったが、四九年には、あからさまな反共の立場で検閲が行なわれるようになった。

残念なのは、静岡の一九九タイトルの中に、女性や子どもの雑誌のなかったことである。『山口県史』はプランゲ文庫のみで立派な一冊を作成している（巻末参考文献参照）が、そこには戦後すぐのスタイルブックが付録としてあり、羨ましく思ったりした。

今回は雑誌にざっと目を通したに過ぎず、まだ新聞も手つかずのままにある。プランゲ文庫は占領下の歴史をひもとく上に、宝の山である。

参考文献

松浦総三『占領下の言論弾圧』現代ジャーナリズム出版会、一九七四年

江藤　淳『閉ざされた言論空間　占領軍の検閲と戦後日本』文芸春秋、一九八九年
山本武利『占領期メディア分析』法政大学出版局、一九九六年
ジョン・ダワー『敗北に抱かれて　下』岩波書店、二〇〇一年
山口県『山口県史　資料編　現代三』二〇〇八年

第二章　米軍・自衛隊基地と住民運動

枝村三郎

はじめに

一九四五（昭和二〇）年八月一四日、政府は「ポッダム宣言」を受諾して降伏し一五日敗戦となった。「ポッダム宣言」は「軍国主義の駆逐と軍隊の武装解除」により、日本の平和化と民主主義の確立を基本にしていた。「日本国憲法」が翌四六年一一月三日に公布されて第九条「戦争放棄」を規定し、国民は再び戦争の惨禍が起きることがないよう決意した。

一九五一年九月八日、日本はサンフランシスコ講和条約により独立し主権国家となった。同日「日米安保条約」締結により、日米軍事同盟を結び再軍備への道を選択した。日本国民は憲法の平和路線か、日米安保条約による防衛路線か以後常に選択することを問われた。本稿では静岡県において軍事基地の変遷から日米防

掛川市・遠州射場監視棟

【表】1945年8月敗戦時の主な軍事基地

軍事基地	郡・地域等	軍・部隊	面積(㌶)
富士裾野演習場	駿東郡御殿場	陸軍第一師団	10,063
陸軍富士飛行場	富士郡田子浦	飛行学校分教場	180
少年戦車兵学校	富士郡上井出	陸軍戦車兵学校	4,936
航空隊藤枝基地	志太郡静浜	海軍芙蓉部隊	325
航空隊大井基地	榛原・小笠郡	海軍大井航空隊	198
陸軍浜松飛行場	浜松・三方原	教導飛行師団等	1,875
陸軍天竜飛行場	磐田郡袖浦	明野学校分教場	245
陸軍遠江射場	榛原・小笠郡	陸軍東京造兵廠	1,018

【出典】『東富士演習場重要文書類集』45P中の「旧陸軍用地調査回答」をもとに作成。

衛路線への転換を具体的に示し、県民が基地闘争を通じて平和路線を貫いたことを明らかにする。

一　旧軍事基地と米軍占領

一九四五年八月一七～二五日、天皇は「陸海軍人への勅語」等を発し、軍隊に終戦と武装解除による復員を指令した。厚生省記録では敗戦時内外に陸軍五四七万人（国内二三九万）・海軍二四二万人（国内一九七万）の総計七八九万人であった。連合国軍米陸軍第八軍が関東地方の飛行場や軍事基地を九月に占領し、一〇月までに一五師団約四〇万人が全国へ進駐した。静岡県には第六軍が九月一〇日進駐し、軍政局第三〇軍政中隊（名古屋）が管轄した。翌四六年一月第六軍が米国に復員し、第八軍が統轄して軍政局（横浜）第一軍団軍政局東海・北陸地方軍政部（名古屋）の管轄下に置かれた。

一九四六年一月、米陸軍第八軍により軍用地の「解放通知」が出された。七月農地事務局長宛の「旧陸軍用地調査に関する件回答写」によると、静岡県内の旧軍用地は総面積一万八八四〇㌶で、うち陸軍演習地一万六〇一七㌶・飛行場二八二三㌶であった。

陸軍富士裾野演習場　一九四五年八月二三日、陸軍第一師団東京管区から関係町村長に対し、「富士裾野演習場土地使用協定解除の件通牒」が出されて九月末日解除を通告した。米軍厚木駐屯部隊一二四〇人が九月九日に富士岡・駒門廠舎へ、翌一〇日七五〇人が進駐した。

海軍航空隊藤枝基地　終戦当時に艦載機彗星・零戦など三〇～四〇機が残存していた。航空隊の食糧・衣料・機材の軍需物資の多くを隊員が分配し、八月二二日より一週間ほど一般村民に公開し資材を売買と無料配布した。米軍第六軍二五師団・第三五連隊二一五人が一一月八日に大島兵舎に進駐し、滑走路で飛行機を二八～二九日破壊した後撤退した。

海軍航空隊大井基地　敗戦当時に白菊六二機・彗星二機、二式中型訓練機二〇機・九〇式訓練機二八機、零戦輸送機一機など総計一一四機を保有していた。残留隊員が直後に爆弾を飛行機に積み、駿河湾に投棄する作業を行った。航空隊は敗戦によりいち早く帰郷措置を取り、数千人の隊員が備蓄物を持ち出して去り数百人と減少した。米軍が九月進駐して残留兵隊を使い、飛行機を滑走路に集めて爆破し大砲等の武器も処分した。

陸軍遠江射場　敗戦後陸軍東海司令部より射場監守一二人が残務整理を命じられて、射場に関する軍事書類焼却と兵器保管に当たった。米兵約四〇人が射場に九月一〇日頃入り、全ての武器を集めて軌道を利用して搬出した。米兵は五階建て風速塔に見張りを配置し、射場内の立入りを禁止した。射場員は警備隊となり、米軍が駐留した翌年三月まで射場内の警備と管理に当たった。

陸軍浜松飛行場　敗戦当時三方原飛行場の教導飛行団は化学戦教育を行って、毒ガスのイペリット一六トン（ドラム缶八〇個）、ルイサイト二トン（ドラム缶二〇個）など一八トン（推定）を飛行学校格納庫に貯蔵していた。そのため投棄実施部隊が編成されて、八月一六～一七日頃夜中に浜名湖中央部などにドラム缶を急ぎ投棄した。教導飛行団化学戦関係者は九月中旬～一一月末まで第八軍化学戦部・極東空軍等に出頭し、化学戦関係処理と教育研究記録を作成した。教導飛行師団の浜松飛行場二七〇㌶は、米軍横田基地の不時着基地として航空管制と滑走路が使用された。

二　旧軍用地の開墾と農地改革

日本は敗戦により海外からの引揚者は一般人・軍人軍属など六三九万人、空襲による全焼・全壊二二五万戸で数百万人が戦災により生活場所を失った。日本が直面した最大の課題は民衆の生活苦と食糧危機であり、農村復興による食糧増産と復員引揚者・戦災者の失業救済が急務であった。

一九四五年九月、政府は農林省に開拓局を設置し、各県に帰農対策本部を設けて帰農者の集団受入れ体制の確立を指示した。「緊急開拓事業実施要綱」を一一月閣議決定し、「大規模なる開墾・干拓・土地改良事業を実施し、食糧の自給と軍人・離職者の帰農を促進」するとした。開墾地として軍用地の農耕適正地を、自作農創設のため速やかに払い下げ処分や旧耕作者・新入植者に譲渡するとした。

ＧＨＱは一二月九日「農地改革に関する覚書」（第一次農地改革）を発し、翌四六年一〇月二一日に「自作農創設特別措置法」（第二次農地改革）が公布された。自作農創設のため農地解放の対象として、不在地主の農地と軍用地や未開地などが対象になった。

静岡県では一一月に農地部を設け「静岡県帰農対策要綱」を策定し、「五年間で一万二〇〇〇町歩の開墾と二万戸の入植計画」を立てた。県は入植者に旧兵舎の斡旋、建設資材の配給や衣料・営農農具・生活物資斡旋、就農助成金の交付を行った。

東部地区の旧軍用地開拓　一九四五年一〇月、富士裾野演習場では富士岡村長が「富士演習場廃止に伴う跡地拝借請願」を帝国林野管理局長に提出し、農地四七六㌶・採草地など四〇五㌶の借地継続を求めた。富士山麓入会地の御殿場町と原里・富士岡・印野・富岡村など九ヵ町村長が一〇月連名で、「元演習場内土地払い下げ・貸下げの陳情」をした。農林省は一一月「富士山裾野開発計画」に着手して、翌年三月開墾面積一二〇〇㌶の県開拓事業となった。

明野陸軍飛行学校・富士分教場（田子浦）飛行場跡地には、敗戦直後に第一航空隊復員者一六戸が帰農目的で入植した。また三四軒屋・上下五貫島・宮下地区の旧所有者が帰農用地を要求した。軍用地は強度の酸性土壌で表土が流失し、砂礫地となって開拓困難だった。一六三㌶の土地に純入植者一九一人・増反入植者二八七人の四七八人が一一月入り、上井出戦車学校資材を開拓資材として払い下げられた。

西富士戦車兵学校跡には、傷痍軍人農耕隊二八人が最初に八月下旬入植した。開拓地は学校校舎・水道・電気施設もあり条件に恵まれて、農地開拓営団西富士事務所が一一月開設された。地元農民・元戦車学校職員・復員軍人ら約五〇〇人が一二月に入植し、植松義忠が中心に西富士開拓帰農組合を結成した。長野県大下条村の若者一三〇人が根原・広美地区に翌年一～二月入植し焼き畑開墾し、西富士長野開拓団を結成した。

中部地区の旧軍用地開拓　一九四五年一一月、藤枝（焼津）飛行場跡地では地元民太田良元治が中心に「軍用地及軍用建物払下申請書」を、県知事・名古屋財務局長・静岡軍政部へ出願した。四六年一月に入植者一〇七戸・増反農家二三三戸が入植した。四八年三月に米軍が第一滑走路を空軍不時着陸基地に接収したため、静浜村では飛行場解放期成同盟会を結成し土地解放を展開した。五〇年三月第二滑走路など約九〇㌶が、開拓農業協同組合に払下げられた。第一滑走路六〇㌶が米軍管理内に残されて、滑走路周辺が大蔵省の所管となった。

大井航空隊（牧之原）飛行場跡地では米軍がラジオビーコン地区三五㌶に駐留し、それ以外の土地二六六㌶を農地解放した。四六年二月に純入植者七〇戸・増反農家四一九戸が、勝間田・萩間・河城旧村単位で三地区に用地を配分し滑走路のペトンをはぎ取り困難な開墾となった。

西部地区の旧軍用地開拓　一九四六年三月に遠江射場は米軍が撤退後、農林省から静岡県へ払い下げられて旧耕作者の立入耕作が許された。小笠郡睦浜地区は四八年一〇月に純入植者一七戸と増反農家三四八戸が入植し、開拓農業協同組合を結成した。池新田地区は財産区有地として旧耕作者・永小作者に売却し、四六年に引揚者・戦災者・地元民の四二戸が池新田帰農組合を結成した。塩原新田・合戸の増反入植農家七五四戸が加わり、四八年に池新田開拓農業協同組合を結成した。

浜松（北）飛行場・三方原爆撃演習場一三〇〇㌶は飛行場滑走路がコンクリートのペトンで固められて、原野も強酸性土壌で石礫と小松や笹で覆われて開墾も大変困難であった。農林省農地開拓営団事務所が開設されて、自作農創設と食糧増産のため一〇〇〇戸を三年間で集団帰農し六〇〇㌶を開墾する計画であった。四六年一一月に戦災者・復員軍人・近隣農民など、浜松一六九戸・三方原一八九戸・都田一一三戸など六二五戸が最初に入植した。三方原農民同盟（書記長山崎光雄・組合員三〇〇人）が同年四月に結成された。

浜松（南）飛行場は滑走路以外の格納庫・兵舎・誘導滑走路など三二〇㌶が解放されて、農林省開拓建設事業区域とした。四六年五月に市内戦災者や旧軍関係者の純入植三七八戸と増反農家九六戸が入植し、四八年四月に浜松開拓農業協同組合を結成した。

明野飛行学校・磐田郡天竜飛行場には、四五年一一月に元陸軍中将の率いる飛行集団員二五人が入植した。

翌年二月引揚者・戦災者が加わり飛平松帰農組合を結成し、六月に帰農者三七四戸・入植者三〇戸の四四八人であった。

三　安保条約と米軍基地に対する住民運動

一九四九年一〇月一日、中華人民共和国が成立した。マッカーサー最高司令官は五〇年一月声明で「日本の自衛権」を強調し、極東情勢の変化に応じ対日政策を変更した。五〇年六月二五日、北朝鮮軍は大韓民国に侵攻し朝鮮戦争が勃発した。米軍中心の国連軍は七月韓国軍を全面支援し、中国人民義勇軍が一〇月参戦し世界大戦の危機が高まった。日本政府は八月一〇日「警察予備隊令」を公布し再軍備を進め、日本国内の米軍基地が朝鮮戦争の出撃・兵站基地となった。

日本労働組合総評議会（総評・一七単産・組合員三六〇万人）は、一九五〇年七月に結成された。翌五一年三月総評大会は社会党と同様に、平和四原則「全面講和、再軍備反対、軍事基地反対、中立堅持」を決定した。総評・社会党・宗教団体・婦人団体などが中心となり、平和推進国民会議を七月に結成した。

静岡県平和推進国民会議は県評傘下組合と宗教・婦人団体等により五一年八月結成されて、「平和憲法を守れ、全面講和、中立堅持、再軍備反対、軍事協定反対」などを掲げた。県平和推進国民会議は九月一日全面講和要求デーとして、平和県民大会を開き二〇団体二〇〇〇人が参加した。大会宣言「戦争を誘発する単独講和に絶対反対、日本の完全独立と恒久平和確立」を採択し、デモ行進を行った。静岡県労働組合評議会（県評・一六組合・組合員六万人）は、一一月に発足した。

一九五一年九月八日、日本政府は「サンフランシスコ講和条約」「日米安全保障条約」に調印した。日米安保条約は、「米軍が国内に配備されて外部からの武力攻撃に対し安全に寄与し、大規模な内乱・騒擾を鎮圧する」とした。「行政協定」により全国の主な米軍基地（要求地含む）は、陸上演習場四六ヵ所面積約一五万二〇〇〇㌶、飛行場三七ヵ所約一万五〇〇〇㌶であった。県内の旧軍用地は占領軍により軍事基地に利用されるか、開拓地として農民に解放されるかによって大きく分かれた。東富士演習場・焼津（静浜）基地・浜松基地が米軍基地として利用された。

米軍東富士演習場の設置　一九四六年一月、第二五歩兵師団は「陣地・屯営地・兵器廠」などの軍施設の民間使用を禁じた。第二五師団は二月砲撃練習場として、指定地域を示し調達要求により居住者立退きを命じた。第一軍団より九月「演習場使用禁止」指令が出されて、関係六ヵ村長は「演習場内の農耕・採草などの許可、立退き免除」嘆願書を九月に出した。小林県知事は静岡軍政部に「立ち退き指定地域の除外、演習場内三〇〇〇戸・農民二万四〇〇〇人の生活基盤に関わり農業の死滅になる」と陳情書を九月に提出した。第一軍団からは地元農民が求めた演習休止期間の使用を、従来通り使用継続する回答があった。

一九四七年五月、旧演習場九二〇〇㌶の内四五〇〇㌶が、米軍演習場として指定接収された。第六五部隊が滝ヶ原廠舎へ五月に入り、第七七技術戦闘隊などが七〜一〇月まで砲撃演習をした。第二五師団が四八年四月滝ヶ原廠舎に入り演習を行い、一二月に演習場を軍事占領とした。四九年一〇月に板妻・駒門演習場が接収されて、米軍演習区域は総面積一万二五五八㌶（民有地七六八〇㌶）に達した。

一九五〇年六月、朝鮮戦争が勃発し演習場で米軍演習は急増し、米軍・韓国軍の合同演習による砲撃演習が激化した。「演習場区域調達」が九月に出て、全面接収となり農民の立入り禁止となった。

一九五二年四月二八日、講和条約が発効、米軍東富士演習場が設定された。同年一一月に東富士演習場対策協議会（後に東富士演習場対策委員会）委員・町村長ら一二人が連名で、陳情書「接収中の損害補償、演習による被害補償、行政協定に伴う接収解除の要望」を最高司令官宛てに提出した。四月「行政協定」実施にともなう「閣議了解事項」では、「土地収用・使用する場合損失補償金額について適性な補償基準による」とした。

一九五三年七月、東富士演習場対策委員会は演習場による地域住民の物的・精神的被害が大きく、要望書「生活権の保障、生命財産の安全確保、生活環境の健全化」を県議会に求めた。斎藤寿夫県知事は「演習場地域住民の生存権保障の要望書」を政府に提出した。

第三海兵師団約四〇〇〇人が当時常駐し、御殿場周辺の風俗営業者が七二軒、接客婦六六六人・オンリー約二〇〇人と植民地状態で風紀治安が悪化した。御殿場警察署管内では五四年一一月過去一年間に、米軍犯罪が強盗九件・窃盗八件・傷害暴行一四件・強姦二件・過失傷害一五件など四九件あった。米兵の住民狙撃事件は射殺が五二年三月と六四年七月、負傷が五二年一〇月と五六年九月に起きた。

米軍による遠江試射場計画　一九五二年八月、米軍は朝鮮戦争後に武器・弾薬の開発が必要となり試射場を求めた。陸上幅一四〇〇㍍で長さ一万二〇〇〇㍍、陸上か海上に九〇〇〇〜一万八〇〇〇㍍の射撃可能な平坦地を必要とした。農林省は適格地調査により最終候補地が、愛知県渥美郡伊良湖、静岡県小笠郡遠州灘、石川県河北郡内灘の三ヵ所にしぼられた。

一九五二年一〇月、米軍による旧遠江射場の接収計画が伝えられた。射撃場計画面積は一一五二㌶で、その内開拓農地が五七〇㌶を占めた。千浜村は試射場反対村民大会を一〇月二三日に開いた。小笠郡睦浜・千浜・佐倉村・池新田町、榛原郡白羽・御前崎・地頭方・相良村の八ヵ町村長や農協・漁協関係者約四〇人は、旧遠江射場接収反対対策委員会を一〇月二六日に結成した。また八ヵ町村の開拓農協・農業協同組合・青年団・婦人会・漁業組合など代表約二〇〇人が池新田町に集まり、遠江射場接収反対期成同盟を結成した。八ヵ町村長は二七日上京し射撃場使用反対を農林省農地局へ、斎藤県知事が同様に農林省・外務省・自治庁へ陳情した。

接収反対期成同盟は第一回決起集会を睦浜中学校グランドで、第二回決起集会を千浜村千浜小学校で一〇月二九日に開き約二〇〇〇人が参加した。第三回接収反対決起集会は池新田中学校で、八ヵ町村民約五〇〇〇人と県副知事・国会議員・県会議員が参加して翌三〇日に開かれた。小笠郡四町村の反対署名が一〇月三一日時点で一万七〇〇〇名に達した。

小笠・榛原郡関係八ヵ町村と各界代表は、遠江地区接収絶対反対期成同盟会を一一月四日に結成した。県知事・県議会議員・地元国会議員・県開拓農協連委員長・県漁連会長・各町村長など二五〇人が参加し、対策協議会と反対同盟会実行委員会を県庁内に置いた。関係町村代表団一五〇人は農林省・外務省・通産省・保安庁へ射撃場接収反対を陳情し、県知事・県議会議員約三〇人が各省庁に同様の陳情を一一月一一日に行った。

臨時県議会は一一月二〇日召集されて、「遠江地区試射場設置反対に関する意見書」を決議し政府へ提出した。意見書は「射場接収地に純入植者八四戸・増反農家二三二七戸が居住し、遠州灘を漁場とする二万人の漁民と漁船二千隻の生活を脅かす」とした。期成同盟会実行委員と県副知事らは最終段階の二四日に上京、県選出国会議員と合流し関係省庁に陳情した。政府は一一月二五日「米軍射場地を石川県内灘海岸」に閣議決定し、遠州試射場計画が撤回された。内灘村では農民・漁民による村ぐるみの反対運動となった。

四　自衛隊基地化に対する住民反対運動

一九五〇年八月に警察予備隊が発足し、五二年一〇月保安庁が設置されて保安隊に改編した。政府は警察予備隊・保安隊の発足にともない、東富士・浜松米軍基地に演習場設置を静岡県に求めた。五四年三月「ＭＳＡ協定」が調印されて、「日米安保条約」に基づき日本の再軍備を義務づけた。六月「防衛庁設置法・自衛隊法・防衛秘密保護法」が公布されて、防衛庁の設置により陸上・海上・航空自衛隊が発足した。政府は東富士・浜松・焼津基地の自衛隊使用を求めて、地元住民と対立することになった。

一九五四年一月、憲法擁護国民連合（護憲連合）が結成された。左・右社会党と総評・新産別・全繊同盟など多数の労働組合と農民組合・宗教団体・文化団体など一四四団体が参加し、議長片山哲と代表委員海野普吉・風見章・有田八郎を選出した。静岡県では憲法擁護県民連合結成大会が六月一六日に開かれて、代表理事海野普吉を事務局長に角田豊静岡大学助教授を選出した。

東富士演習場の自衛隊基地　一九五二年六月、斎藤県知事から「警察予備隊が希望の演習場候補地」として、演習場内に四〇㌶を使用の照会があった。御殿場町は七月「当該地域を貸与とし米軍との共用使用、植林地・採薪・採草・農耕管理への立ち入り、立ち木・離作の損害補償」など求める招致の回答をした。高根村須走組合村では、「警察予備隊招請に関する議定の件」を議決した。

一九五三年七月、演習場内国有地の耕作農民一三八三戸は東富士演習場対策協議会を結成し、演習場内の耕作権擁護と離作補償を求めた。保安隊富士学校が須走地区（小山町）に八月開校し、五四年一〇月に陸上自衛隊富士学校となり演習場使用を開始した。

一九五五年二月、御殿場町は富士岡・印野・原里村と合併し御殿場市が誕生し、五六〜七年高根村・須走村を編入した。接収地域農民生存権確立期成同盟が五五年六月結成されて、「接収地域農業の再建対策特別法、演習場内の損害補償、開拓農民の離農補償、水利・水源の保護、自衛隊の無契約状態の無断使用の解決」など要望書として政府と関係省庁に求めた。

一九五五年一一月、米軍は核弾頭装備可能の原子ロケット砲オネスト・ジョンの発射公開演習を計画した。県議会は「持ち込み反対」意見書を一〇月に採択し、御殿場市が協力を拒否した。静岡県評・各地区労組・県連青年協議会など六団体は御殿場市浅間神社境内で、オネスト・ジョン反対県民総決起大会を一一月五日に開き一〇〇〇人が参加した。米軍は演習場ノース・キャンプからオネスト・ジョンの発射を七日強行し、北富士演習場梨ヶ原に着弾した。

一九五六年一一月、一〇地区五五支部・組合員数三一三九戸は東富士入会組合を結成し、国有地に存在する採草権など入会権の確立と擁護を求めた。五七年三月に東富士演習場対策委員会と東富士入会組合など権利団体三市町二八団体の連合組織として、東富士演習場地域農民再建連盟（略・農民再建連盟）を結成した。

一九五七年六月､岸信介首相･アイゼンハワー米大統領共同声明で､「在日米軍地上部隊の本土撤退」が決まった。防衛庁から六月「自衛隊の東富士演習場使用」の申し入れが地元にあった。東富士入会組合は七月防衛庁に対し、陳情書「米軍撤退により不要な土地は全面解放、防衛庁の演習場使用について地元民の了解」を提出した。翌年二月「意見書」として、「防衛庁による演習場使用を不承知」とした。

一九五八年二月、防衛庁長官は県知事に対し、書簡「東富士演習場・部隊施設等の使用について」継続を求めた。書簡内容は「キャンプ地に自衛隊の駐屯、返還後の演習場の全域使用、採草権や国有地入会慣行の重視、地元民の雇用優先」などの条件を示した。県議会と裾野町議会は「演習場内農民の救済請願」を議決し、御殿場市議会が「自衛隊誘致」を議決した。

駒門地区八〇〇人は三月一日農民大会を開き、「自衛隊常駐反対、演習場の即時返還、水利権の確保、国有地解放」を決議した。地元地権者一八人は弁護士海野普吉など一〇人を訴訟代理人とし、正当な権限もなく憲法九条違反の「自衛隊の立入禁止」訴訟を東京地方裁判所に三月行った。

米駐留軍が七月一五日全面撤退となり、第三海兵隊基地ノース（滝ヶ原）・ミドル（板妻）・サウス（駒門）の三キャンプが一二月に返還された。農民再建連盟は六月「駐留軍演習場現状回復調書」を作成し、国として土地返還が必然であるとした。農民再建連盟は三原則「演習場土地施設の返還、懸案事項の解決処理、農業再建整備事業計画の実施」を七月提示した。

一九五九年一月、政府は「東富士演習場返還に伴う措置」として、「自衛隊の演習場使用、現状回復の補償、民政安定方策」を決定した。農民再建連盟は六月和解して、自衛隊使用を承認し、東京地裁への訴訟を取り下げた。「米軍演習場の全面返還、使用協定・入会協定・水利協定の締結」を「覚書」内容とした。

焼津（静浜）飛行場の自衛隊基地　一九五二年一一月、静浜飛行場解放促進同盟は、飛行場解放を求める「陳情書」を政府に提出した。県議会は接収解除後の飛行場使用を危惧し、「焼津航空基地用地返還の意見書」を政府に一二月提出した。五三年三月、新たに静浜村飛行場対策委員会（略・対策委員会）を組織した。

一九五四年六月、農林省・防衛庁など六省庁会議では、接収解除後の防衛庁使用の方針を決定した。静浜村民大会が八月に開かれて、「自衛隊基地化反対、飛行場全面解放」を決議した。焼津基地は一一月五日返還されて財産を大蔵省財務局が、基地管理を防衛庁が担った。

飛行場対策委員会は全面解放が不可能として、町民の意向を受けて条件付承諾へ一一月方針転換をした。対策委員会は防衛庁に対して「農地及び戦争被害に対する補償金、特定地域の即時農民への解放、飛行場内にある民有土地の借地料支払」など「一六項目要求書」を出した。防衛庁の回答書は「戦争による補償に応じられない、基地の拡張計画はない」などであった。

一九五五年一月、県議会農林委員会と対策委員会正副委員長が上京し、各省庁に「一六項目」の実現化を陳情した。大井川町が静浜・相川・吉永村の合併で三月一日発足した。防衛庁は浜松航空基地の操縦学校分校として、飛行場使用を三月に開始した。大井川町は防衛庁に対して地元の要求を認めぬ限り、「飛行場使用を絶対承服できない」と申し入れた。

静浜地区飛行場対策決起大会が八月九日に開かれて、「解答なき場合は飛行場廃止と認め耕作実行を期す」と決議した。大井川町民決起集会は九月二日に開かれて、宗高・上下小杉・藤守地区など八〇〇人の農民がむしろ旗を立て鍬鋤を担いで飛行場に入り、防衛庁関係者と団体交渉を行った。対策委員会は一〇月町民に対して、「全面解放か、使用容認の条件闘争か」意向調査をしたが結論を出せなかった。対策委員会は斎藤県知事に斡旋を一任し条件闘争へと転換した。

一九五六年八月、県知事は防衛庁と交渉し「静浜飛行場問題に関する斡旋案」を出した。内容は「防衛庁は飛行場使用ができる。滑走路を了解なしに拡張しない。柵内民有地の補償」などであった。県知事は八月「斡旋案」を示し、防衛庁次長と飛行場対策委員会長の間で妥結し立会人大井川町長で調印を行った。

一九五八年八月、航空自衛隊第二操縦学校分校が開校し、翌年六月第一五飛行教育団に改編して教育訓練基地となった。一九七九年当時静浜基地は面積七二〇㌶で隊員四五〇人、第一一飛行教育団司令部・基地業務群・整備補給群・飛行教育群などが配備されて、練習機にプロペラ機T33・T5が使用された。

自衛隊による浜松航空基地　戦後に飛行場滑走路は米軍横田空軍基地の不時着場に使用、格納庫と無線連絡所に航空庁浜松出張所が置かれた。一九五二年七月に浜名郡神久呂村の旧陸軍飛行学校跡三二〇㌶に、警察予備隊浜松基地の設置を決定した。同年一〇月に保安隊飛行学校開校式が行われて、三方原村議会は緊急動議で「三方原台地の軍用地接収反対」を決議し県庁に提出した。

一九五三年一月、保安隊飛行学校は隊員八三〇人を収容し、米軍貸与の訓練機三〇機を配備した。学生は米軍顧問教官一二人により操縦・整備訓練を受け、訓練機L5・L15の二種を使用した。三方原村では二月演習地反対村民大会、遠州労働会議が高射砲隊移駐反対遠州住民大会を一〇月に開いた。九州針尾駐屯の高射砲隊七〇〇人が、第八一特科大隊として浜松飛行基地に一一月入った。翌年七月一日に航空自衛隊が発足し、浜松航空学校発会の祝賀式典が行われた。

一九五五年一月、浜松基地は航空自衛隊操縦・幹部・整備の三校、陸上自衛隊航空・通信二校の五学校となった。航空自衛隊員一三五〇人と米軍顧問団四〇人、練習機六〇機・ヘリコプター一〇機・ダクラス輸送機七機になった。五六年八月、浜松航空隊基地は隊員約四〇〇〇人で、戦闘部隊の第一～第二航空団が編成された。整備・通信学校の二学校と教材整備隊・実験航空隊など七隊が置かれて、F86ジェット機・輸送機・練習機など一〇〇機が配備された。

五　新安保条約による自衛隊基地強化

一九五九年三月、安保条約改定による日米軍事同盟強化に反対し、社会党・総評・中立労連・原水爆禁止協議会など一三八団体は安保条約改定阻止国民会議（略・国民会議）を結成した。静岡県では社会党・共産党・県評などが中心に、安保条約改定阻止県民共闘会議は四月に結成された。

一九六〇年一月一九日、岸信介首相ら全権団はワシントンで、「日米新安保条約」に調印した。新条約は「武力攻撃に抵抗する能力維持、領域における武力攻撃に対処する行動、米軍が日本国内の基地使用」などを明確にした。国民会議は連日国会へ数十万人の反対デモを展開する中、自民党が衆議院で五月二〇日に新条約を強行採決した。「新安保条約」が六月二三日発効し、岸首相は退陣を表明した。

東富士演習場の陸上自衛隊　一九五九年六月、農民再建連盟は防衛庁に自衛隊の演習場使用を認めた。両者は有効期間一〇ヵ年の「東富士演習場使用協定」と、「国有地入会協定、水利権協定」を県知事と関係市町長の立会で締結した。六〇年三月以後滝ヶ原に富士学校教導連隊、板妻に第一〇五教育大隊、駒門に第一〇六大隊第三陸曹教育隊と第一〇七施設大隊三中隊など四二〇〇人が常駐した。六一年一二月に御殿場市・小山町・裾野町により、東富士演習場地域協議会が設置された。

一九六五年八月、防衛庁から国産R30型ミサイル・ロケットの試射演習申し入れを、農民再建連盟が拒否した。米軍は核ミサイル・リトルジョンの試射実験を、一〇月実施すると通告した。農民再建連盟は政府にミサイル試射に抗議文を九月提出した。御殿場市は「米軍ミサイル演習中止陳情書」を、静岡県議会が「ミサイル反対決議」を行った。農民約一〇〇〇人が座り込む中一〇月二日に、米軍第五七砲兵隊ミサイル大隊はミサイル一発を発射した後撤退した。六七年八月に富士学校機械科実験隊は、国産R30型ロケット一四発の試射実験を行った。

一九六八年七月、日米合同委員会は「日米使用転換協定」を結び、富士演習場返還を決定した。米軍駐留地キャンプ富士（一二〇ヘクタール）を除き、東富士・北富士演習場が八月一日全面返還されて自衛隊管轄の使用となった。米第三海兵隊がベトナム戦争に派遣されると、六九〜七〇年に東富士演習場で榴弾砲や戦車・装甲車両による砲撃練習を行った。

一九八五年一一月、日米共同師団指揮所演習と共同実働訓練が、自衛隊と米海兵隊により軍事演習を実施した。八六年一一月に自衛隊は科目別演習で隊員約四〇〇〇人を動員し、戦車・装甲車一二〇両と大砲三〇門・航空機四〇機により大規模な演習を行った。以後、日米両軍の陸上合同演習が増加した。

一九九四年当時東富士演習場は、自衛隊員総数約八〇〇〇人が常駐し基地面積八七〇〇㌶である。米軍第三海兵師団・キャンプ富士には、司令部大隊・常駐大隊約一三〇人が配備された。

◎東富士演習場と陸上自衛隊の主要部隊（一九九四年〜）（『富士山宣言』より作成）

富士駐屯地・富士学校─富士教導団・富士病院・研究本部開発実験団

　富士教導団─特科教導隊・戦車教導隊・偵察教導隊・装備実験隊・富士弾楽出張所など

滝ヶ原駐屯地・富士教導団─普通科教導連隊・富士教導団教育隊・教育支援施設大隊・教育支援飛行隊

駒門駐屯地・東部方面隊第一師団─第一教育団・第一戦車大隊・第一機甲教育隊・第一高射特科大隊など

板妻駐屯地・東部方面隊第一師団─第三四普通科連隊・第一後方支援連隊・第三陸曹教育隊など

一九九六年二月、政府は沖縄の米軍基地縮小で、米海兵隊キャンプ・ハンセンの一五五ミリ榴弾砲演習場の移転先を検討した。主力兵器一五五ミリ榴弾砲は、最大射程距離が一八～三〇キロで核爆弾装備も可能である。日米合同委員会は静岡県東富士、山梨県北富士、北海道矢臼別、宮城県王城寺原、大分県日出生台演習場の五ヵ所への移転勧告を八月了承した。防衛庁長官が八月に静岡県庁を訪れて、移転候補地として東富士演習場決定を通知した。

御殿場市議会は六月「移転問題は合意出来ない、キャンプ富士の早期返還」など五項目を決議した。東富士演習場では一五五ミリ榴弾砲など射撃演習が、自衛隊が年間約二〇〇日、米軍が約一〇〇日以上と過密化していた。

御殿場市では五月米海兵隊実弾演習の東富士移転に反対する市民の会、県平和委員会・県労働組合評議会を中心に八月米軍は東富士に来るな静岡県民の会、翌年二月裾野市に米軍実弾演習場移転に反対する裾野市民の会が結成された。

一九九七年五月一日、御殿場市・裾野市・小山町と農民再建連盟は、東富士演習場行政・権利協定当事者合同会議で「演習移転の受け入れ」を表明した。富士山裾野は長年の砲撃演習で荒廃し、基地交付金や土地賃貸料・整備補助金など利益獲得の手段となった。九七年七月に第三海兵師団海兵連隊は北富士演習場で、一五五

御殿場市・米軍キャンプ富士

ミリ榴弾砲による最初の砲撃練習を開始した。東富士演習場では九八年二月に行われて、以後常態化した。

航空自衛隊浜松基地の軍事強化　一九五八年八月、浜松基地は南北に分離し、新設された北基地に第一航空団・管制分遣隊が移転した。南基地は航空学校が、第一～第二術科学校に改編した。六二年一〇月南基地に術科教育本部、六四年一二月北基地に飛行教育集団司令部、六九年一月にナイキ実施教育部隊教導高射隊が発足した。六九年一月にナイキ持込み反対市民大集会、七三年五月にF４ファントム持込み反対集会が開かれた。

航空自衛隊浜松基地は当時面積三一五㌶・隊員四三〇〇人で、北基地に飛行教育集団・保安管制隊・気象隊が置かれて、機種にジェット戦闘機F86型四四機、T33型三四機が配置された。南基地には術科教育本部・教導高射隊・第一～二術科学校・救難教育隊・警備分遣隊が置かれて、機種にF86型・T33型ジェット機が四七機配備された。八二年一一月一四日、航空祭でブルーインパルス一機の墜落事故があり、市民一二人が重軽傷を負い民家一二棟が全半壊した。

一九八二年八月、日米安保事務協議・ハワイ会議は、横須賀を母港とする空母ミッドウエーの艦載機訓練基地代替施設を要請した。厚木基地の夜間離着艦訓練が困難となり、防衛庁は八三年米軍厚木・横田基地、航空自衛隊百里・入間・浜松・静浜基地などの調査を決定した。浜松市議会は八二年一二月に「空母ミッドウエー艦載機訓練基地化反対の意見書」を採択した。八三年三月に焼津市議会と大井川町議会が、「艦載機の離着陸訓練に反対する意見書」を採択し首相・防衛庁に提出した。防衛庁は三宅島・硫黄島を候補地検討に入れた。

一九八九年三月一六日、「防衛二法」改正で南・北基地を統合し浜松基地となり、新たに航空教育集団司令部が設置された。地対空誘導弾パトリオットが四月配備された。

◎航空自衛隊浜松基地（一九九四年）、隊員三二〇〇人（『富士山宣言』より作成）

航空教育集団司令部――一般教育・飛行教育・術科教育部隊の統括

第一航空団―ジェット機パイロット養成飛行群・整備補給群・基地業務群

第一術科学校―航空機の整備要員教育

第二術科学校―通信レーダー・航空管制、教材整備隊

使用航空機―ジェット機Ｆ１０５Ｊ・Ｔ４・Ｆ４Ｊ・Ｆ１、ヘリコプター・ＭＵ２プロペラ機など

第六移動警戒隊―移動式航空警戒管制装置による教育訓練

教導高射隊―地対空ミサイル・パトリオットの特技員術科教育

一九九四年八月末、防衛庁は早期警戒管制機（ＡＷＡＣＳ）を、浜松市長に浜松基地配備を伝えた。浜松から基地をなくす市民の会が、抗議集会を八月三〇日に開き市内デモ行進を行った。浜松市基地対策協議会（会長浜松市長・市議など）は、九月に「国家の意思で決定」と配備を容認する意見が多数であった。

一九九八年二月に市民団体は、警戒管制機配備の反対署名約五万五千人分を浜松市長に提出した。「空飛ぶ司令塔」の警戒管制機二機が、浜松基地に三月二五日配備された。早期警戒管制機は高度一万㍍上空からレーダーで五〇〇キロ以上先の航空機・艦船を探知し、自動追尾し戦闘機に攻撃指揮する機能を有している。また教導高射隊には新型迎撃ミサイルＰＡＣ３が配備された。九九年二月に警戒管制機二機が追加配備された。

まとめ

戦後憲法九条に基づく日本の平和化が進められて、国民の意識の中に平和路線が定着した。日米安保条約の

締結は平和路線から、冷戦体制期の「国家防衛」という防衛路線に転化する状況を県内の軍事基地の変遷で明らかにした。また安保体制下の日本は、米国の国防・アジア戦略に組み込まれて自衛隊がその一翼を担った。

第二次世界大戦後米ソ両大国による長期の冷戦体制が、一九八九年一一月ベルリンの壁崩壊が象徴するように東欧諸国が市民革命により民主国家へ劇的に変化した。九一年一二月に社会主義ソ連邦が崩壊し、米ソ冷戦体制の終息となった。米国は石油利権など世界戦略により、九一年一月イラクのクウェート侵攻に対し湾岸戦争、二〇〇一年九・一一同時多発テロ後の一〇月にアフガニスタン戦争、〇三年三月イラク戦争と大規模な軍事介入を進めた。

日本政府は一九九九年五月「周辺事態法」、二〇〇一年一〇月「テロ対策特別措置法」、〇三年六月「武力攻撃事態法」等有事法制三法、七月「イラク復興支援特別措置法」を制定した。自衛隊は「専守防衛」から、米国の軍事要請により「国際貢献」へと転換した。海上自衛隊が〇一年一一月インド洋へ、陸上・航空自衛隊が〇三年一二月以後にイラクとペルシャ湾へ海外派遣された。自衛隊は「基盤的防衛力」強化を進めて、日米共同作戦による海外活動へ軍事行動を拡大した。

二〇一〇年一二月、政府は「新防衛大綱」を決定し、東アジア情勢（中国・北朝鮮など）の不安定と脅威に対応し、「動的防衛力」として軍事力強化と機動性・即応性を重視した。米軍基地の温存と自衛隊基地の増強が、国民の平和路線と常に対立し各地で基地闘争となった。国民は米軍基地が集中する沖縄県民とともに今や国防優先の安全保障より、国民の命と暮らしを守ることを重視する平和路線が重要になっている。

二〇一四年七月一日、安倍晋三首相は憲法九条について、「集団的自衛権の行使を認める」解釈改憲を閣議決定した。歴代自民党政府は憲法九条を「個別的自衛権があるが、集団的自衛権を禁じている」とし、自衛隊の任務を「必要最小限の武力による専守防衛」としてきた。安倍内閣は立憲主義を無視し、最高法規の憲法第九条を国会の承認や国民の理解もないまま事実上の改憲で「集団的自衛権の行使」を決定した。「集団的自衛権」は他国・米国のために海外での武力行使を容認するもので、日本とアジアの平和に関わる重要問題となった。

参考文献・論文

枝村三郎「大井川町の飛行場基地の歴史と住民運動」『静岡県近代史研究』第一七号　一九九一年
枝村三郎「東富士軍事演習場の歴史と住民運動」『静岡県近代史研究』第二三号　一九九七年
『東富士演習場重要文書類集』上下巻、御殿場市役所　一九八二年
『静岡県労働運動史』静岡県労働組合評議会　一九八四年
『静岡県史』通史編６―近現代二　静岡県　一九九七年
『浜松市史三～四、新編資料編三～六』浜松市　二〇〇四年～
『静岡県戦後開拓史』静岡県開拓生産農協組合連合会　一九八一年
浅岡芳郎『南遠の記録・陸軍遠江射場と住民』一九八五年
仁藤祐治『東富士演習場小史』富士タイムズ社　一九七五年
『富士山宣言』静岡県平和委員会　一九九四年
『七〇年代安保と浜松基地』浜松市平和委員会　一九七一年
『静浜基地の歴史と基地闘争』静岡県歴史教育者協議会　一九八四年

第三章　第五福竜丸事件と原水爆禁止運動

枝村三郎

はじめに

第五福竜丸被曝事件は、米ソ両大国の核軍拡競争により起きた水爆実験の最初の犠牲であった。一九五〇年一月に米大統領トルーマンは「水爆開発指令」を出し、五二年一一月マーシャル諸島エニウェトク環礁で水爆マイク（一〇・四メガトン）の実験を行った。ソ連が五三年八月水爆実験に成功すると、米国は大型爆撃機に積載可能な実戦用の水爆開発を急いだ。

米国は一九五四年三月一日より、ビキニ環礁で始めた水爆実験・キャッスル作戦を極秘にした。日米両政府が第五福竜丸被曝事件について、本稿では日

東京都・第五福竜丸展示館

米外交極秘史料からその実態を明らかにした。また焼津漁協組合が公開しなかった焼津港漁船の放射能汚染の被害実態と、漁業補償内容を新たな資料により明確にした。原水爆禁止運動がどのように発展したか、焼津市・静岡県の住民運動と国民的運動について考察する。

一　水爆実験と第五福竜丸被曝事件

一九五四（昭和二九）年一月二二日、鮪漁船第五福竜丸（焼津・富士水産会社所属、一四〇トン・船長二五メートル）は焼津港を出航した。乗組員は漁労長見崎吉男（二八歳）・無線長久保山愛吉（三九歳）・船長筒井久吉（二二歳）・機関長山本忠司（二七歳）など二三人である。焼津地区が一一人、大井川地区五人、榛原地区二人と県外が五人であった。

第五福竜丸は二月上旬ミッドウエー海域で延縄操業をしたが不漁となり南下し、マーシャル諸島海域に入り操業を続けた。久保山無線長は「米国が戦後ビキニ附近で原爆実験をしている」ことを、漁労長と船長に話した。一九五二年一月米国が危険区域に指定したブラウン島（エニウェトック環礁）とビキニ島区域を、見崎漁労長は海図に丸で囲って接近しないよう注意した。漁労長は燃料も残り少なくなり最後の延縄操業を指示し、午前四時に投縄開始し午前六時一二分終了してエンジン停止のまま潮に乗って漂泊した。

三月一日午前六時四五分（日本時間三時五〇分）、夜明け直前で地平線が見える西南西方向に閣空をさいて突然目もくらむ閃光が走った。太陽の数倍も大きい火球が広がり、急速に巨大化しながら洋上を真っ赤に染め三～四分ほど続いた。薄闇となり静寂にもどったが、八～九分後船底を裂くほど爆発のごう音が響きわたった。

見崎漁労長は久保山無船長・筒井船長とあわてて海図室に飛び込み、海図を広げて「ビキニ島で原爆実験」と推定した。漁労長は旋回航法を筒井船長に指示し、おびえている乗組員にラインホーラーを回転させ揚げ縄作業を指示した。西方洋上に積乱雲が発生しどす黒い雲に低くおおわれて、三時間後に白い灰状の粉末が上空から肌を突きさすように降ってきた。白いサンゴの粉末物が作業する乗組員たちの頭髪や襟首・胴巻きに降りかかり、約五時間ほど降り続けて甲板上を白く覆うほどであった。

久保山無線長は身の危険を感じ、「海難事故報告」の無線による交信を断った。乗組員全員が二日夜倦怠感におそわれて食欲もなく、四日に顔が火傷跡のように黒くなった。白い灰が付着した耳や頭部・手足の指・腹部はただれて水泡が発生し、頭部や首筋に火傷のような痛みもあり頭髪が一三日にぬけ始めた。

【表】1954 年ビキニ環礁
キャッスル作戦・水爆実験（日本日付）

月日	核爆弾	規模（メガトン）	場所
3月1日	ブラボー	15	地上
3月27日	ロメオ	11	水面
4月26日	ユニオン	6.9	水面
5月5日	ヤンキー	13.5	水面
5月14日	ネクター	1.7	水面

【出典】『ビキニ水爆被災資料集』14頁より作成。

米国は三月一日「ブラボー・ショット」と名付けて、極秘の水爆実験をビキニ環礁で行った。水爆ブラボーは一五メガトン（ＴＮＴ火薬換算一五〇〇万トン）で、広島型原爆一〇〇〇倍の威力があった。水爆は直径四～五キロの巨大な火球となり一分後一四キロ上空に達し、爆発地点に直径約二キロ・深さ八〇メートルの巨大なクレーターができた。

大量の「死の灰」は危険区域を越えて東方に拡大し、ロンゲラップ島民六四人とアイリングナエ環礁の一八人、ウトリック島民一五七人など二三九人が放射能で被曝し後に四六人が犠牲になった。米国はキャッスル・テストとして三月一日から五月一四日まで極秘の水爆実験を六回実施し、総量四八メガトンに達し広島型原爆約三〇〇〇発に相当した。

日本政府（吉田茂内閣）は三月一六日、「米側よりビキニ（環礁）において原爆実験を行うむねの通告を受けていない」と問題にした。岡崎勝男外相は「事件発生前に付近航行の船舶等に対しなんらかの警告が行われたか、原爆実験などの場合第三国の船舶を含めいかなる周知方法をとっているか」を米国政府に照会した。

『朝日新聞』二〇一〇年九月一九日によると、「米公文書」公開で水爆ブラボーの爆発による「死の灰」降下範囲は観測により、日本や欧米・アフリカ大陸など世界規模におよび放射性降下物総量が二二・七三メガキュリーという驚異的な環境汚染量であった。

二　第五福竜丸乗組員の被曝と医療対応

三月一四日五時三〇分、第五福竜丸は東洋一を誇る新築工事中の焼津港に帰港し、競り市の最中であったが水揚げしなかった。船主西川角市と富士水産漁船係長、漁業協同組合員の三人が出迎えた。見崎漁労長は西川船主に、三月一日の出来事を説明し医者の診断を相談した。

乗組員二二人は同日午前中協立焼津病院（後に焼津市立病院）に行き、当直医外科主任の大井俊亮医師の診察を受けた。乗組員の症状は顔や首筋・鼻腔部・両手・腹部に火傷の黒色が沈着し、異常なかゆみと痛みがあった。多くの者は三七度二分〜六分程度の微熱があり全身の倦怠感と頭痛もあり、頭髪が抜ける者も半数を占めて眼球に結膜炎を起こし痛みを訴えた。大井医師は血液の採取検査で平均値より異常に減少している者があり、「症状から原爆症と認められるが明日精密検査をする」といった。看護婦が火傷のひどい者に白いチンク油やしっぷ薬をぬった。

見崎吉男は病状について心配でならず、西川船主と相談して再び焼津病院の大井医師を訪ねた。大井医師は外傷の重症者と白血球最低者の二人を選び、東京大学医学部付属病院宛てに受診依頼の紹介状を書いた。翌一五日早朝に増田三次郎と山本忠司は診断依頼書を持参し、医学部清水外科中村晃一医師の診察を受けて「原爆症」と診断された。

乗組員達は一五日早朝第五福竜丸から、漁獲物九・五トン（約一二二万円）を魚市場に水揚げした。水揚げされたマグロは午前中魚市場で競売されて仲買人六七人が買い付けて、焼津など静岡県内に約四・二トン、東京・大阪など県外へ五トンが発送された。

三月一六日『読売新聞』朝刊は、安部光恭焼津通信員の記事「邦人漁夫、ビキニ原爆《ママ》実験に遭遇、二三名が原子病」とスクープを掲載した。第五福竜丸被曝事件の衝撃的な第一報は、地元焼津をはじめ国内外に大きな衝撃を与えた。同日東大付属病院清水外科では原爆症の権威者都築正男名誉教授を中心に治療調査団が編成されて、清水健太郎主任教授と放射線研究室筧弘毅講師らが増田三次郎の精密診断を行った。診断は血液検査・白血球検査・皮膚外傷などの内科・外科検査を行い、ガイガー測定器で持参した「死の灰」や皮膚付属物の放射能測定が行われた。

静岡県庁には一六日午前中、厚生省から「原爆症の疑いあり」の連絡が入った。県衛生部は午後一時に前川県衛生部長と予防課長・藤枝保健所職員など四人と、静岡大学教育学部塩川孝信教授を焼津へ急行させた。一行は協立焼津病院で大井外科部長に状況を聴取し、病院に集められた乗組員と面接した。またガイガー測定器で全員の放射能測定を行い、衣服や頭髪・爪の間から放射線が検出された。静岡・清水・藤枝保健所所員一七人と焼津市公衆衛生課員四人が、焼津魚市場に動員されて出荷仲買人に対して個別調査を開始した。焼津漁業協同組合は出荷先の一三都府県に対し事件を通報し、販売禁止となった「原爆マグロ」の回収を依頼した。

三月一七日、焼津市役所は第五福竜丸被害対策本部を設置した。高富義一市長が病気のため本部長を宮崎作次助役、副部長に収入役・総務課長を配し、防病班（衛生課長）・救護班（民政課長）・調査班（産業課長）を置いた。市議会は被害対策特別委員会を設置した。前川県衛生部長の指示で、乗組員全員を八楠地区にある伝染病隔離の焼津北病院に入院させた。

東京大学特別調査団の医学部放射線科中泉正徳主任教授・筧弘毅講師など八人は、焼津駅に同日午後一時過ぎに到着した。東大調査団一班は焼津病院で乗組員の症状を診断し、頭部・首筋・手首等に向けた放射線検知器が放射線を感知し音をたてた。調査団二班は午後二時頃から第五福竜丸船体や魚市場の放射能検査を行い、船体から数十メートル離れた距離で強力な放射線反応があった。検知器は洗浄された甲板部や船室・船倉で弱く一時間当たり船首で六～九ミリ、操舵室等中部デッキで三〇ミリレントゲンなど甲板部隅や浮子保管場所に放射線反応があった。厚生省は阿曽村乳肉衛生課長、国立予防研究所永井技官と厚生省公衆衛生局課長長友技官、原爆影響研究所長槙弘（ＡＢＣＣ副所長）を調査団として焼津へ派遣した。

三月一八日、斎藤寿夫県知事は放射能被害応急処理本部の設置を指示した。県衛生部は焼津市に対して、放射能汚染魚類の検査と廃棄処分を午前中に指示した。焼津市は漁業協同組合の冷凍庫前に市内漁業関係業者を集めて汚染魚類の回収を行い、放射線反応のあるマグロなどを廃棄処分にした。京都大学調査団は物理学教室清水栄教授、科学研究所事務長など四人が焼津に入った。『朝日新聞』同日夕刊は「ビキニ水爆実験の真相」として、「想像を絶した爆発力、測定不能米科学者陣も驚倒」と報じた。

三月二〇日、原爆傷害調査委員会（ＡＢＣＣ・広島）は日米合同調査団として、米国側医師で研究委員会長Ｔ・モートン（外科医）・ルイス博士など三人と日本側医師四人、極東軍大佐ら四人と大使館員二人の一四人を派遣した。彼らは米軍用機で志太郡静浜村（現焼津市）の静浜米軍基地に飛来し、焼津北病院の患者を診察し船体などの調査をした。静岡大学・藤枝保健所・焼津市衛生課は協力して、放射能汚染魚類の埋没地域と乗組員家族の放射能測定検査を二一日実施した。二八日午前中乗組員二一人は静浜基地より、米軍輸送機ダグラス二機に乗り込み羽田空港に到着した。東京大学付属病院に重症者の見崎吉男ら五人、国立東京第一病院に比較的軽症者の久保山愛吉ら一六人が入院した。

三　第五福竜丸事件に対し日米両政府の対応

第五福竜丸事件は国会で取り上げられて、漁船の位置・被災実態・賠償問題が議論になった。日米政府間では放射能に被曝した乗組員の治療と、第五福竜丸の放射能汚染処置が重要課題となった。

三月一七日、衆議院予算委員会では西村直己自由党議員（静岡県選出）などが、ビキニ被曝問題で「米国の危険区域の設定に対する処置、被害に対する賠償や責任問題」を質問した。岡崎勝男外相は「指定水域外の事件と確認されれば、米国は補償など責任措置を講ずることになる」と答弁した。

アリソン駐日米大使は奥村外務次官を同日午後に訪ねて、「米側は本件に関する安全保障の問題を特に重要視している。放射能は公衆衛生上危険があるので福竜丸へ接近を禁止し、汚染の除去を安全に行うため船を横須賀に回航することを希望」と提案した。外務省アジア局では関係課長が集まり、「船が危険水域の内外か、危険区域の公示、被害状況と損害補償請求権」が検討された。

三月一八日、『静岡新聞』夕刊は共同特派員発「米政府も重大関心」として、原子力合同委員会コール委員長が「漁夫達がスパイ行為をしていたこともありうる」と報じた。外務省は国家警察・公安調査庁に調査を依頼し、公安警察が乗組員の身許調査や思想傾向と日頃の言動、船員組合加入の有無や親類知人関係者に共産党員の有無など調査した。

同日、外務省は第五福竜丸に関する関係各省庁会議を開き、海上保安庁・水産庁・外務・厚生・運輸省課長等が参加した。会議では「第五福竜丸の行動状況、危険区域の告示、米国側の予防・警告措置、被曝者対策」などが協議された。東京大学木村健二郎教授理学部研究室では「死の灰」の分析が進められて、ウラニウム・プルトニウムが分裂してできる原子群の発見に努めた。『朝日新聞』二二日は「原水爆実験の跡」として、「ビキニで実用水爆第一号であろう」と報じた。

三月二四日、外務省で日本側医療関係者と米国側係官により日米連絡会議が開かれた。米国側は米原子力委員会のアイゼンバッド環境衛生安全研究所長・ABCCのモートン博士、米大使館員と極東軍大佐二人である。日本側は医療関係者として東京大学の木村健二郎・美甘義夫・中泉正徳教授、国立科学研究所・予防研究所所員、厚生省・文部省・外務省各局長・課長などが出席した。患者の治療と環境衛生及び食品衛生に関して、一般的な質疑が行われた。人体に害があるストロンチウム90が問題となり、「灰の件と尿の分析について公表しない」ことを申し合わせた。厚生省内に治療と研究のため原爆症調査研究協議会が置かれた。

同日、アリソン米大使は奥村外務次官へ「要請事項」として、「福竜丸の汚染消除を米海軍に行わしめるか、同船を海中に沈めるか立入禁止にするか。米側の医術者にも自由に患者を見させてもらいたい。放射能を帯びた灰・着衣・木・その他資料目録をとり、政府が責任をもって保管されたい」と要請した。

三月二五日、政府は安藤国務大臣を議長にし官房副長官・外務・大蔵・文部・厚生・農林・運輸関係省次官を委員、各省局長・庁長官を幹事とした第五福竜丸事件善後措置に関する打合会（略・打合会）を設置した。打合会では第五福竜丸について「文部省で学術研究の対象物件として買い上げる。機密保持の観点から保管・警備方法及び保管場所について、文部省・海上保安庁・国警本部及び関係自治体で協議する」とした。

三月二七日、外務省は奥村外務次官を通じてアリソン米大使に、「第五福竜丸の被災状況に関する覚書」を手渡した。第五福竜丸の航跡について、「原爆らしい閃光を認めた位置は、概ね北緯一一度五三分三〇秒・東経一六六度三五分三〇秒であった」とした。

四月六日、閣議では文部大臣が「第五福竜丸は学術研究の名目で買い上げ」を決定した。岡崎外相は「このまま放置しては、機密保持上おもしろからざるにつきこの際政府で買い上げる」といった。『静岡新聞』四月三〇日夕刊は、乗組員に対する「スパイは事実無根、思想調査した治安当局」との記事を報じた。

四月一四日、東京大学・研究協議会臨床小委員会は、委員長中泉正徳東大教授、東大付属病院長美甘義夫と国立第一病院副委員長栗山重信が乗組員の容態について記者会見をした。「患者の体内外の放射能は処置の結果減少し、外傷の脱毛・皮膚炎・色素沈着・潰瘍も次第に治癒に向かいつつある。造血臓器の障害が最も心配で、血液中の白血球・血小版・白血球の減少と骨髄中の実質細胞の高度減少が認められ、血液学的に急性汎骨髄ろう（再生不良性貧血）と診断される」と発表した。

四月二三日、焼津市衛生課は県庁の指示で第五福竜丸の係留岸壁に監視小屋を設営し、職員二人を常駐させて二四時間体制で監視を開始した。斎藤県知事は二八日第九回打合会で、第五福竜丸を置く目的と係留期間を明確にするよう求めた。文部省は五月一七日、第五福竜丸を二一〇〇万円で買い上げを決定した。文部省岡野学術課長、東京大学理学部森部長と中泉・筧・三好教授、静岡大学塩川孝信教授ら一三人の学術団が六月二日焼津市に入り、船内備品について輸送品目の選別を行い茶箱など一二〇個に梱包した。

六月五日、焼津市民が押しかける中、海上保安庁の巡視船しきねが第五福竜丸を北岸壁に移した。さらに黒石川河口地点へ七日移動し係留した。第五福竜丸は巡視船しきねに引かれて焼津港を八月二二日出航し、翌日東京港へ回航され江東区内越中島に到着した。

四　広がる原水爆禁止決議と焼津市民の運動

広島・長崎の原爆に次ぐ第三の水爆被曝により、日本国民は大きな衝撃を受けた。国会・静岡県・焼津市など「原水爆禁止決議」が、住民の原水爆禁止運動へと発展した。

一九五四年三月一八日、静岡県議会は「放射能実験にともなう被害対策に関する意見書」を満場一致で議決し、吉野倫将議長名で政府に対して提出した。内容は「(1)、アメリカ政府に厳重抗議し、漁船乗組員と漁業の安全を保障する最善の措置を講ずること。(2)、被害者に対する完全なる医療、並びに損害補償に対する適切なる措置を政府の責任において速やかに実行すること」を求めた。

焼津市議会では藪崎順太郎副議長が、三月二七日「原子兵器禁止の決議」を求める緊急動議を提案し議決した。決議は「(1)、原子力を兵器として使用することの禁止。(2)、原子力の平和的利用」を求めた。

日本弁護士連合会・人権擁護委員会は、人権擁護全国大会を共催し静岡市公会堂で三月二七日に開いた。静岡県弁護士会は「特別提案」として、「原子兵器の製造および使用を禁止し、原子力の恐怖から解放することを全世界に要請する」提案をし議決した。主婦連合会・地域婦人団体連合会・生活協同組合婦人部は連名で「原水爆についての要望書」を四月六日発表し、「原子兵器の製造・実験・使用が禁止され、原子力の国際管理と平和利用の世界的保障」を訴えた。

衆議院は四月一日全会一致で、「原子力国際管理に関する議決」を行った。参議院は五日、「原子力国際管理並びに原子兵器禁止に関する決議案」が上程され可決した。参議院本会議では鶴見祐輔（改進党）・奥むめお（緑風会）・佐多忠隆（社会党）・大山郁夫（無所属クラブ）の各氏が、「原水爆実験や原子兵器の使用禁止、被害者の補償要求、原水爆の国際管理」を求めた。国会議決「原子兵器実験による被害防止保障」を国連事務総長に提出した。「原水爆禁止と国際管理を要請する決議」は地方議会に広がり、七月まで三七都府県議会と一二八市議会に及んだ。

憲法擁護国民連合主催の原水爆問題公聴会が、東京有楽町の読売ホールで四月五日に開かれた。片山哲議長は「原子兵器禁止を超党派的な国民運動に発展すべきだ」と挨拶し、松前重義社会党衆議院議員が焼津市の調査報告を行った。伏見康治大阪大学教授と坂田昌一名古屋大学教授は、「原子力兵器の破壊力の脅威」を訴えた。安井郁法政大学教授は「米国の危険区域設定は公海の自由を侵している」と批判し、神奈川県鮪鰹漁業協同組合と三崎漁業協同組合の代表者が「原水爆禁止」を強く訴えた。

焼津市婦人会は四月二五日、焼津西小学校講堂で総会を開いた。婦人会は「原子力兵器禁止決議」を行い、「第五福竜丸原爆《ママ》被災事件に関する放射能の脅威を痛感し、今後この不幸な事実を世界どこの国にも再び繰返すことのないことを要求する」とした。焼津市教職員組合定期大会は焼津西小学校講堂で四月一九日開かれて、「原水爆禁止の決議」が採択された。焼津中学では生徒会が五月に、「第五福竜丸の乗組員に慰問文を送る」決議を行った。

焼津中学を卒業し高校に進学した生徒一三人は、サークルおりづる会を組織していた。夏休み中に焼津漁師の婦人一〇〇人の生活調査を行い、八月『焼津における漁師の婦人の生活』として冊子を発行した。調査では「封建的な船元・船子制度、年五回の漁業手当あたりでの借金生活、水産加工に従事する主婦の低賃金」実態を明らかにした。漁民達が原水禁運動への関わりを阻害している原因は、貧困と雇用関係にあると理解した。一〇月に市民一五〇人の第二回調査では、「久保山さんの死と焼津の市民」を実施した。民主主義科学者協会静岡支部経済部会はおりづる会の調査活動を評価し、翌年四月合同調査を行い雑誌『国民の科学』に「焼津の漁業労働者の生活実態」として掲載した。

地元焼津漁民・市民からは、積極的な原水爆禁止運動が起きなかった。漁民は船元（船主）により親類縁者を船子として雇用し、手当が月給制でなく「あたり」として盆暮れなど五回支給であった。焼津漁民は船員組合がなく、漁業組合・焼津市主催の上から組織された原水禁反対市民集会に参加していた。

志太郡吉永村（現焼津市）では、第五福竜丸の乗組員五人の出身地であり、同級生有志が支援運動を決定した。署名運動「村民の声」は吉永村婦人会・被災者同級生有志が、各団体に「水爆実験被災についての署名運動に御協力下さい」と五月九日訴えた。署名は「(1)、被災者と家族の方々を激励したい。(2)、各地からの御厚情に感謝の言葉を述べたい。(3)、原子力の平和利用を世界の世論に訴えたい」とした。署名運動は五月三一日終了し、「村民の声署名簿」四六分冊で署名数二〇〇五人に達し焼津市対策本部へ願書として提出した。

五　海洋汚染により漁船被害と漁業補償

水産庁長官指示として三月一九日、「三月一日以降同海域において操業又は航行した漁船は、入港地を塩釜・東京・三崎・清水・焼津港に限定」した。その後漁船入港地が拡大されて、厚生省は指定漁港に放射能検知班を配置した。ガイガー放射線測定器により一分間検出さる放射線（カウント・パー）が人体五〇〇カウント以上を精密検査、船体等で二〇〇〇カウント以上を「危険状態」、漁獲物で一〇〇カウント以上が検出された場合「食用不適」とし廃棄処分にした。

マーシャル諸島近海で操業した県内の鰹鮪漁船に被害が続出した。第一一日光丸（用宗港所属一六八トン、乗組員二六人）は三月一六日東京築地港に入港し、翌日船体や漁船員の衣服から放射線を検出し漁獲物から検出されなかった。第一繁伍丸（焼津港所属一三〇トン、乗組員二五人）は三月二四日焼津港に入港し、船体から弱い放射線を検出し漁獲物に検出されなかった。第二吉祥丸（焼津港所属一五五トン、乗組員二九人）漁船員は、クエジュリン環礁南方で操業中の三月二七日水爆ロメオの実験を目撃した。第二吉祥丸は四月一一日焼津港に入港し、放射能検査で漁船員から弱い数値とマストや漁具から高い数値が検出された。

水爆実験によりマーシャル諸島海域と海洋・大気・雨水などが放射能で汚染されて、北半球の北赤道海流から黒潮（日本海流）・北太平洋海流により海洋汚染が拡大した。大型回遊魚のマグロ・カジキ・シイラ・サワラ・カツオなどが、汚染海域を回遊し食物連鎖で放射能を蓄積した。太平洋全域で鮪鰹漁船の漁獲物には、放射能で汚染されたマグロ類が続出し大量に廃棄された。

【表】1954 年主要八漁港・放射能汚染漁獲物の廃棄漁船数

	東京	三崎	清水	焼津	大阪	和歌山	高知	鹿児島	合計
隻数	109	151	33	108	168	67	71	108	815

【出典】『水爆実験と日本の漁業』537P より作成。

【表】焼津港入港の汚染漁獲物廃棄漁船（県別数）

県別	静岡	和歌山	三重	愛知	大阪	徳島	高知	鹿児島	その他	合計
隻数	42	26	3	4	3	7	18	6	4	113

【表】焼津港入港の汚染漁獲物廃棄漁船（静岡県内訳）

漁港	焼津	清水	御前崎	田子	不明	合計
隻数	27	5	6	2	2	42

【出典】『焼津市史』通史編・下巻 537P 等より作成。

三月から一二月までに全国で廃棄漁船数が八五六隻、太平洋を航行した漁船・客船・貨物船・捕鯨船などの放射能被害を含めると一千隻に達した。沖縄は米国の占領下のため漁船調査がされず実態が不明である。

東京都築地港において検査船舶六九八隻で、放射能が船体より検知隻数二一隻、魚類等に検知隻数一一隻である。ビキニ環礁海域で操業し三～五月東京入港の放射能汚染漁船は、高知県室戸港の第一一高知丸・第一二高知丸・第二幸成丸・第七大丸・第五海福丸・第五明賀丸、神奈川県三崎港の第八順光丸・尾形海幸丸、東京都の第一四丸高丸・地洋丸・第一一宝幸丸などである。大阪港の入港漁船数が三四六隻、放射能の船体検出が一七隻、船体と魚類に検出が六隻、魚類に検出が一五八隻の計一八一隻である。

焼津港の廃棄漁船は二〇〇〇年焼津漁業資料館で「廃棄漁船資料」が見つかり、清水区三保の遠洋水産研究所「鮪漁船漁活資料」と合わせ全容が判明した。焼津港における廃棄漁船の月別状況は、五月に琉球列島・西表島近海の操業漁船に被害が限定した。六月は汚染地域が急速に拡大して、大東諸島近海と硫黄島近海の操業漁船に被害が増大した。七～九月夏場は多くの鮪鰹兼業船がカツオ漁を中心に操業し、カツオに対し放射能検査を実施しなかった。一〇～一二月は冬場のマグロ漁が全域で本

【表】水爆被災事件慰謝料の配分内容

項目	金額(万円)
治療費(主に第五福竜丸乗組員)	2,547
慰謝料(主に第五福竜丸乗組員)	5,426
漁獲物廃棄による損害	7,929
危険区域設定による漁船の損害	5,116
魚価低落による鮪生産者の損害	45,420
水産流通業者に対する見舞金	4,100

【出典】『焼津市史』下巻通史編 539P より作成。

【表】静岡県被災漁船の慰謝料配分一覧表（第五福竜丸を除く）

配分区分	漁船 迂回航行損	魚価下落損	漁獲廃棄損	合計
隻数	204	137	36	実数 204
慰謝料(万円)	1,101	6,506	197	7,804

【表】静岡県漁港別の慰謝料配分漁船隻数

漁港	焼津	小川等	御前崎	吉田	用宗	清水	伊東	戸田	宇久須	安良里	田子	松崎	岩地等	下田	総計
船数	70	5	29	2	17	11	9	13	5	5	25	3	5	6	205
廃棄船数	17		11		1	5		1			1		1		37

【出典】『焼津市史』通史編下巻 539P より作成。

格化し、マグロ類に放射能汚染が急増した。

放射能物質に関する日米会議では一一月一五日、米原子力委員会生物医学部ボス博士らが漁船検査中止を求めた。

原爆被害対策協議会食品衛生部会が一二月二八日、「汚染魚筋肉中の放射能が微弱である」とした。閣議は同月二八日「放射能検査の中止」を決定し、厚生省が検査を三一日で中止した。

日本政府は九月に水爆事件損害総額約二七億円とし、内訳「福竜丸関係損害一億二千万円、危険区域拡大に伴う漁船損害一億三千万円、漁獲物廃棄・漁価下落の漁船損害一億八千万円、出漁漁船の漁価下落の損害八億九千万円、流通業者損害一三億三千万円」を米国に提示した。

米国務省は一〇月一九日公文書「ビキニ事件と核問題」で、「日本政府は賠償金二〇〇万ドルを要求している。政府と科学者は敏感な世論が許す範囲で、核問題での日米協力を望んでいる。事件は戦後最大の日米間の緊張要因だ」と伝えている。日本政府は一〇月二九日、「二〇〇万ドル(七億二千万円)の支払いで政治的解決を図ることを希望」した。吉田茂内閣が総辞職して、鳩山一郎民主党内閣が一二月一〇日に成立した。

一九五五年一月四日、鳩山内閣は初閣議で「ビキニ被災事件の補償問題の解決に関する件」を決定し、日米政府間で「交換公文」を交わした。内容は「アメリカ政府は日本国国民の損害の補償のため、法律上の責任の問題と関係なく慰謝料として二〇〇万ドル（七億二千万円）を支払う。原子核実験より生じた日本国及び国民の一切の損害に関する請求の最終的解決として受諾する」とした。四月二八日閣議決定により、ビキニ被災事件に伴う慰謝料の配分を決定した。

六　国民に広がる原水爆禁止運動

一九五四年四月一七日、世界平和者日本会議東海地方委員会は名古屋で会議を開き、静岡大学長谷川覚助教授が「焼津漁民の被害状況報告」をし、名古屋大学坂田昌一教授が「大量殺人兵器の出現による人類の危機を世界に知らせる提案」をした。

世界平和集会がスウェーデンのストックホルムで六月下旬に予定されていた。核兵器による危機を克服する世界平和集会賛同者は、国会議員で自由党の西村直己・宇都宮徳馬、改進党の中曽根康弘、左・右社会党の水谷長三郎・浅沼稲次郎・松前重義・成田知巳、労農党の黒田寿男・久保田豊、共産党の川上貫一・須藤五郎など超党派から四〇人であった。文化人は三笠宮崇仁・大内兵衛・山田耕筰・吉野源三郎・壺井繁治・中野重治・平塚らいちう・佐多稲子など約二〇〇人が賛同した。世界平和集会は六月一九日より開催されて、国会議員堀真琴・須藤五郎・宇都宮徳馬など一七人、大学教授松浦一・山之内一郎、学術会議会員福島要一、平和委員会伊井弥四郎・平野義太郎など総勢三七人が参加した。

静岡県では世界平和集会代表派遣と県平和集会準備会が、静岡市教育会館で五月一六日に開かれた。準備会世話人は国会議員の西村直己・久保田豊・下川儀太郎、地方議員の太田慶太郎伊東市議・藪崎順太郎焼津市議・木全大孝浜松市議・酒井郁造三島市議・古杉敏秋静岡市議、福島義一日農県委員長・長谷川寛静大教組委員長・土屋重朗清水平和連絡会長・鈴木すず静岡市平和婦人会などであった。

世界平和集会県準備会主催の静岡県平和集会は六月六日、第五福竜丸の被災家族も含め四〇〇人が参加し焼津高校講堂で開かれた。藪崎順太郎焼津市議は「原子兵器禁止、原子力の平和利用と国際管理」を提案をし、島田市山田富久が吉永村「村民の声」署名活動を報告した。平和集会は「（1）原子力を兵器として使用することを禁止する。（2）原子力を平和的にのみ利用する。（3）原子力を国際管理する。（4）水爆被災者家族の救援活動」などを決議した。

東京では（原）水爆禁止署名運動杉並協議会が、杉並アピール「全日本国民の署名運動で水爆禁止を全世界に訴えましょう。原水爆そのほか一切の原子兵器の製造・貯蔵・使用・実験の禁止を全世界に訴えましょう」と五月九日に呼びかけた。

広島県では原水爆禁止広島市民大会が五月一五日開かれて、原水爆禁止署名運動を県民運動にする提案があった。原水爆禁止広島県民運動連絡本部は七月発足して、八月末まで県民二〇〇万の内一〇〇万人が署名した。原爆水爆禁止広島平和大会は、八月六日に開かれて二万人が参加した。県民運動連絡本部は原水爆禁止広島協議会に九月改組し、「来年原爆一〇周年に世界大会を広島で開催」を提起した。

「原水爆禁止署名運動全国協議会趣意書」発起人は、全国的な原水爆禁止署名運動の広がりに応えて署名集計センター結成を七月二一日訴えた。原水爆禁止署名運動全国協議会の結成大会は、東京国鉄労働会館で八月八日開かれた。代表世話人には有田八郎元外相・植村環日本ＹＭＣＡ会長・大内兵衛法政大学総長・奥むめお主婦連合会会長・賀川豊彦国際平和協会会長・片山哲元首相・北村徳太郎元蔵相・椎尾弁匡全日本仏教会副会長・羽仁もと子全国友の会会長・藤田藤太郎総評議長・湯川秀樹京都大学教授など一三人と、事務局長に安井郁法政大学教授を選任した。

焼津市水爆被害対策市民大会は、九月二二日午後に焼津市公会堂で開かれ市民一五〇〇人が参加した。被災家族代表・婦人会長や漁業協同組合長らが、「原水爆実験の絶対反対、漁業被害の全額補償実現」など発言した。被災者家族と漁業者代表の陳情団は九月二四日上京し、東大付属病院と東京第一病院に被災患者たちを見舞った。翌二五日に三崎港漁民代表と合流し大漁旗を立てて、外務省と米大使館に「原水爆実験の禁止、漁業損害の即時全額補償」の陳情を行った。

九月二三日午後六時五六分、東京第一病院で久保山愛吉（四〇歳）が、急性放射能症という水爆実験による最初の犠牲者となった。「久保山愛吉死す」の報道が伝えられると、病院前に市民が集まった。二五日病院霊安所で告別式が行われて、妻すずは夫の遺骨を抱いて東京駅発の列車に乗り焼津駅に午後六時着いた。焼津駅頭には自治体関係者・青年団・婦人会など各種団体、小中学生・高校・大学生など数千人が出迎えた。焼津港に停泊中の漁船二十数隻が、大漁旗を半旗にし一斉に汽笛を鳴らし哀悼の意を示した。政府は故久保山愛吉氏に五〇〇万円と患者一人当たり五〇万円を慰謝料として支出し、米国が弔慰金一〇〇万円を出した。

故久保山愛吉氏静岡県漁民葬は、焼津市公会堂で一〇月九日に行われて一五〇〇人が参列した。故久保山愛吉氏追悼・原水爆対策全国漁民大会は、大日本水産会・日本鰹鮪漁業協同組合連合会・全日本海員組合・全国漁船労働組合協議会など六団体が主催し東京読売ホールで一〇月一二日に開かれた。大会は「人類を破滅に導く原水爆の使用・実験の禁止、水産業の被害に対し米国に完全補償を要求する」決議をした。

一九五五年五月二〇日、第五福竜丸乗組員二二人は一年二ヵ月ぶりに「自宅療養」として退院した。静岡県母親大会が静岡市で五月二九日に開かれて、久保山すずは焼津婦人会役員と共に参加した。第一回日本母親大会は東京都豊島公会堂と日本青年会館で、六月七日から開かれた。静岡県の代表六十数人で焼津市から連合婦人会長中野しず・地区婦人会長藪崎けいと、被災者家族久保山すずなど五人が参加した。久保山すずは大会で「原子兵器を止めてください、これが夫の最後の声です。戦争をなくし平和を守ってください」と訴えた。

焼津市浜当目・弘徳院

世界平和集会はフィンランド・ヘルシンキで、六八ヵ国一八四一人が参加し六月二二日から開かれた。軍備縮小と原子兵器に関する分科会が開かれて、「核兵器の爆発実験の中止、核兵器を使用しない協定、核兵器の廃棄と軍備縮小」が議論された。平和集会アピールは、「四大国首脳会議の開催により世界の紛争を話し合いで平和的に解決する」ことを求めた。

バートランド・ラッセル、アインシュタイン宣言は七月九日、「あらゆる紛争問題の解決のため平和手段を見いだすよう勧告」した。フランスのジョリオ・キュリー、英国C・F・パウエル、米国P・W・ブリッジマン、湯川秀樹のノーベル賞受賞など一一人が「宣言」決議に署名した。米英仏ソ連四大国首脳会談が、七月一八日からジュネーブで開かれた。「ジュネーブ精神」は国際緊張の緩和と国際関係の改善の方向を示し、世界の世論が核戦争の危機である国際緊張から「雪解け」をもたらした。

原水爆禁止世界大会日本準備会は、婦人・平和・宗教・青年・社会・文化団体・労働組合など九六団体が加盟し五月に発足した。代表準備委員に署名運動全国協議会代表の一三人と、安藤正純前国務大臣・風見章・下中弥三郎・浜井信三前広島市長・山高しげり婦人団体協議会会長の五人が加わり、七月「原水爆禁止世界大会に結集しましょう」と訴えた。

八月六日、広島は一〇回目の原爆記念日であった。中島平和公園慰霊碑前では広島市民や国内外代表者三万人が参加し、午前八時慰霊式と平和祈念式典が行われた。第一回原水爆禁止世界大会は広島市公会堂で開かれて、静岡県代表三三人など全国から五〇〇〇人が参加し、米国・ソ連・朝鮮・インドなど八ヵ国二一人が出席した。世界大会は中野好夫・浜井信三・山高しげり・藤田藤太郎・風見章の五人を議長に選出し、安井郁事務総長が一般報告を行った。各界代表の挨拶の後に原爆被害者代表で広島の高橋昭博と長崎の山口みさ子、第五福竜丸被災家族久保山すずが「原水爆禁止」を強く訴えた。

「原水爆禁止・原子戦争反対」署名数は八月四日全国集計で、三一八三万七八七六人（内ウイーン・アピール署名一四三万二八九六人）で静岡県が二八万五三六六人であった。原水爆禁止世界大会日本準備会は原水爆禁止署名運動全国協議会と統合し、原水爆禁止日本協議会（日本原水協）が九月一九日に発足した。

まとめ

日米両政府は第五福竜丸被曝事件の全容について核機密を最優先したが、本稿で外務省外交史料を利用し実態を明らかにした。また焼津港における放射能汚染漁獲物で被害を受けた漁船は、焼津漁協資料が見つかり一一三隻に達し県別の漁船被害状況が判明した。

原水禁運動は静岡県民や焼津市民の平和の取り組みが、大きな市民運動となった。全国各地で草の根の住民運動が生まれて、国民的運動へと発展し「原水爆禁止」が国際世論となった。

一九五四年四月、国会では「原子炉製造補助費」を認めた国家予算が成立した。第五福竜丸被災事件により原水爆禁止運動が発展する中で、「原子力の平和利用」として原子力発電所の開発計画が進められた。日米両政府は国民的な原水爆禁止運動の高揚を沈静化するために、「原子力の平和利用」を最大限利用した。政府と電力会社は「原子力の平和利用、安全な原子力発電」を標榜した。一九六五年最初の東海原発に始まり、敦賀・福島・浜岡原発などが営業運転を開始し地震列島に五十数基が建設された。

二〇一一年三月一一日、東日本大震災により福島第一原発事故が起こり、原発の安全神話が崩れて「原発震災」となった。日本国民は広島・長崎とビキニ水爆被災に続き、四度目の「核被災」で衝撃を受けた。国民には「核兵器廃絶」に加えて、新たに「原発問題」が重要な課題となった。

主要参考文献・論文

枝村三郎「ビキニ水爆被災と第五福竜丸事件―外務省の外交文書に見る」『静岡県近代史研究』二〇号、一九九四年
枝村三郎「ビキニ水爆実験による静岡県の被災漁船と漁業補償」『静岡県近代史研究』二一号、一九九五年
枝村三郎「第五福竜丸事件と静岡県の原水爆禁止運動」『静岡県近代史研究』二九号、二〇〇三年
枝村三郎「一九五四年ビキニ水爆実験、焼津港の放射能汚染による漁獲物廃棄漁船」、『焼津市史研究』第六号、二〇〇五年
枝村三郎『平和をもたらした龍―第五福竜丸事件』自費出版　二〇〇四年
枝村三郎『原水爆と原水爆禁止運動六〇年』自費出版　二〇一三年
枝村三郎『水爆と第五福竜丸』自費出版　二〇一四年
『焼津市史』通史編 下巻　焼津市　二〇〇六年
『第五福竜丸事件』焼津市　一九七六年
近藤康男『水爆実験と日本漁業』東京大学出版会　一九五八年
第五福竜丸平和協会編集『ビキニ水爆被災資料集』東京大学出版会　一九七六年

【コラム1】

女性参政権が実現したとき
―男女共同参画社会へ向けて―

平井和子

はじめに
―男女格差（ジェンダー・ギャップ）指数と日本

世界経済フォーラムが毎年発表する男女格差（ジェンダー・ギャップ）指数の国際ランキングにおいて二〇一三年度、日本は過去最低の一〇五位（一三六カ国中）となった。クオータ制度の導入など、世界中が女性の参画を促す政策を進めるなか、この流れに取り残された日本は二〇一二年が一〇一位、二〇一一年が九八位と、徐々にランクを落としている。ジェンダー・ギャップ指数とは、その国においてどのくらい男女平等が進展しているかを、①経済活動の参加と機会、②教育、③健康と生存、④政治への関与の、四分野で測るものである。日本女性の場合、①教育と②寿命・健康の分野においては世界トップレベルにあるが、経済活動と政治参加の分野で世界最低のレベルにある。特に政治参加においては、二〇一三年の総選挙で衆院の女性の割合が八・一％（三九人）、参院のそれは一六・一％という低さである。戦後、女性が参政権を獲得してから既に七〇年近く経とうとしているなかでこのような現状は何に起因するのか。どうしたらこのようなジェンダー・バイアス的状況を組み替えていけるのか。ここで、戦後の原点を確認することは大きな意味を持つと考える。

一、女性参政権の実現―男性議員の最後の「抵抗」

一九四五年一〇月一一日、マッカーサー元帥は幣原内閣に対し、それまでの日本軍国主義を支えた制度を解体し、その上で、「日本民主化に関する五大改革」を要請した。「選挙権付与による婦人解放」はその第一項に挙げられ、続けて労働組合結成の促進、学校教育の民主化、秘密捜索と虐待による審問制度の撤廃、経済機構の民主化が要求された。日本側においても、戦前から婦人参政権運動を担ってきた女性たちから素早い動きがおこった。敗戦一〇日後の八月二五日、市川房枝・山高しげり・赤松常子・川崎なつ・山室民子・久布白落実らが戦後対策婦人委員会を結成し、[1]九月二四日には東久邇宮内閣と両院、各政党へ婦人参政権実現の要求を提出している。[2]一〇月になって成立した幣原内閣は、マッカーサーの「五大改革司令」が出される前日一〇日に、女性参政権を認めることを閣議決定した。日本政府は、辛うじて占領軍に命令される前に自国女性の政治的権利を認めるという体裁を取ることができたのである。

その女性参政権を審議した最後の帝国議会（第八九臨時帝国議会「衆議院議員選挙法中改正法律案審議」（一九四五年一二月）において、男性議員たちの反応を見ておこう（引用はカタカナをひらがなに変えて記す）。

本会議において冒頭、幣原喜重郎が、女性参政権は「婦人の地位を向上し、国民の総意を真に如実に政治に反映せしめる所以であり」「政治に一新機運を与え、新日本建設に寄与すること少なからざる」と提案理由を説明した。[3]これに対して、上田考吉は「我が国は従来婦人は家庭を司る、内助の功を讃えられてきました、所謂我が国の家族制度の醇風美俗が存在して居った」として、これらと「婦人参政権の調和」はどうするのか？と問うている。[4]衆議院委員会においても、同様の認識は多くの議員に共有され、田村秀も「家庭の中心は男は外に出て働き、女は内に家を守つて、そこに日本の家族制度と云ふものが成立して、そこに力強き社会組織が生まれ、日本の皇室を中心とする国家と云ふものが維持せられる」、「世間で家内と云ふのだから、今後選挙をやつたら家外さんになるだから、私は反対だと言えば封建思想と言われるかも知れませぬ、だから反対とは申しませぬ」と発言している。[5]大川光三は、妻が立候補した場合を想定して、「斯くの如く夫の絶対的支配権を蹂躙する妻の立候補を自由気儘に放任することは、我が家族制度に鑑みまして、且つは民法の面目上到底黙認することが出来ない」[6]と、従来の家族制度で男性が持ってきた既得権益の喪失への危機感を隠さない。貴族院委員会においても山隈康が、「多くの婦人は今日選挙権を与へらるよりも寧ろ一片のパン、一塊の薩摩芋を貫つた方が非常なる幸福であると叫んで居る」のだから、「多くは棄権者を出し」「亭主の命令、父兄の指図に依つて投票を行ふ、自己の自由意思に依つて投票をなし得る者といふものは極めて稀であろう」と述べ、「婦人の如き政治に関心のない、教養のない、経験のない、斯う云ふ者に、突如として、何等の心構のない際に選挙権を与へました処が、是は寧ろ私は失敗に終る」と述べている。[7] このような当時の男性たちの発言を読んでいくと、占領軍による強権的な指令なしには女性参政権は実現できなかったのではないかという疑念がぬぐいきれない。

これらの疑念に対して政府側（国務大臣・堀切善次郎）は、戦争中、女性は男性に代わっての労働や挺身隊などの体験によって「女性も政治的関心が相当出来ている」と応えている。そして、女性の棄権防止運動に力を入れていくとしている。その一方で、「矢張り婦人は単純であり、率直である」として、「さう云ふやうな頭で判断することが又宜い場合も相当多い」ので、女性は大体「中正穏健」な判断をし「変動の非常に激しい今日に於きまして、此の婦人の穏健中正な考へ方と云ふものには、或る程度期待をして宜しいのではないか」と結んでいる。[8] 女性参政権案を上程する政府側にも女性への偏見はあり、その上で、女性の投票行動が社会的混乱を押さえる方向へ働くのではないかというポリティカルな期待もしていたことがうかがわれる。

このような男性議員たちの「最後の抵抗」を経て、一二月一五日、改正衆議院議員選挙法が成立し二〇歳以上の男女に選挙権、二五歳以上の男女に被選挙権が獲得された。ついで一九四六年九月二七日には地方制度改正によって地方自治体にも女性の参政権が実現する。

初の女性参政権行使となった一九四六年四月一〇日の第二二回総選挙では、男性議員たちの予想を超えて七九人の女性が立候補し三九人が当選を果たした。男性七八・五二％）には及ばないものの女性の投票率（六六・九七％）も高いものとなった。この女性参政権を静岡県の人々はどのように受け止め、どのような選挙行動をとったのか、以下に見ていこう。

二、女性参政権行使へ向けて
―静岡の一九四六年四月一〇日

衆議院法が改正されると、さっそく文部省社会教育局は来るべき女性参政権行使に向けて「婦人公民啓発運動」を提唱し、これを全国各地で展開させる女性団体の育成を図った。静岡県でも県からの意向を受けて、一九四五年一二月に静岡県社会教化婦人連盟（メンバーは中田雅子・小野寺栄・松浦顕子・飯塚マツヨ・熊田薫子）が結成され、棄権防止のキャンペーンを展開させている。県自体も、参政権行使に向けた女性への公民教育と選挙に関する知識の普及を県市町村担当局、学校職員、町内会長などを総動員して、一九四六年の新春から始めることとした。このキャンペーンを伝える地元紙によると、県は女性参政権に対して、「婦人参政権により相当外部的に活動する諸種の婦人が生まれることは必至であるが、女性の真の職場と責任は家庭にあり、徒に選挙戦の波に溺れず」という位置づけをしていたことが分かる[9]。先に見た帝国議会での男性議員たちと同様の性役割認識が地方の行政官にもあったことがうかがわれる。啓蒙されるべきは、男性の方であったと言えよう。

民間の女性団体も素早い動きを始めている。戦前から婦選運動を担ってきた市川房枝を会長に一一月三日に結成された新日本婦人同盟（一九五〇年、日本婦人有権者同盟に改称）の機関紙『婦人有権者』には、「元日婦の保守的な傾向に飽き足らず御殿場の若い女性たち、新日本婦人同盟の市川房枝氏を招いて講演会開催[10]」という記録がある。GHQの民間情報教育局の意向を受けて県は民主的女性団体の育成を奨励したが、旧来の大日本婦人会が名称だけ改めて各地に誕生していることに若い女性たちが批判的な眼差しを向けていたことが分かる。この御殿場の動きは、翌年三月二七日の新日本婦人同盟御殿場支部（会長・栄艶子）へと成る。ほかに県下では、同同盟の庵原支部（会長・西子すえ）も結成されている。

一方、旧来の地域婦人会を糾合して一九四七年一月、静岡県婦人連盟が設立され（会員数は一九四七年度末に八万九〇七〇人）、初代理事長に広瀬よしが選出された。日本キリスト教婦人矯風会の静岡支部長で戦前から熱心に廃娼運動をしてきた広瀬が、地域婦人会の代表に選ばれるということは、戦後的な出来事であろう。

実質上、日本を単独占領したアメリカにとっても、来るべき総選挙で女性の投票率が上がるかどうかが、女性解放策の一つの指標となり、世界に米占領の正当性を示せる重要な機会であった。しかし、多くの女性たちは敗戦後の生活破壊や食糧難で日々の生活に追われ、選挙への関心は薄いとみられた。そこでCIE（民間情報教育局）の女性部長、エセル・ウイード中尉[11]が女性への啓発活動のため二週間にわたって東海・近畿地方を廻ることとなり、最初の訪問地は静岡市となった。一九四六年二月一一日、静岡県庁にてウイードを囲む座談会が開かれ、立候補予定者の山崎（藤原）道子・後藤志げ、加藤つな、飯塚マツヨ、渋谷田鶴子、三科あさ子が列席している。座談会中、ウイードは、婦人参政権はマッカーサーが「銀のお盆に乗せて皆さんにプレゼントした訳ぢゃなく」「若し戦争が起こらなかったならば貴方方は自分達の力で選挙権を獲得した」と語っている[12]。また、家事が忙しくて会合などに参加できないという意見に対しては、「戦争中大日本婦人会会員がいろいろ会合に出席させて居りましょう。〔中略〕戦争中に出席しろしろと言ってゐた連中が今は日本の婦人は非常に忙しくて会合に出られません、同じ人、言ってゐるぢゃないですか、チト変ですね。」と返している。この発言から、占領軍が戦前の日本の婦選の動きや婦人会のことなどをよく調べて占領政策に当たっていることがうかがわれる。ウイードは一二日、静岡高等女学校で、市内の各女子高から約一〇〇〇人の学生を前に民主主義についての講演を行っている。この静岡での二日間の様子を記したウイードのメモには、立候補者の山崎道子について、「女性参政権について全県にわたって講演して歩いている。彼女が昨日農村で行った講演には五〇〇人の聴衆があり、うち三〇〇人が女性でしかも若い女性たちであった。彼女らは政治に興味を持っている。女性たちの質問は、日本女性と米兵の親交について、木綿供給要求、教育設備の要求、赤ん坊へのミルクと食糧の要求である」と書き留められている[13]。

各自治体でも初の女性参政権行使への対応にさまざまな取り組みをしている。熱海市では選挙管理事務局を立ち上げ臨時職員として女性を採用、高齢の女性には文字を書けない人もあったので、地区を回って指導を展開させた。女性たちも自主的な動きを初めて、熱海の上宿主婦会は「私達の一票は政治と台所を直結させる靭帯」と、学習会を持っている。[14] 先に紹介した静岡県社会教化婦人連盟は、三島・田方地区を皮切りに全県を回り、特に危険率が高いと予想される高齢者女性へ向けて、「敬老会」などを開催し紙芝居で啓発活動を展開させた。連盟の代表者である飯塚マツヨは、「棄権は恥」「良き夫を選ぶ心で」と呼びかけている。[15] また、御殿場などでは、子どもたちに書道の時間を使って「棄権防止」の標語を書かせ、各家庭へ持ち帰らせている。

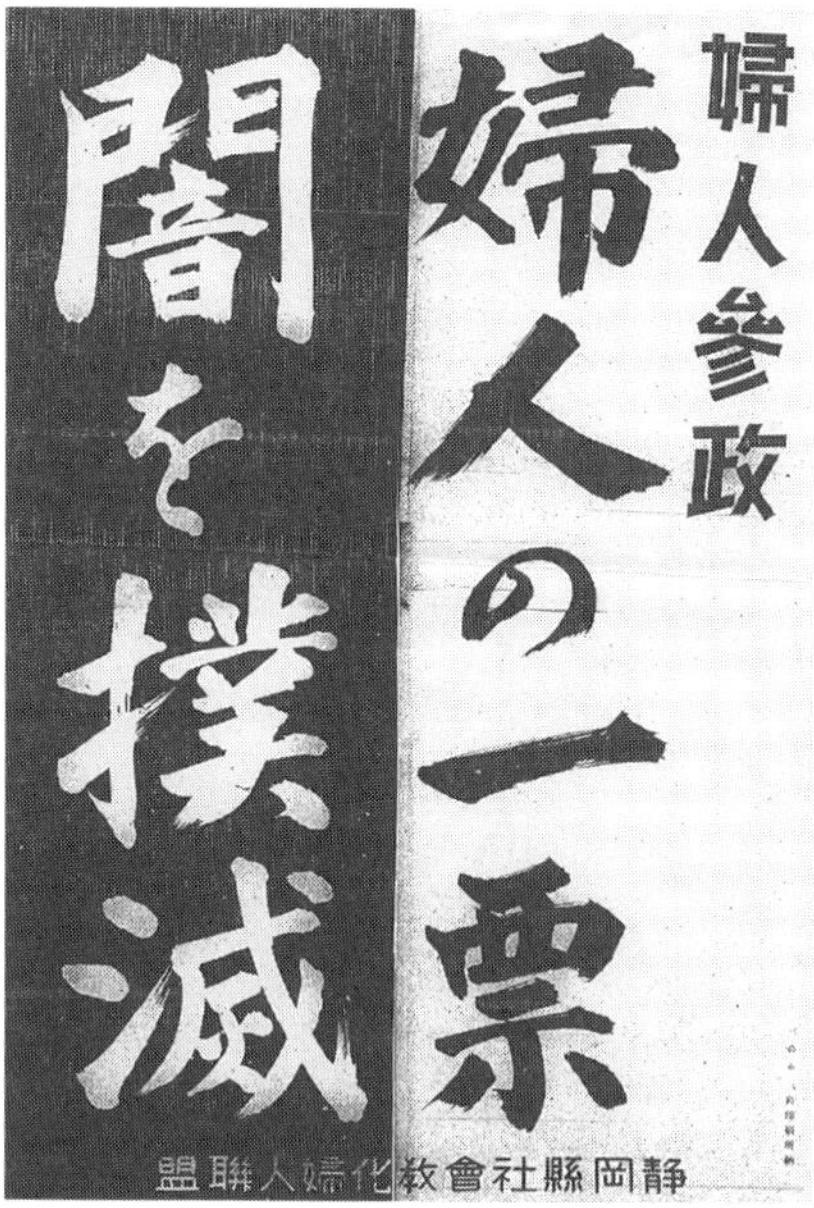

いよいよ女性の初の選挙権行使となった一九四六年四月一〇日、県下五三七か所に設けられた投票所では一斉にサイレンが鳴らされ、午前七時から投票が開始された。若い女性が一番乗りをする投票所もあり、七都市における投票は午前中に五割に達した。進駐軍はジープで各投票所を巡回し投票の動向を見守り、沼津の精華女学

（国立国会図書館憲政資料室所蔵）

校に設けられた投票所を廻った進駐軍中尉は、「若い女性の投票が良く満足である」と述べている。[16] 浜名湖西六か町村では、漁師たちが交代で上陸して投票を行い、男女青年団はメガホンで棄権防止を叫び、「お花見は投票してから」「進駐軍が見えています」などと呼びかけた。[17]

選挙結果、静岡県の棄権率は二四・七％（男性一七・五％、女性三〇・二％）で、女性は男性に及ばないものの全国平均棄権率（三三％）を下回った。ちなみに、日本全体としては女性の投票率は西高東低で、男女格差も西日本のほうが小さい。静岡県選挙区からは山崎（藤原）道子（社会党）が、一九万一九二九票という全国トップの票を集めて当選した。このときの選挙制度は、全県一区の大選挙区で三名（二名）連記制であったため、女性名を書きやすかったということと、初の女性参政権の「ご祝儀」という追い風を受けているという面もあるが、山崎の戦前からの労働運動や巡回産婆活動などが信頼され、県民の四人に一人の支持を得たのだと思われる。選挙制度の在り方と女性の当選しやすさは大きな関係がある。

初回七二・〇八％であった投票率は、翌年の第二二回総選挙では六七・九五％に急落し、一九六〇年代に七六％と高くなる。女性の投票率が男性を上回るのは一九七二年の第三三回総選挙（男性七一・〇一％、女性七二・四六％）で、その後二〇〇五年の第四四回まで女性の投票率が高いまま推移する（二〇〇九年第四五回で再び逆転）。参議院選挙の方は、第一回（一九四七年）から第七回（一九六五年）までは男性の投票率が女性を上回るが、第八回（一九六八年）から逆転し、第一七回（一九九五年）に再び男性が上回った。その後は、男女ほぼ同じ割合で、投票率も五〇％代という低さで推移している。[18] では、初の女性参政権を静岡の女性たち、男性たちはどのように受け止めたのかを見ていこう。

女性参政権を
女性たち・男性たちはどのように受け止めたか

静岡女性研究会が一九九七年に男女約二〇〇人へ行ったアンケート調査では、戦後改革の「良かったもの」の第一位に「婦人参政権」が挙げられ（六〇代男性を除き、男女とも各世代で第一位。六〇代男性は第一位に「農地解放」を挙げげた）、「嬉しかった」「誇らしかった」「女性もしっかりしなければと思った」などの感想が記されている。その一方で、「生活難でそれどころではなかった」という声もある。[19]三島市の風間正江さん（一九一五年生）は、戦前の女性の無権利状態を体験してきたので、「婦人参政権の実現が嬉しくていてもたってもいられず、母と二人で棄権防止を訴えるビラを墨で書いて、町の角々へ張って歩きました」と語る。[20]風間さんは、戦前の市川房枝らの婦選運動に共鳴し、一九三一年、沼津で開かれた「婦選を聞くの会」にも足を運んでいる。筆者は二〇〇二年、投票当日の記憶を清水町福祉センターに来館された高齢者たちに聞き取りをしたが、「記憶にない」という人が多い中、「三名連記だったので、一人は女性に、という思いで藤原（山崎）さんと書いたことをよく覚えている」という男性が複数あった。このとき二〇歳になったばかりの清水町の相沢政枝さん（一九二五年生）は、清水町役場での投票に「一番良い着物を着て行きました」と語った。彼女は「大東紡（大東紡績三島工場）に勤めていた関係で、会社内の学校や組合の新聞などで公民権の大切さを学んでいたので嬉しくて、これで女性の世の中になると張り切って出かけました」と声を弾ませた。[21]一九五〇年代まで、若年女性労働者を大量に吸収していた繊維産業において、工場内に開設された教育機関や労働組合が果たした「教育」の役割は重要な意味をもっていたと言える。富士市の佐藤ふじ子さん（一九二六年生）は、深良で投票をしたことをよく覚えていて、「婦人参政権を与えられ女性も一応人権が認められて男女同権、男女平等になった様な気持ちになりました」と語っている。[22]

最後に、翌一九四七年四月は様々な選挙が集中し、注目された第一回総選挙とは異なる結果が出ているので触れておこう。四月五日には地方自治法に基づく第一回地方首長選挙、同月二〇日に第一回参議院選挙、二五日には第二三回衆議院選挙、三〇日には県議会議員および市町村議会議員選挙が行われた。五日の知事選への関心を街頭インタビューで伝える地元新聞には、「男も女も何処ふく風、人気の落ちた婦人代議士」「選挙より切符だ」

との見出しがおどっている。[23]結果を伝える新聞は、女性、中でも高齢女性の棄権が多いことを挙げて、「お婆さん連に熱なし」としている。[24]さらに四月二〇日の参議院選挙でも全体で約三〇％が棄権し、女性の棄権率は三六・四％に上り、なかでも静岡市では女性の棄権率が五一％となった。地元新聞では「選挙に冷淡な女性　記録破りの棄権率[25]」、「選挙よりは配給へ　まだ女性は無自覚[26]」などと報じている。初の女性参政権となった一九四六年の衆議院選挙で示された選挙熱は、翌年の総選挙や地方選挙まで持ち越されなかったと言えよう。というより、敗戦後の厳しい日々の生活に女性たちは精一杯で、自分の一票が社会や自分たちの生活を良くすることにつながるという認識を持てなかったのであろう。生活と政治の結びつきを主権者として能動的に受け止め、政治へ参画していく姿勢―これは、未だに女性の議員数が低レベルにとどまっている現在に引き続く課題である。女性が参政権を獲得してから約七〇年、国レベルでも地方レベルでも、女性議員が一割程度という国際的に見ても異常な現実は、何に起因するのか。単に男性中心的な制度や慣習のみに帰すことはできない女性の主体形成やジェンダー認識の問題も含めて、これらを戦後史のなかで検証する作業が不可欠である。

（注）

（1）敗戦直後、市川房枝は疎開先の八王子付近の川口村から都内へ戻り、仲間たちと手分けをして戦前指導的な地位にあった女性たちを訪ね歩き、戦後対策婦人委員会を結成した。名簿には七二人の名前と住所が記されている。児玉勝子『覚書・戦後の市川房枝』新宿書房、一九八五年九～一一頁。

（2）このとき、市川は、女性参政権を「敵であった占領軍からもらいたくないから」と東久邇総理に人を通じて申し入れたという。市川はポツダム宣言を読んで、「日本政府は民主的傾向を復活強化しこれが妨げになるものを除去すべし」という文言を見て、「いよいよ婦選が与えられる時がきた」と見た、という。市川房枝『野中の一本杉―市川房枝随想集Ⅱ』新宿書房、一九八一年、一四四頁

（3）『第八九帝国議会衆議院議事速記録』第五号、第

六号、一九四五年一二月二一四日（『日本婦人問題資料集成』第二巻、ドメス出版一九七七年六一七頁（以下、同資料集成からの引用は『集成』としてページ数を示す）。

(4)『集成』六一八頁
(5)『集成』六一九頁
(6)『集成』六二〇頁
(7)『集成』六二二頁
(8)『集成』六二二―六二三頁
(9)『静岡新聞』一九四五年一二月二四日
(10)『婦人有権者』新日本婦人同盟会報、第二巻四号、一九四六年六月一五日
(11)エセル・ウイードは、第二次大戦中の一九四三年に設置された陸軍女性部隊（Women's Army Corps WAC）に志願した一〇〇〇人中から選抜され、一九四五年一〇月二六日、第一次輸送船部隊とともに日本に上陸した二〇人の女性将校の一人である。ウイードはＣＩＥ情報課女性情報担当班に属し、占領終了まで日本女性の地位向上のための政策立案、政治・教育分野の女性の「再教育」と民主化のために尽力し、日本の女性団体と組織化と婦人少年局の設立などに関わった。占領期の急進的な「女性解放」策が可能になったのは、ウイードの存在と、ウイードとともに活動した日本女性リーダーたちの「日米女性同盟」があったからだとの位置づけがなされている。また、ウイードのもとに集まった日本の若手の職員や通訳などは、その後の日本女性の地位向上に大きな役割を果たしたので、「ウイードの娘たち」と称されている。この点に詳しい文献は以下。上村千賀子『女性解放をめぐる占領政策』勁草書房、二〇〇七年二八―三六頁
(12)『静岡新聞』一九四六年二月一四日
(13)ＧＨＱ／ＳＣＡＰ ＣＩＥ文書「ウイードの旅」一九四六年二月一一―一二日。国立国会図書館憲政資料室所蔵
(14)『熱海市史年表』熱海市、一九九七年一四七頁
(15)『静岡新聞』一九四六年二月九日

(16)『静岡新聞』一九四六年四月一一日
(17)同前『静岡新聞』一九四六年四月一一日
(18)「目で見る投票率」総務省選挙部二〇一三年三月六―七頁（http://www.soumu.go.jp/main-content/0001535 二〇一四年三月一五日閲覧）
(19)『しずおかの女性たち』第六集、一九九八年一一二―一一三頁
(20)風間正江さん（一九一五―二〇一〇年）、一九九四年八月聞き取り。尚、風間さんのライフヒストリーは、みしま女性史サークル『聞書　みしまの女性たちの歩み　大正生まれ編』二〇〇一年に詳しい。
(21)二〇〇二年清水町福祉センターで聞き取り。『清水町史　通史編　下巻』二〇〇三年二二二―二二三頁
(22)佐藤ふじ子「笑顔して一日」きらり交流会議・女性史づくり『ふじの女性たちの歩みを紡ぐ』第四号、二〇一二年六一頁
(23)『静岡新聞』一九四七年四月二日
(24)女性の全権下の棄権総数は一七万七六〇〇票（男性一〇万七九〇〇票）、うち郡部の女性の棄権は一二万七〇〇〇票で、市部女性の五万二五〇〇票に比べても多くなっている。『静岡新聞』一九四七年四月七日。全国では棄権率が二九％で、うち女性の棄権率が高い（全体の割合は示されていないが最高を示した京都市では五八％）と報じられている。『静岡新聞』一九四七年四月八日
(25)『静岡新聞』一九四七年四月二二日
(26)『静岡新聞』一九四七年四月二五日

【コラム2】

静岡県への空襲に関する戦後の主要な運動と研究

日野資純

一　静岡市（単行本刊行・資料の収集展示等）

一九四五年六月一九～二〇日、静岡市に米軍機一〇〇機以上（文献A所収の米軍資料）が来襲した。市民団体「静岡市空襲を記録する会」（七一年準備会、七二年発足）は戦争体験継承の主旨で、まず展示会「静岡大空襲・総力戦下の生と死」（焼夷弾、防空頭巾等八〇〇点以上。七二年八月静岡市松坂屋）を開き、以後、次のような活動を続けた。

A　静岡市空襲を記録する会編『静岡市空襲の記録』、記録する会、一九七四年（体験記九〇余編等）

B　静岡市平和を考える市民の会（上記「記録する会」の発展）編『画集静岡市空襲の記録・街が燃える人が燃える』、市民の会、一九八五年（体験画八七枚、手記二〇編）

C　静岡平和資料館をつくる会（上記「市民の会」の発展）編『市民の描いた体験画集　静岡・清水大空襲と艦砲射撃』、つくる会、二〇〇五年（体験画七〇枚、手記一三編）

D　静岡平和資料館をつくる会編『静岡・清水空襲の記録―二三五〇余人へのレクイエム―』、つくる会、二〇〇五年

「静岡市平和資料館をつくる会」は上記展示会での資料等を常時保管展示する施設を建てる計画の下に、静岡市の助成を受けて九三年、「静岡平和資料センター」を開設、九五年、戦後五〇周年記念展示、二〇〇〇年五五周年、〇五年六〇周年行事等を行い、〇八年以降、静岡市葵区伝馬町中央ビルを本拠とし、資料の展示、貸出等を実施中である（以上、静岡県近代史研究会会員小長谷澄子氏のご協力を得た。同氏は早く空襲記録の重要性を朝日新聞に投稿され〈七一年六月一四日「声」〉、それがこの運動の発端である）。

二　静岡県全般に関する文献

E　日本の空襲編集委員会編『日本の空襲―四（神奈川・静岡・新潟・長野・山梨）』三省堂、一九八一年（早乙女勝元氏らの企画による全国規模の研究の一部。本県関係は上記A等による点が多い。浜松・磐田・静岡・清水・沼津・下田への空襲の概要と体験記二〇編）

F　枝村三郎『B二九は街を爆撃した　静岡県の空襲』枝村三郎、二〇〇六年（自らの戦争体験と平和志向の立場から、B二九爆撃機の全国への爆撃や浜松・静岡・清水・沼津等への攻撃を、艦砲射撃まで含めて詳しく記す）

三　静岡県への空襲に至る経過の概要

米軍機は、当時木造家屋が主であった日本の状況に応じて、一九四四年六月頃から、大都市中心に焼夷弾主体の攻撃を重ねた（東京等のビル街には爆弾主体の攻撃）。東京・横浜・大阪・名古屋・鹿児島等の主要部を翌年五月頃までに壊滅させ、六月頃からは岡山・姫路・高松・高知・甲府・千葉等の中都市を狙った。つまり、静岡県への空襲は、全国主要都市を壊滅させた後の、中都市攻撃の第一弾として実行されたとみられる。

四　私が空襲の問題を扱った意図

私は一九四五年五月二五日東京永田町、七月一六日神奈川県大磯と、二度の空襲に遭い、死の直前を体験した。そこで五九年、静岡大学赴任後も空襲に関心が深く、上記文献Aの編集等にも参加し、戦争体験の風化阻止の一環として、本県戦後史の中にもこの問題を入れた。

そもそも空襲というものは、あの大戦中、物心両面に及ぶ決定的に残虐な手段であり、被災者としての自覚でも、その被災により、最終的な敗北感を味わった以上、今、戦後七〇年目という段階において、かつてわが郷土にも及んだその状態が無視できない。

すでに上記A～D等の実績は出ているけれども、戦争が非人道的であることを、こういう面から示すことにも、一つの意義があろうかと考えるのである。

【コラム3】

ある郷土部隊の引き揚げ

村瀬隆彦

静岡で編成されたり補充を担当した部隊は、『静岡歩兵第三十四聯隊《れんたい》史』（静岡聯隊史編纂会一九七九年）によると、四三にのぼる。そのなかで、一九四五年八月一六日以後のようすを記した文書が多数残るのが、独立歩兵第六二八大隊である。この文書は、部隊史等の記載が一九四五年八月一六日以後極めて乏しいなかで、同時期の将兵のようすを確認できる、貴重な資料である。

この文書によると、同部隊は、一九四四年三月一七日に、第四野戦補充隊第三大隊（将兵一四八五人）という名称で編成された。三月二一日に門司港を発して三〇日には、長江河口北岸の江蘇省に上陸。以後、共産党軍（新四軍）を相手とする同省の「警備」を担当するとともに、米軍を相手とする、船舶や都市での対空射撃をおこなう部隊や、蒋介石軍を相手とする部隊に、人員を補充していた。

一九四五年二月二〇日、同部隊を引き継ぐかたちで、独立歩兵第六二八大隊が編成された（将兵一三〇九人）。そして八月一五日をむかえる。帰国時は、一九四六年一月一六日に泰県で軍需品を中国軍に引き渡した後、口岸鎮に集結して武装解除（この時は武装していた）、二月二日に同地を出発して上海に入り、二八日に上海を出帆して三月三日に佐世保に上陸した。このように、部隊編成から召集解除まで約二年、その四分の一は一九四五年八月一六日以降に含まれる部隊である。この文書から、いくつか注目される点をあげてみよう。

まず、死者を確認してみる。将兵の死者は五六人で、四七人が八月一五日以前、一一人が一六日以後である。日本軍兵士の場合、死亡時に関係してくるのが、靖国神社合祀の判断である。各部隊では、八月一六日以降を含め、特に脳溢血・心臓麻痺・自殺等の場合、戦死・戦病死とみなすかどうか、すなわち靖国神社特別合祀が適当かどうか、適否の判断とあわせて情状を記した文書を作成し、上級機関に報告する必要があった。

日本は一九四五年九月二日に正式に降伏するが、この部隊には、それ以降の九月一七日に急性黄色肝萎縮症が発症し、二二日に死亡した磐田郡久努村（現袋井市）出身の曹長が在隊した。この曹長の死に際し、部隊では合祀適格と不適格の、二種類の文書を作成している。この部隊に限らず、九月三日以降の死者は多いようで、この上級機関でも扱いに苦慮したのであろう、一二月一二日には、合祀不適格者のみ不適格理由書を提出するよう改め各部隊に通知している。つまり、戦時とはいえない時期に兵籍にある者が死亡した場合、実質すべての人が、原則靖国神社合祀となったのである。

一一人のなかに自殺者が一人いる。それは、出身地の静岡市安西四丁目（現葵区）が空襲を受けた六月中旬以降、家族からの便りがないことを理由に、一九四五年九月二二日に手榴弾で自殺した軍曹である。おそらく、静岡空襲のようすが同部隊に伝わることで、家族が死亡したものと考え、前途を悲観したのであろう。この戦争を呪って自殺したのであろう軍曹も「戦死」として郷里に伝えられたのであろうか。なお、部隊は一九四五年末の在中国「日本軍」が参加した、蔣介石軍と毛沢東軍の戦闘にも参加している。幸いにも「戦死者」はいない。

次ぎに、朝鮮人将兵の扱いである。この部隊は、本籍地別に静岡県（五八五人）福井県（三一一人）滋賀県（九五人）広島県（五七人）徳島県（二一人）などとともに、朝鮮半島を本籍地とする将兵一五人が在隊している。彼らは除隊後の就職先が確実ならば除隊できると、上級機関から一〇月一日に部隊に指示が出されている。除隊した兵士が、毛沢東軍に参加することを恐れたのであろう。

その後、一九四六年一月一六日には、上級機関である第一三軍参謀長より、朝鮮人将兵が帰国を希望する際は除隊も差し支えないが、上海の韓国光復軍は、中華民国が認める取引機関ではないので引き渡してはならないとの指示とともに、部隊全員が帰還の際には復員管理者の司令部に転属させ、その司令部も復員する際は、第一三軍司令部に転属させる旨の指示が出されている。結果として、帰国時の乗船名簿には、朝鮮を本籍とする将兵の名はみえない。彼らがどのように扱われ、どのように帰国したのか（あるいはできなかったのか）は、この文書からはわからない。

病歴に関する文書も残されている。受傷罹患証明の名簿によると、約七三％が受傷ないしは罹患した体験を持つ。大半はマラリアの罹患歴であるが、「戦傷」に区分されるのは三人で、いずれも対空戦闘による負傷である。航空機搭載の重火器による傷は、長く負傷者を苦しめるのである。「戦病」は二五人で、そのうち一人は精神障害、一〇人は頭痛継続・腹痛継続・全身倦怠感などで、神経障害と読み取ることができる。この障害は戦場での緊張感だけが原因ではなかろう。八月一五日以降、敗戦国軍人として生活しつつ、武器をとって毛沢東軍と戦う命令にも接した矛盾と緊張感も、将兵の精神をむしばんだのではなかろうか。

このように、八月一五日の後はきわめて薄い記載となる部隊史も、その後の経緯を確認すれば、戦争と戦後をつなぐ貴重な事実を、私たちに語ってくれる。

なお、これらの資料は簡単に整理し、その報告を「独立歩兵第六二八大隊資料」と題し、『国立歴史民俗博物館研究報告』第一二六集（二〇〇六年）に収録していただいた。今後、他の資料等の発見や整理により、上級機関の動きが復元されれば、さらに多様な読み取りが可能となり、戦後の出発点の一側面を、より明確に描くことが可能になると考える。

第二部　時代と格闘する人々

第一章　戦後の静岡県青年団運動
―一九四〇年代、五〇年代の新生青年団を中心に―

肥田正巳

はじめに

戦後間もないある日の夕方、村の人たちと小学校の校庭に集まった。前には白っぽい大幕が垂れさがっていた。青年団主宰の映画会である。暗くなるのをまって上映開始。先ず時期外れの「ニュース速報」、そして本番の劇映画であった。上映中に風で揺れ動く垂れ幕、時折雨粒のようになる画面、楽しんでいる人々の顔。青年団が主催する映画や演芸、体育会は村人たちの娯楽でもあった。青年団運動のスローガンに、「生活改善」「しきたり打破」などがあったが、まだ共同体的なものも残されており、青年たちと地域、村人たちとのつながりは強かった。この青年たちを歴史の中でどう理解したらよいのであろうか。

「民衆史」「庶民史」などが云われるようになってから久しい。戦後史として、戦争の被害面だけでなく戦争に加担した側の国民として一般住民、日常生活などの言及も進んではいるが、さらに民衆の全体像・民衆意識などにも多面的な論究が必要であろう。青年団（会）は、青年自身の生活の向上を求めながら、地域の社会・文化の発展に大きくかかわった民衆集団である。また、地域社会に立脚した青年層のもっとも大きな集団組織でもある。それゆえ、民衆史、社会・文化史などの言及対象にもなり得るであろう。

一　戦時末期・敗戦時の青年団

学徒隊の結成・青年団の解散　一九四五（昭和二〇）年三月二二日、硫黄島の日本軍が全滅した。その頃、東京・名古屋・大阪・神戸などでは米軍機Ｂ29の猛爆撃を受け、罹災者は百万余に達した。さらに四月一日、アメリカ軍が沖縄本島に上陸し峻烈な攻防戦となった。五月七日、同盟国ドイツが無条件降伏し、戦争は最悪の状況になっていた。政府は、閣議決定「決戦教育措置要綱」に基づき、五月二二日、すべての学生・生徒・青年を戦争に動員する「戦時教育令」を公布し、学徒隊を結成することとし、男・女青年団、少年団で組織されていた大日本青少年団は解散とした。その青少年団の傘下で活動できていた町村青年団もすべて解散となった。学徒隊は、中学校学徒隊・青年学校学徒隊・国民学校学徒隊・職場学徒隊などに分けられるが、青年団員の多くは青年学校学徒隊に編入されることとなった。

静岡県青少年団は四五年六月一四日に解散となり、同日、菊池盛登県知事を隊長として静岡県学徒隊が結成され、次のような訓令が公布された（「静岡県公報」一九四五年六月一四日）。

今ヤ戦時教育令ニ基キ名実共ニ県下ノ青少年学徒ヲ打ッテ一丸トスル静岡県学徒隊組織セラレ本職ソノ隊長トシテ直接之ヲ指揮統率シ青少年愛国の熱誠ヲ滅敵ノ一途ニ傾尽セントス、之即チ静岡県青少年団ノ当初ヨリ庶幾シタル国家機関ヘノ移行ト静岡県青少年ノ大同団結ノ意図ヲ達成セルモノト謂フベシ

県青少年団の解散と同時に県下の単位市町村青年団も解散となり、青年学校学徒隊に編入された。県全体の青年学校学徒隊数は、およそ男子五万三〇〇〇人・女子三万五〇〇〇人、合わせて八万三五〇〇人であった（『静

岡県史』資料編二〇、一九九三年)。

学徒隊の戦闘訓練　町村青年団の解散・学徒隊の結成について、志太郡徳山村(現川根本町)を事例とすると、七月一日に徳山村青年団を解散、同日、徳山村青年学校学徒隊が結成された。村立青年学校長の丸尾壮一は、男女青年団の解散について、村内男女青年団の各分団宛に次のような指令を発した(『中川根町史』近現代、資料編下、二〇〇七年)。

一、本団解散ニ関シ昭和二十年五月二十二日戦時教育令公布セラレ同令ニ依リ青年学校職員及学徒ヲ以テ学徒隊ヲ組織スルコトト相成リ当学徒隊結成ノタメニ男女青年団ヲ解散スルコトト相成リ上級団ヨリ其ノ指令ニ接シ本団ハ昭和二十年七月一日付ヲ以テ茲ニ解散スルモノナリ

二、分団解散ニ関シ前記一ニヨリ本団ノ解散ト共ニ各分団モ解散スベキモノニシテ本団長各ハ分団ニ対シテ解散ヲ命ズルモノナリ、依テ各分団ハ昭和二十年七月一日付ヲ以テ概ネ左記ニヨリ留意シテ解散ヲ致スベシ(後略)

この学徒隊の組織は、「徳山村青年学校職員録」によれば、隊長に丸尾壮一青年学校長が就任、副隊長に教頭の宮下徳治、その下に大隊長・中隊長をおき、男子生徒を第一中隊とし、第二、三中隊には女子生徒を組み入れ、各集落に小隊が設置された。学徒隊は本土決戦を期して、毎晩のように、小隊ごと、挺身切り込み、空き缶利用の手榴弾作り、敵の進撃阻止、防諜などの戦闘訓練をしたという(「本土決戦に備え学徒隊結成」『日本農業新聞』一九八一年七月三一日)。

二　新生青年団の成立と諸活動

青年をとりまく戦後の状況　戦況の不利・劣勢は知らされず「必勝」を信じこまされてきた青年たちには敗戦のショックは大であった。仲間が戦死、遺骨「英霊」となっての帰還は何ともやるせない。生きて復員できたとしても故郷は戦禍と窮乏で荒れている。しばらくは虚脱状態であった。一方、敗戦を軍国主義、一元的な政治・社会体制からの解放とし、自由・民主主義へと価値観を転換し、文化活動・青年団運動、民主的改革に着手する者もいた。敗戦時の青年は、虚脱・混乱状態、不安、解放感・新たな立ち上がり、等々さまざまであった。それゆえ、敗戦直後の青年たちの全体像を把握し、青年団運動を叙述するのは難しい。

文化活動として全国に知られているのは、一九四六（昭和二一）年二月設立の「庶民大学三島教室」である。その創立趣意書に当時の社会状況が次のように記されている（『静岡県史』資料編二一、一九九四年）。

我々は、いま、まことに苦難の道をあるいている。毎日の生活になに一つよろこばしいことも、たのしいことも見いだせないばかりか、生命の危険をさへも徐々に感じさせられてゐる。しかも、すくひの手はどこからもさしのべられない。政府の施策は、いつもお題目をならべているにすぎないし、救国の英雄はあらはれてもこない。そのうちにあって、「民主主義政治の確立」を叫ぶ声はしきりに耳をうつけれども、まだなにかむなしい標語のひびきを宿していないだろうか。……どうかしてその日暮らしの生活から脱却して、ほんの少しでも希望の光を求めたい。すじの通った一貫した生活の道を自分でつかみとりたい。

この庶民大学創立の文章は、まさしく混沌とした厳しい社会情勢をとらえ、そこから個人の自立、展望をもった生活をしよう、と呼びかけたものである。しかし、このような文化運動は県下でも特別な事例であろう。

その頃、私は、南伊豆にある僻村の国民学校初等科六年生であった。高等科の上級生や青年学校生たちは、敗戦直前まで校庭で隊列を組み、縦隊・横隊、銃剣術、ルーズベルト、チャーチルの藁模像に向っての竹槍訓練などをしていた。八月一五日、軍事訓練からは解放されたが、「必勝」を信じこまされてきた若者たちにとっては、わけの分らない敗戦であった。復員兵士、軍事徴用先からの帰郷者は荒れていた。虚無感、苛立ちのはけ口であったのか、村境の天神様祭りの場で隣合わせた隣村の青年と乱闘騒ぎもあった。しかし、田舎でも食糧難は深刻で、米麦はもちろん、さつまいも・じゃがいも・かぼちゃなど、父母・祖父母たちは、少しでも多くの収穫を、と荒地を切り開き頑張っていた。闇市、物々交換用の製塩も盛んで大忙しであった。また気をまぎらわす秋祭り行事もあった。笛・太鼓・三味線の練習、村中を暴れまわる「ひょっとこ」、その相手役の「おかめ」ほだれか、話題しきりであった。祭り前日は恒例の体育大会、祭り当日は幟揚げ・やり持ちを先頭にしたねり行列、相撲大会などもあった。盆・正月の行事、道普請、漁業権確保の見張りなどにも狩りだされた。まず動き出したのは伝統的な「若者」(若衆)仲間であり、その後に青年団の活動があったように記憶している。「若者」集団の活動は県東部の特色であるという(『県教育史』通史編下、一九七三年)。

右は一少年の眼から見た僻村の青年たちの姿であるが、静岡市の一青年団員は、戦地から復員し、まわりを次のように記している。

私は五年間と云うもの、真面目に戦って来ました。戦争そのものは悪い事に相違ありませんが、しかし、五年間の生活を振りかえって見てなんらやましい所はないと信じてますが、それだけに私の気持ちは何とも云いようのない気抜けた気持でした。目に見える者は皆悪の闇に走って行きます。彼も、あの人も、信じられない程の人達までが……私一人があざけられるように置き去りにされた様な気がし、幾度考えさせられたでしょう（『青年公論』青年公論社、一九四七年四月号）。

ここには、戦地で戦ってきた一青年のやるせない心情と周囲青年への不信感、ギャップが見て取れる。

歴史家の羽仁五郎は、もがき苦しんでいる青年たちに向って、戦争に敗れたのは「諸君日本人民青年でない」、そして戦争責任についても「青年諸君は満州事変のはじまったころはまだ小学生であった。小学生が戦争をはじめるはずがない。満州事変が支那事変になり、対米戦争になったのだ。責任もない」と青年を励ました（羽仁五郎『青年にうつたう』日本民主主義文化連盟、一九四七年）。羽仁五郎は、侵略戦争で近隣アジア諸国民に膨大な被害を与えたことに日本人として責任を認識しながらも、目の前の青年たちの現状と、指導者たちの責任逃れの「一億総ざんげ」などという声には我慢ができなかったのであろう。

町村青年団の叢生　青年たちは虚脱状態・不安と混乱、生活苦と闘いながらも立ち上がりも見せ、文化運動、青年団活動を開始していた。文化運動としては、一九四五年一〇月ころからから翌年にかけ「南豆文化研究会」「静岡文化人連盟」「島田青年文化協会」「三島庶民大学」「森町青年文化同盟」「相良文化連盟」などが続々と結成され、講演会・映画・演劇・郷土研究などを手がけている（『静岡県史』資料編二一）。

青年団に関し、戦前・戦中の青年団組織が残っていて戦後への継続が多かったという論考も出ている（北河賢三『戦後の出発』青木書店、二〇〇〇年）。しかし、静岡県の場合は、学徒隊の結成が比較的早かったので、多くが出直し新青年団となっている。四五年九月には、磐田郡光明村（現天竜市）において男女青年団（一五歳〜二五歳）が結成された（『静岡新聞』一九四五年九月二一日）。一〇月には磐田郡南部に波磨青年衆団が（『磐田市史』通史編下巻、一九九四年）、志太郡に小川村青年団（現焼津市）が（『静岡新聞』一九四五年一〇月一七日）、そして榛原郡北部においては中川根村（現川根本町）青年団が結成された（『中川根町史』近現代、資料編下）。青年団は、その後も各地で続々と設立され、四六年七月九日付『静岡新聞』によれば、県の青年団数は四七六、団員数は一二万七〇〇〇余名とある。郡別で団員数が多いのは二万四〇五一名の浜名郡、団組織数では賀茂郡の九一である。都市部は郡部に比較して組織率は低いが、静岡市の団員数約六〇〇〇名（一六団体）は比較的多数といえる。

官指導と自発性　再建された青年団のすべてが、青年自らが主体となって自発的に設立されたわけではない。というのは、政府文部省や県、市町村でも青年の組織化を勧めていたからである。政府は戦時教育を改めるために「新日本建設の教育方針」を発表した。そして、その方針によって、一九四五年九月二五日、各地方長官に「青少年団体ノ設置並ニ育成ニ関スル件」を文部次官通牒として発し、青少年団体の設置、育成を促した。その内容は、戦前・戦時の軍事教育を否定し、地域に基盤を置き、青少年の自発性などを認める改正点もあったが、戦時期の国民学校を基盤とし、国体の護持、年齢規定・男女別組織など旧態を保持しようとするものがあった（『日本青年団協議会二十年史』財団法人日本青年館、一九七一年）。この通達に呼応して、静岡県は、同年一〇月中旬、通牒「男女青少年団体設置要領」を、地方事務所を通して関係団体に通知した（『静岡新聞』一九四五年一〇月一六日）。内容は文部次官通達とほとんど同じで、国民学校を拠点にし、男女別の組織、指導者に町村長・教職員・宗教家などは、現状に合わないものであった。以下、波磨青年衆団、中川根村青年団を事例にして、上部からの指導の影響と、地域青年独自な動きをみてみたい。

波磨青年衆団は、磐田郡南部の青年学校卒業生や上級生有志、復員してきた青年有志の指導で、福田町・於保村（現福田町、磐田市）・南御厨村（現福田町、磐田市）に設立された組織である。活動としては、道路普請・

労働奉仕を実施、また講師を招き文化講座などを開催した。四六年八月に開かれた第一回文化講座の講師として「元静岡高等学校長」朝比奈策太郎、農林省小作官の田中勝正、評論家生田花世、日本青年協会理事長関谷隆吉など六人、翌年八月の第二回文化講座には、趣を変えて東京大学教授の那須皓、労働科学研究所長暉峻義、映画監督の五所平之助、漫画家近藤日出造らを招聘した（『磐田市史』前掲）。朝比奈策太郎は、「元静岡高等学校長」となっているが、戦時中は日独青少年交歓会事業時（一九三八年）のドイツ派遣団長、大日本青少年団成立時の副団長などをつとめ、戦後は文部省教学局長に転任し、先述の文部次官通牒に深くかかわった人物である。朝比奈策太郎は、戦時の社会教育、青少年団体関係者として、二荒芳徳らと公職追放を受けた（大串隆吉著『日本社会教育史と生涯学習』エイデル研究所、一九九八年）。このような人を講師陣に組み入れていたことは、青年衆団の設立当初、団の指導層に文部省・県の「男女青少年団体設置要領」に与するものがあった、ということであろう。

大井川流域の中川根村青年団は、男・女別の青年団として中川根村婦人会とともに再建された。榛原郡下では、戦時末に解散をしなかった菅山村青年団は別として、郡内では早期の設立といえる。設立時の資料を見ることができるので、婦人会とともに当時の状況、経緯を追ってみよう（『中川根町史』近現代、資料編下）。一九四五年九月二八日、中川根村長大下英作の呼びかけで、元青年団役員・村有志が上長尾国民学校に集まり、新たな男・女青年団、婦人会の結成準備協議会を開催した。この会議において次の五項目の案件が示された。

一、各部落で何名かの設立委員を決めて協議する

二、該当者全員で会議を開き、役員・仮会則を決定し、一〇月一〇日までに報告する

三、一〇月一〇日に分団長・班長会議を開き、結成村大会日・村役員等を決定する
四、班役員・分団役員の決定、報告後に設立委員は辞任する
五、当分の間、必要な役員は左のようにする。
　1　男・女青年団　　分団長・副分団長・会計（各一名）
　　　　　　　　　　文化・体育・増産・貯蓄など各部長（各一名）　班長（若干名）
　2　婦人会　　　　班長・副班長・会計（各一名）　貯蓄・保健・生活改善など各部長（各一名）
　　　　　　　　　組長（若干名）

この案に沿って、各役員を選出、青年団則・婦人会則を制定、結成式は一〇月二〇日と決まった。青年団員は村内に居住する一五歳から二五歳までの男女青年で組織され、婦人会は村内の主婦で組織するとした。結成式当日の一〇月二〇日、両会全員が上長尾国民学校に集合し結成式あげ、午後は慰安会、村あげての一大イベントとなっている。中川根村青年団は、「青年相互の学徳研鑽修養」「自治の精神を培い、新日本建設に寄与」など（団則第四条）を目的とする一方で、村長など有力者の指導を受け、男女別個に設立、事務所は村青年学校とした。この男女別の組織も翌年秋には改め、男女統一青年団となり、副分団長は女性となった（『中川根町史』近現代通史編、二〇〇六年）。

波磨青年衆団・中川根青年団ともに、有力者の指導を受けながらも、独自の組織・活動も見せてもいる。両面をもった形が県下青年団の一般の姿であったように思える。

青年団活動の地域的特色　青年団は実際にどのような活動をしていたのであろうか。地域に立脚していたがため、農村と都市部、漁村と山間部では多少異なった活動が見てとれる。事例をあげて追ってみたい。

農村地帯にある東山口村（現掛川市）青年団の一九四六年度行事は、「青年の教養必須」として「選挙と世論に関する件」「道徳と修養に関する件」「明年度本団の施行すべき事項具体案」などであった。また農業会主催の農民芸能講座にも参加した。四七年度の農民祭における演劇・舞踊の内容について、青年団長は、各支部長・文化部委員宛に、農村健全娯楽として恥ずかしくないものを、そして「劇にありましてはマ司令部の指令厳重にして絶体的に許可済脚本」を使用するよう要請をした（『掛川市史』資料編、近現代、一九九五年）。選挙と世論調査、演劇・舞踊などは一般的な青年団活動であるが、農民会と提携の芸能講座や農民祭は農村地域の特色が見てとれる。

浜松市の青年団員たちは、四七年五月新憲法施行時に合わせ、浜松祭り（凧揚げ）を復活させた。凧揚会の名称は戦前と類似した「浜松市凧揚連合会」とし、統括には浜松市連合青年会長以下幹部を中心に「統監部」を設置した（現在は浜松商工会議所主導）。この年五月の凧揚げ参加数は一五か町、屋台は四八か町であったという。当日の様子を新聞は「戦争によって忘れられていた歓喜と祝福が一度にどっとせきをきって湧き上がり全市が興奮のるつぼ……音頭取は同市連合青年団、四〇か町の協力で華麗な花車、さては子供の樽御輿などむかしなつかしいいきな印はんてんにねじ鉢巻、鼻の頭に白粉を塗って、老人も若衆も男も女も取り戻した喜びを満喫しようと文字通り全市は人の波」と記している（荒川章二他三名『浜松まつり』岩田書院、二〇〇六年、『浜松市史』新編資料編五、二〇〇八年）。

県西部の舞阪町青年団は、当時、漁業人口が七〇パーセントを占める青年団としての特色があった。この青年団は四五年一二月に再建され、翌年二月に製塩事業の開始準備、そして団活動のために総務部・文化部・産業部・体育部の機構結成準備会を水産試験場で開いた。四月に水産祭を挙行し、舟競争を行った。この水産祭は、「舞坂町青年団団則」第六条（事業）の中に「祭典（水産祭を含む）」と位置付けられ、「青年会館の設立」「食料の増産」「公民講座」などとともに主要な事業とされたものである（『舞坂町史』下巻、一九九九年）。県中部の浜当目（現焼津市）青年会は、四八年時の会則によれば、「総務部」「社会部」「文化部」「漁業部」と四つの事業部を設け事業を行った。文化・社会部での修養、生活技術、健全娯楽、政治・経済・法律の研究調査などは一般的であるが、漁業部として「漁業に関する科学的研究に努め増産の推進力をなす」とある（『焼津市史』資料編四、近現代、二〇〇三年）。五〇年代に入ると、機関誌『漁村』を刊行し、生活改善研究会、演芸大会、バザー、指導者講習会、弁論大会、津島祭、盆踊り、フォークダンスなどの行事を行った。会員の一人が、五四年三月一日ビキニ環礁で被災した第五福竜丸に乗船していたことから「災難を受けまことにお気の毒にたへず誌上をかりてお見舞い申し上げます」という記載もある（『漁村』浜当目青年会文化部、一九五四年四月）。翌年八月六日、第一回原水爆禁止世界大会が広島で開催された。焼津市は、この大会に久保山すずさんら七名を代表として送り出した。同日、青年団は、婦人会などと市役所前で原水爆禁止を求める署名活動を行った（『焼津市史』資料編四）。

大井川上流域の東川根村（現川根本町）青年団は四五年一一月に男女別で結成された後、四八年四月に団則を改め男女統一青年団になった。青年団は、文化部・産業部・文化部・家政部・体育部など七部を設け事業を実施した。その活動を四八年度分（四月～一二月）で見ると、一、講演会・講習会　二、産業講習会・品評会　三、祭典・花火打ち上げ・青年祭　四、体育大会　五、映画会　六、演芸会　七、弁論大会　八、文芸誌・機関誌発刊　九、戦死者の慰霊活動　一〇、小長井地区火災焼け跡の片付け・整理など、となっている（『本川根町史』通史編3、近現代、二〇〇三年）。東川根村地域は製茶では知られているが、田地は少なく、戦後になっても焼畑農業が残っており、麦・甘藷・ひえなどの増産に努めていた。製茶など農産物の品評会は重要な青年団行事であった。

以上、農村地帯・浜松市・漁村地域・山間部の特色をざっと見てきたが、一般に、講習会・祭典・産業振興・演芸・体育大会・弁論大会・機関誌発行などが行われていた。青年団員は祭典を楽しみ、意気あげているが、新生日本の政治・社会の動向、将来の展望などにも敏感になっていた。四六年九月に中川根村青年団は機関誌「川根時報」創刊号を発刊、その第四号には、上長尾国民学校において開催された第二回弁論大会（四七年一月）の出演者三二名の氏名（男性二一名、女性一一名）と演目が記載されている。三二名の演題を大まかに分類すると、政治・社会、世相を論じたものが八名、自己の信念・生き方七名、女性問題三名、郷土・家庭三名、農業問題が二名、その他九名となっていた。この演題は一地域の青年の動向ではあるが、当時の青年の関心事、思考傾向がうかがえる（『中川根町史』近現代、通史編）。

女性の社会的進出と女子青年団　女子青年団・婦人会等は、戦時期に後方の軍事支援として増産・軍事工場・防空・献金・廃品回収などの活動に従事し、男子労働者の代替えとして活躍の場を広げていた。これらの活動は女性の自立・解放を意図したものではなかったが、この体験が大きな刺激となり、戦後になっても女性の社会的進出は続いた。女性の活躍・社会進出について、一九四五年一一月二〇日付『静岡新聞』に次のような記事がある。

過去四年間戦争遂行のため生産戦線に出動した女性は、幾多の苦しい試練を経て、男子にとって替わる自信を得、今や戦災の復興はわたし達女性の手で、と心の痛手を押し包み死土を乗り越えて明朗敢闘する。家内工業・軽工業は勿論、重工業部門にまで進出して「女性可働」の太鼓判を押された現在、終戦により就労部門は更に拡大され、男子が軍事産業転換休止、復員等によって失業苦を嘗めているとき、彼女達はこれにとって替り続々と平和産業生産戦線に参加しているのである。女性侮るべからず。男女同権、婦人参政―婦人の活動舞台が展開され、華やかな脚光を浴びて彼女達は新しい時代を戦う。

当時県下の女子就労者数は三万六〇〇〇であった。サービス業・軽工業部門だけでなく二割もの女性が重工業に就いていた（『静岡県史』資料編二一、近現代六、一九九四年）。女性は経済的、社会的進出ばかりでなく、政治的進出、政治への関心も高まっていた。四五年一二月の衆議院議員選挙法改正によって男女普通選挙が実現、翌年四月に最初の男女普選が衆議院議員選挙として実施され、女性代議士が全国で三九名誕生した。静岡県では大選挙区制・全県一区、定員一四名の選挙戦であった。御殿場出身の山崎（藤原）道子（社会党）が一九万以上の得票を獲得しトップで当選した。この得票数は、二位当選者の増井慶太郎（新政会）の得票数八万二〇〇〇の二倍をこえるものであった。

山崎道子の駿東郡得票数は一万七六二五票（駿東郡投票者数、四万四七七二人）、郡得票率は四〇パーセントで、他の郡に比べ突出している。御殿場町女子青年団もこの票に与するような活動があった。この女子青年団は四五年一一月に設立され、団員三六五名を擁し、一〇名に一名の割で三八名の代議員を選出、「帝国議会」を模して年二回代議員会を開くこととした。この代議員会は立法府に相当し、団長以下本団幹部を行政府・内閣として模擬議会を行った。この代議委員会の「討論振り」が、四六年七月、東京放送の「明日の市民」の時間に全国に放送された。さらに九月には団員の一人が全国代表の一人に選ばれて「農村女性の民主化」というテーマでその活動を放送した。このことを取りあげた新聞記事は「面白いことは婦人参政権と相俟って議員の自覚は頗る顕著なものがあり」と評している（『毎日新聞』静岡版、一九四六年一一月六日）。

また、桜木村（現掛川市）女子青年団は、農民組合青年部や「あぜみち文化会」の協力を得て四六年から翌年にかけ毎週土曜日に婦人講座を開催し、二〇〇名もの女性を集めた。うち六〇名の団員が、農民組合青年部にも加入し、農業問題、村政改革に意欲をもったという。このような運動の成果として月一日の「婦人解放日」が決められた。また女子青年団長は、親の強要でいったんは同意していた縁談を取りやめ、恋愛結婚ができたという。これらの民主的活動成果は、女子青年たちを激励、自信を与えるものであった（戸塚廉『戦後地域改革とおやこ新聞』双柿舎、一九七八年）。

三　静岡県青年団の運動

町村青年団の連合　先に記したように、一九四六年七月、青年団数は四七六、団員数一二万七〇〇〇もあった。これらの青年団は互いに協力・連携し活動をしていた。富士宮市では、早くも四五年一〇月、各地区青年団の連合体を結成し、富士宮市青年団を成立させた（『静岡新聞』一九四五年一〇月一二日）。四六年八月浜松市連合青年会が結成式され（『浜松市史』新編資料編五、二〇〇八年）、四七年一月には磐田郡南部連合青年団が結成されている（『磐田市史』前掲）。そのころ、県東部では沼津市連合青年団が発足した（『沼津市史』通史編、現代、二〇〇九年）。大井川上流域の東川根・上川根両村青年団は、大井川を挟んで志太・榛原両郡にまたがっているが、早くから体育会、品評会などを連携、協力し開催している。この連携は、上川根・東川根・中川根・徳山・笹間・下川根・伊久美の七か村（現川根本町、島田市）各青年団を単位とした「川根七か村青年団連合会」の結成（一九五〇年九月）につながるものであった（『中川根町史』近現代・通史編、二〇〇六年）。

全国的には、一九四六年二月長野県連合青年団の結成を皮切りに、五月以後、鳥取県連合青年団、広島県連絡青年協議会など続々と連合青年団が成立した。中央の日本青年館は、戦争終結直後、虚脱状態・混乱が続くなかで、①新しい地域青年団の結成、②社会教育活動の促進、という二大使命方針を掲げて活動を開始し、その方針を実現するため各都道府県に日本青年館支部の設置を奨励した。長野県、鳥取県などの連合青年団結成は、この日本青年館の運動に呼応するものであった（『日本青年団協議会二十年史』）。

これら県内外の動きに呼応し、四七年三月「静岡県連合青年団」が結成されたが、発足してわずか四か月後の八月八日、連合国軍静岡軍政部からこの組織は非民主的であると指摘され、解散となった（『静岡県史』資料編二一）。

県青年団連絡協議会の結成と活動　解散させられた県連合青年団は改めて組織化にとりくみ、一九四八（昭和二三）年春、「静岡県青年団連絡協議会」（以後、「県青連協」と略）として再発足した。会長には県連合青年団の結成に尽力した鈴木重郎が就いた。結成後の県青連協は、四八年八月札幌で開催された第二回日本青年団体連絡協議会大会に「青年団体を網羅主義より同志主義に切り替える」との議案を提出した。この議案は、青年団発足当時の熱気が失せ、やや沈滞気味の青年団運動に活を入れるテーマであった。翌年三月、鳥取県三朝温泉で開催された第三回大会には「日青協に女子単独の会合をもつことについて」などの議案を提出、さらに同年九月小豆島での第四回大会では「青年団の性格確認について」の議案を提出したり、大会副議長に静岡県の鈴木重郎を出すなどの活動を展開した（『日本青年団協議会二十年史』）。

日本青年団体連絡協議会大会では毎回のように組織強化が討議されたが、五〇年に入って、その方針が急速に具体化した。関東近県青年団長会議の合同提案という形で一七名からなる「日青協結成準備委員」が決められ、組織強化の具体案がつくられた。同年八月、栃木県日光町での第五回大会において、準備委員会名で「日本青年団体連絡協議会規約改正案」（組織強化策）が提出された。大会議案は四小団に分けられ、第一小団で討議されたが、準備委員会には議案提出権はないとして否決された。しかし、静岡・愛知両県団は、この組織強化について賛成する代議員が多かったのを見て、「日青協組織強化対策委員会を設置すること」を提案し、条件付きではあったが受け入れられた。五一年一月佐賀市で臨時大会が開かれ、「日青協規約」を決定、同年五月六日名古屋において「日本青年団協議会」（以後、「日青協」と略）の結成式典が催された。この日青協の結成にあたって、静岡県団は組織強化案に賛成、推進役を演じている。準備委員には東海代表として鈴木重郎が入り、更に鈴木重郎が初代日青協事務局長に就任している（『日本青年団協議会二十年史』）。

五月二七日から四日間、静岡市で第一回日青協定期大会が開かれた。市公会堂を会場にして開かれた大会は、加盟団三二中の三〇府県団が参加、出席者総数およそ五〇〇名、大会議長に静岡県団の山下重がつき、県団は全面的に協力した。大会の議題は、青年団の育成、文化運動の促進、産業経済の促進運動、青年教育の振興などであった。青年学級の法制化は、中央集権、官僚統制になるのではないかと、のちに県団において大問題となっているが、ここでは各単位青年団の組織強化のために財政の確立が急務と訴えていた（『静岡新聞』一九五一年五月二八日）。

青年団と青年学級　六・三・三制による新制中学校・高等学校の発足により、戦前からの青年学校は廃止され、代わるものとして、勤労青少年のための定時制高等学校が創設された。しかし、青年団員の多くは、定時制高等学校への進学も困難で、中学校（国民学校）卒業で就職していた。戦時中おくれていた学力を取り戻し、新しい時代に即した教養・知識を身につけようとする意欲が出て来ており、何らかの形で青年教育の場が必要であった。

青年団の自主的な教育活動として、一九四八年山形県西村山郡大谷村（朝日町）で設立された青年学級が注目されている（藤田秀雄・大串隆吉『日本社会教育史』エイデル研究所、一九八六年）。静岡県の青年学級は、県教育委員会の主導ではじまった。県教委は、四九年度当初に青年学級関係予算を計上し四八学級を指定した。翌五〇年には県下一五〇町村に一八〇学級を成立させた。農漁村、都市部、それぞれの地域に適した学級を設立しようとした。例えば、榛原郡御前崎青年学級は、漁業に従事する男子青年のために海上学級を漁船単位で設立し、女子青年には陸上青年学級を設けるとともに「連絡誌の発行」「ラジオによる海上学級向放送」などを行った（『県教育史』通史編下巻）。また御殿場青年学級の場合、「御殿場町青年学級運営委員会」によって運営された。委員総数は五四名、うち学識経験者二〇名、青年団関係者三四名であった。年間の授業数は一〇〇時間、教科として社会科・職業科・文化科・保健体育・家政科を学んだ。一六歳から二四歳までの男女半々で、合計一一〇名が受講した。講座には、地域の特色を示す「家畜の疾病について」「麦の生理」（農業）、「検波回路」（工業）、「珠算・単式簿記」（商業）、「繊維科学」（家政）などが入っていた（『御殿場市史』第九巻、通史編下、一九八三年）。

県青年団と青年学級振興法　県下青年学級数の年次別推移を見ると、一九五〇年度一八〇、五一年度四一一と増加が著しい。五二年度は二六八、五三年度三九五、五六年度になると学級数は四五五、生徒数四万人でピークに達し、それ以後は減少していった（『県教育史』通史編下巻）。五一年度の増加は、自治体の社会教育・公民館活動と青年団の協力、積極的参加があった時期と重なる。しかし翌年は学級数二六八と大きく落ちこんでいる。この理由は何であろうか。政府（文部省）の推し進める社会教育政策と青年団運動の対立に原因があったと思われる。青年学級振興法の成立は一九五三年八月であるが、すでに社会教育法が制定されていたのに、なぜ改めて青年学級振興法が制定されたのであろうか。この法の目的は、「勤労青年の自主性を尊重し」（第三条）としながらも、一方では教育委員会事務局あるいは教職員から選出された青年学級主事が「上司の命を受け」事務及び指導にあたるとした（第九条）。社会教育法が「国及び地方公共団体は、社会教育団体に対し、いかなる方法によっても、不当に統制的支配を及ぼし、又はその事業に干渉を加えてはならない」（第一二条）と青年の自主性を尊重しようとしていたのに対し、学級振興法は上からの指導・画一的統制を強化しようとするものであった。

日青協は、当初、教育設備の確保、必要経費の国庫負担、卒業資格などへの期待から青年学級振興法に賛成の立場をとっていた。五一年、静岡市で開催された第一回日青協大会でも、青年の自主的教育に支障をもたらさないかという危惧の意見はでたが、大勢は法制化賛成で可決された。しかし、その後の文部省の動向や国会審議などから、この振興法が青年の自主的教育を阻害するものであることが分ってきた。法制化は、青年団の主体性を損ない、青年団を官製化させるとして、もっとも強く反対したのが静岡県団であった。県団は、五二年日青協福井大会において「青年学級の自主性確立及び法制化反対」の議案を提出した。県団の主張は、「この一年間で社会情勢が大きく変わってきた。今日のようなや逆コースや中央集権、官僚統制への復帰が進み全体主義的な傾向のある中での法制化は、文部省のいう財政的裏づけだけで終わらなくなる。……青年団が運営の主体者にならないような青年学級の振興対策は、有害無益である」というものであった。この県団の議案は、「もみにもんだあげく一年前の賛成の態度を一八〇度転換させて、法制化反対ということでその方針を固めることになったのであるが、この二時間余もわたってつづけられた法制化賛否の討議こそは、まさに福井大会のクライマックスで日青協史上に大きく記録されることになった」とまで位置づけられている（『日本青年団協議会二十年史』）。

このように日青協、青年団体などの反対にもかかわらずの青年学級振興法は公布された。この背景には、アメリカの占領政策の変化、朝鮮戦争、日本の再軍備（警察予備隊の設立）、サンフランシスコ条約・日米安保条約などとのかかわりが大であった。

おわりに

県青連協の活動は、先に記した「青年学級振興法」反対闘争以外に、産業開発青年運動、沖縄返還・原水爆禁止運動、団組織強化のための指導者講習会など多岐にわたっていた。先進的な県団の動向は、県東部から批判も出て一時分裂もあった。その後、再度の統一を経て、一九六〇年代を迎えた。しかし、高度経済成長は、生活水準の向上と合せて、農村人口を流出させ、青年の生活様式、関心事・価値観をも大きく変えてしまった。高校進学率も高まり、娯楽施設も多くなった。青年団が主体的に取り組んでいた青年学級、芸能・文化、体育大会などの事業は、漸次行政側（自治体社会教育）に移されていった。利益追求型の社会の到来は青年団運動の衰微をもたらしていった。

一九五〇年代後半の諸活動、六〇年代衰退期の叙述は紙面の制約から割愛した。今後の課題としたい。なお、現在（二〇一四年）、県下の青年団員は五〇〇人にも満たないという。共同体的なコミュニテイの見直しが云々されるとき、青年団活動に踏みとどまっているわずかの団員に拍手をおくるとともに、なお活動の一層の努力と団員の増加を期待したい。

参考文献

藤田秀雄・大串隆吉『日本社会教育史』エイデル研究所、一九六四年
大串隆吉著『日本社会教育史と生涯学習』エイデル研究所、一九九八年
熊谷辰治郎著・編『大日本青年団史』（復刻版）日本青年館、一九八九年
日青協編『日本青年団協議会二十年史』財団法人日本青年館、一九七一年
財団法人日本青年館『大日本青少年団史』復刻版、一九九六年
北河賢三『戦後の出発』青木書店、二〇〇〇年
肥田正巳「十五年戦争と青年団」（『静岡県近代史研究』第二〇号一九九四年）
『静岡県教育史』通史編下巻、一九七三年
『静岡県史』資料編二〇、二一、『静岡県史』通史編六
『中川根町史』（近現代、通史編）、『焼津市史』（資料編四、近現代）など県内の市町村史
『静岡新聞』、『毎日新聞』等の新聞記事

第二章　小笠郡の農民組合運動

竹内康人

一九四五年八月一六日、堀之内駅（現・菊川駅）の南にある山内貞雄の家の前を原田孝一郎が「アカハタの唄」を歌って通った。かれは赤旗をかつぎ、堀之内警察署に行き、署長をはじめ署員に対し、戦時中の民衆への弾圧の罪状をあげて、その責任を追及した。

このような風景は、押さえられてきた表現が大日本帝国の敗戦とともに解き放たれることになり、民主化を求める民衆と現存する支配勢力との新たな社会的な闘争が始まったことを物語っている。小笠郡の村々は現在、掛川市、菊川市、御前崎市などに編入されているが、小笠郡では、戦後、多くの農民組合が結成され、農村での民主主義運動を担った。原田孝一郎もこの運動に参加した。

ここでは小笠郡の農民組合運動の歴史を、農民組合の結成の動き、小笠郡農民組合連合会の結成と民主化の活動、朝鮮戦争前後の農民運動の順にみていく。

1　小笠郡での農民組合の結成

戦前の民衆運動　戦前の小笠郡の動きをみれば、自由民権期には、小笠郡の雨桜村（のちに桜木村）の戸塚惣作、山崎清兵衛、小柳津国太郎たちが民権運動に共感して村々を歩き、静岡での運動にも参加した。かれらと交流した戸塚伊六は郡立掛川中学校の廃止に反対し、少寧精舎を設立した。伊六は戸長になり、村民の文化のために雨桜青年図書館をつくった。地域の青年団は「雨桜の華」を発行した。

日ロ戦争期には、掛川教会に赴任していた白石喜之助が反戦と社会主義を訴えた。幸徳秋水の交流録や西川光次郎らの東海道遊説の日誌には掛川在住者の名がある。社会変革の思いは全国各地に散在していた。第一次世界戦争を契機とした社会的な権利の獲得の動きは、小笠郡でも「米騒動」や小作争議となって広がり、全国労農大衆党や日本共産党につながる活動もみられた。

一九三一年には倉真や土方で小作争議があり、一九三四年には内田で小作組合による減額を求める動きがおきた。佐束、内田、曽我、西郷、朝比奈、池新田などで小作組合の動きがみられ、曽我の小作組合は全国農民組合に加盟した。

桜木の戸塚廉は新興教育同盟静岡支部を結成し、曽我の農民組合や堀之内の文化運動「野荊」の仲間とともに活動をすすめたが、一九三三年三月に検挙された。「野荊」は堀之内の佐藤栄作、木佐森康男、菅沼清、大橋正二、山内貞雄らが始めた文学サークルであるが、一九三二年七月の三号で弾圧され、山内は掛川中学から自主退学を強いられた。この弾圧後も「野荊」は一〇号まで発行された。一九三三年九月には共産主義青年同盟の運動に関与したとされ、多くの青年が検挙された。

このように弾圧は繰り返されたが、人々の民主と権利、自由と平等への思いは涸れることはなかった。

農民組合の結成へ　地域での運動の蓄積は、第二次世界戦争での日本の敗戦を契機に、解放にむけての運動へと結実し、地域での民主主義運動を担っていく力になった。

戦後、河城村で鈴木誠太郎らが、南山村では井上良一らが農民組合づくりを始めた。井上は戦前から部落差別をなくすために融和運動を担ってきた。南山小学校の名波三子夫らは教員組合の結成に動いた。堀之内では原田孝一郎と原田新一の兄弟が共産党の活動をすすめた。

一九四六年に入ると小笠郡下では、河城村、桜木村、南山村、土方村、原田村などでつぎつぎに農民組合が結成された。四六年四月には第一回の小笠郡農民組合協議会がもたれ、静岡県農民組合協議会結成の件、供出米強権発動の件、未組織農村での組織化の件などが協議されている。この協議会に出席した組合は、河城、西方、小笠、加茂、倉真、桜木、曽我、六郷、南山などである。第二回、第三回の協議会の記事には佐束、大坂、横地などの組合名があることから、このころには一〇を超える農民組合の活動があったことがわかる。

河城村農民組合　河城村で農民組合の結成に関わった鈴木誠太郎は「ある疎開者の回想」という手記を残している。それによれば、河城出身の鈴木は浜松の日本楽器や名古屋の三菱で労働者として働き、一九三〇年代には浜松で左翼運動と関係を持った。戦争末期には、鈴木は沢水加の母の実家近くの宗源寺に疎開していた。

敗戦後の一〇月ころ、鈴木の疎開先を堀之内の原田新一が訪れた。原田は鈴木に、敗戦によって地主制度が崩壊して小作地の解放が急速に始まるなかで、農民組合の結成が急務であること、さまざまな課題に対応できる組織を作り、それを共産党の指導下ですすめることなどを呼びかけた。このとき鈴木は原田から共産党の発展状況や国内での民主勢力の展望など、革命運動の話を聞いた。その話は情報に飢えていた鈴木にとって新しい希望と生きる喜びを与えるものであった。

その後、鈴木と小原唯一、栗田五郎馬の三人は河城農民組合準備会を立ち上げた。小原や栗田は一九三〇年代に河城で活動し、不況対策による道路工事での日当に対して役場と増額の交渉をしたこともあった。小原は小作農民の子であり、小笠での活動により一九三三年の九・一八弾圧で検挙された。栗田は東京に出て働き、労働争議の渦中で労働者や労働組合とは何かを教えられて感動し、闘うことの意義と生きがいを教え込まれたという。栗田も弾圧された体験があった。。

そのような人々にとって敗戦は新たな活動の始まりだった。鈴木は一二月ころに共産党本部でもたれた活動者全国会議に参加した。また、浜松市の五社神社での静岡県西部の共産党の集会に参加し、旧友と再会した。このような活動は鈴木の意識をいっそう高めた。

一九四六年の夏、河城村農民組合の結成大会が六〇〇戸の農民を結集して開かれた。組合長に斎藤寿平、書記長には栗田五郎馬が選ばれた。組合は農地解放、自作農創設、割当供出などの課題に取り組んだ。一九四七年四月の統一地方選挙では、農民組合が推薦する高木俊一が河城村の村長となり、村議には農民組合の小原唯一と長谷川儀三郎が当選した。

桜木村農民組合　桜木村では強権的な米の供出命令に対抗するなかで、一九四六年三月に桜木村農民組合が結成された。食糧供出は自家用米を除く米を政府が買い上げるというものであるが、インフレによる物価上昇に比べて買い上げの価格は低く、生産費を満たすものではなかった。また、麦やジャガイモなども供出の対象になった。

結成された桜木村農民組合は、綱領として農村封建性の徹底的打破、新農業組織の確立と発展、民主的農村生活と文化の建設の三点を掲げた。さらに、当面の行動綱領として、耕作権の確立、生産物供出の自主化、強権発動反対、農業会・役場の民主化、諸帳簿の公開、配給物の公開、配給物資の管理、生産用各種資材の要求、耕作農民のための農地委員選出、肥料の要求と公平な分配、青少年教育組織の拡大・強化、農業技術の向上、退蔵物資の摘発などをあげた。

農民組合は米を収奪されたために活力をうしないかけたが、農民組合の青年組合員は意気軒昂だった。かれらは農業会専務の不正をあばくとともに村の民主化を達成しようとし、理想的な協同組合をつくるために独自の定款案も研究していた。

桜木の農民運動関係者（1958年）左から戸塚廉、小島留夫、中央・石川弘、右下・大石清次郎、右上・山崎弘

これらの青年組合員と戦前から活動していた戸塚廉とが出会う。戸塚廉は一九三三年の新興教育同盟への弾圧で検挙された後に東京で生活していたが、中国戦線に派兵され、一九四六年の五月に桜木へと帰郷した。その戸塚を二〇歳代の小島留夫、竹原義一、石川弘らが訪問した。かれらは、村に住んでいた社会主義青年から天皇制の否定やマルクス主義の話を聞き、集まっては学習し、農民組合の青年部員として活動していた。また、戦前に桜木で青年団や教育運動をおこなった人々はあぜみち文化会をつくり、民主化を担っていた。

このような人々がつながり、桜木では一九四六年八月に四日間の文化講座が農業会の費用負担で開催されることになった。戸塚廉は窪川鶴次郎、玉城肇、浪江虔らを桜木に呼んだ。その文化講座には日本民主主義教育協会静岡支部の教員たちも参加した。

桜木村での民主化　桜木村農民組合青年部の正式な結成大会は一九四六年九月八日にもたれ、二〇〇人を超える参加があった。参加者の半分は女性であり、規約案が修正され、男女平等の青年部が創立された。

青年部役員名簿をみると執行委員二〇人のうち半数は女性である。大会では月一回の婦人解放日が設定され、大会の緊急動議として戦争に協力した村長・助役への辞職勧告が承認された。その後、村長は辞職した。

青年部の活動に押されて農民組合も九月二九日に臨時大会をもち、新たな出発を誓った。そこでは村議会の解散と村長の公選が決議され、新組合長には戸塚廉がなった。この動きのなかで助役も辞任し、戸塚が助役となり、村長代理の活動をすることになった。

村長代理として、戸塚は戦死者の弔辞については、戦争への反省のない文面を、戦争とその犠牲を悲しむものに変えた。桜木の女子青年団は民主村をつくるための講座を開いたが、その場に呼ばれた戸塚廉は恋愛結婚の意義を話し、その相談もおこなった。

一九四六年一一月の農地調整法によって農地委員が選挙されることになり、一九四七年の三月までに農地解放をすすめることになった。それは、地主の土地を五反歩に制限し、土地は政府が買い取り、その土地を小作へと安価で売るというものだった。そのために、市町村には小作代表六人、自作代表三人、地主代表三人による農地委員会が設立された。

桜木村では小作代表であり、農民組合副委員長の海野貞次郎による推薦で、助役であった戸塚廉が農地委員長になった。この人選は小作側に立つ地主を委員長にして、地主側の改革への妨害を封じようとするものだった。桜木の農民組合の青年部員たちは小作側委員となって農地解放をすすめていった。南山村の井上良一のように農民組合長として農地委員となり、地域の民主化にむけて活動したものも多かった。

桜木村では、農民組合が「桜木農民」、農民組合青年部は「サクランボ」、「農民組合青年部ニュース」、「農業技術特報」、「若い百姓」、「萌草」などを発行し、あぜみち文化会は「あぜみち」、共産党桜木細胞は「耕す人」、

「とうがらし」などを発行していく。農村の民主化にむけて文化活動が重視されていた。

堀之内農民組合　堀之内の杉山一郎は、静岡県が掛川中学校で役場職員への農地改革関係説明会を開くことを知り、個人で参加した。杉山は農地解放には農民の団結が必要と考え、居住地区に農民組合を設立した。堀之内の農地委員会の選挙では原田孝一郎が選出された。堀之内農地委員会の活動が県から表彰されるなど、堀之内でも農地解放の動きが盛んになった。杉山はこの動きのなかで、地区の農民組合を堀之内全体へと拡大して堀之内農民組合を結成した。組合長は杉山一郎、副組合長は有海一郎であり、各地区から役員二人を選出した。

杉山一郎は戦前の「不景気のどん底」のなかで育ち、マルクス主義に触れ、それが貧乏人を救済する道であると確信した。その後、「野荊」の佐藤栄作や小原唯一と知り合ったが、徴兵され中国に送られた。杉山は一九四五年一〇月に帰還すると、農地解放にむけて農民組合を結成したのだった。杉山には「貧乏人のために、正義のために、自らの持つ力を仲間と共に発揮したい」という思いがあった。

堀之内農民組合は堀之内町長に対して農地解放への積極的協力を要請したが、町長は「多くの地主の立場を考えるとできない」と拒んだ。それに対して農民組合側は「国の方針に従わない町長なら、辞めてしまえ」と抗議した。県の小作官も「そのような態度なら町長を辞めるしかない」と語ったという。その結果、町長は辞任し、助役が町長となって農民組合に協力した。組合は農地の交換分合計画も積極的に推進し、小笠農学校の演習田についても集落に解放した。その後の土地改良事業にも取り組んだ。

堀之内では一九四六年の五月一日に堀之内駅前広場で、戦後初めての堀之内メーデーが開催され、旭可鍛、郵便局、教職員、国鉄、日通などの労働者が参加した。農民組合の運動はこのような民衆運動のたかまりとともにあった。

2　小笠郡農民組合連合会の結成と活動

小笠郡農民組合連合会　小笠郡各地で結成された農民組合は小笠郡連合会を結成し、日本農民組合静岡県連合会にも参加した。その動きをみていこう。

一九四六年六月五日、小笠各地の農民組合が集まり小笠郡農民組合連合会が設立された。結成大会は堀之内でもたれ、会長には佐束の鈴木富雄、副会長には河城の栗田五郎馬、顧問に南山の井上良一、西郷の中山金一、内田の栗田猪之吉、常任書記には堀之内の原田孝一郎、河城の鈴木誠太郎、水野和三郎が選出された。事務所は堀之内の原田孝一郎宅に置かれた。

小笠郡農民組合連合会の宣言では、民主主義革命が進行し、解放された国民が新たな民主主義日本の建設に立ちあがっていることを記し、新たなる時代に全国に雌伏していた同志が農民委員会・農民組合運動をまき起こし、民主的な日本農民組合への参加を準備し、農民の当面する問題の解決のために邁進しているとする。課題としては、小作料の引き下げ、耕作権の確立、供出制度の改革、町村財政や農業会の民主化などをあげ、さらに小作法や農民組合法の制定をあげて、団結して生活を擁護し、その向上をすすめ、新しい農村社会の建設のために闘っていくことを呼びかけている。この宣言は当時の民主主義革命への思いを伝えるものである。

日本農民組合静岡県連合会　小笠郡の農民組合は富士の組合とともに静岡県の農民組合運動を担った。一九四六年九月一二日には、日本農民組合静岡県連合会が結成されたが、県連合会の会長は富士の福島義一であり、副会長には小笠から井上良一が選ばれた。県連合会の委員には、小笠から戸塚廉、鈴木富雄、染葉睦美、熊切美次、栗田猪之吉、中山金一、栗田五郎馬、斉藤春平、進士忠夫、山本松雄、山本礼一、山本和一、鈴木健一、長谷川儀三郎、落合行雄、飯田作平、鈴木誠太郎らが入っている。県連の組織部長には原田孝一郎、青年部長には戸塚廉が選出された。静岡県連合会の青年部の大会は同年一二月にもたれたが、河城、千浜、原田、桜木、横須賀、粟本、西郷、大坂など小笠からの参加者が過半数を占めた。

一九四七年一月には小笠郡農民組合連合会青年部の結成集会がもたれ、新たな民主農村の建設などが宣言された。集会後はデモ行進もおこなった。小笠郡下の農民運動は青年部の活動を含めて静岡県の農民運動の拠点となった。一九四七年二月の日本農民組合小笠郡連合会の新役員をみると、会長は南山の井上良一となり、副会長は佐東の鈴木富雄、河城の進士忠夫、書記長が原田孝一郎、会計は倉真の染葉睦美であり、青年部長には桜木の小島留夫がなった。

日本農民組合静岡県連合会の一九四七年の大会スローガンには、不耕作地主所有地の全面的解放、総合的農村再建計画の樹立、農産物の合理的価格の設定、茶・柑橘の復興ならびに加工販売機構の改革、不法なる土地取上ならびに土地闇売の厳禁、でたらめな税金査定絶対反対、山林・原野・可耕休閑地一切の解放、茶・木炭・養蚕業者の加配米確保と合理的価格の設定、自主的供出の実現、農産物に対する中間搾取の排除、農青連盟ならびに反動団体の排撃、吉田内閣の打倒などとある。このように県連合会は、農地解放や税金対策、農産物の適正価格の設定、中間搾取の排除などの農民の具体的要求をあげながら、政治的な要求も掲げた。農民組合内では共産党員や社会党員などがともに活動を担っていた。

農民運動のたかまりのなかで、茶業民主化の動きも起きた。一九四六年一二月には茶業機構革新期成同盟会が結成された。その宣言には、茶業での中間搾取を排除し、供給数量、供給時期、価格への決定権を握り、農村協同化をすすめ、協同し団結することが記されている。

小笠での組織状況　一九四七年ころには小笠郡の桜木、河城、佐束、原田、西南郷、朝比奈、南山、中、堀之内などの組合が日本農民組合に加入していた。静岡県連の組織現勢から組織状況をみると、組合員数が五〇〇人ほどであったのは桜木と河城であり、他は五〇人から三〇人の組合である。小笠郡には他に、土方、西方、小笠、加茂、倉真、曽我、六郷、大坂、横地、掛川などの組合があり、堂山同志会といった団体もあった。

一九四七年四月の新たな地方自治法による統一地方選挙では、農民組合が推した高木俊一が河城村の村長となり、佐倉村では農民組合長の水野彦次郎が村長となった。桜木村の戸塚廉は惜敗したが、戸塚は桜木の村会議員選挙では最高点で当選した。桜木では農民組合が推薦する候補は共産党員を含めて一八人全員が当選、保守派は一四人というように、農民組合の運動が民衆に支持されていた。

農民の意識を結ぶために「小笠農民」や「静岡農民」などが発行された。その発行は、小笠郡農民組合連合会と共産党の無給の常任書記であった戸塚廉が担った。戸塚は友人たちが手がけている「農村文化」「子供の広場」「子どもの村」「こどものはた」「教師生活」「明かるい学校」などの雑誌を村や教育の現場で販売して生計を立て、一九四八年四月には桜木の中小三校の初代ＰＴＡ会長になった。農村の民主化にむけて教育に関係する人々との連携もすすめられた。

農業会から農業協同組合へ　各地で結成された農民組合は農村民主化の運動の中心となり、農地改革の徹底、農地委員会選挙、供出米など供出対策、民主的農協づくり、税金闘争などに取り組んでいった。

つぎに農民組合による民主的な農協づくりと税金闘争についてみていこう。

一九四七年一二月、農業協同組合法が施行された。農業協同組合は官僚と地主層に支配されて戦争経済を担っていた農業会にかわるものである。農民組合は農業協同組合を農村の民主化と農業経営の合理化のための組織とすべきと考えた。そのために、旧勢力を排除し、農業協同組合を全耕作農民の利益を守る組織とするための活動をすすめた。

静岡県農業会は一九四八年八月に解散し、新たに農業協同組合が設立された。農業協同組合が設立されるなかで、日本農民組合静岡県連合会は県農業会従業員組合や農業技術者連盟、県農村青壮年連盟、県開拓者連盟とともに静岡県農業会財産監視委員会を設置し、農業会の財産処理を監視した。小笠郡連合会の副会長の進士忠夫（河城）は講師となって、堀之内、河城、横地、加茂、六郷などを巡回した。

静岡県農業会職員の小野芳郎は、一九四七年二月に職員組合を設立し、書記長となった。小野は一九四六年三月に「農村問題研究」を発刊、農業会を民主化し、生産農民のための協同組合とすることを主張していた。小野は朝比奈出身であり、戦前に新しい生活を求める思いで歌集「偶像を焼く」を記し、「野荊」にも参加したが、一九三三年の九・一八弾圧で検挙された。戦後に復員し、農業会に勤め、職員として農業会の民主化を求めていた。

桜木での民主的農協づくり　桜木では農民組合が中心になって民主的な農協経営にむけての取り組みがなされた。農民組合に影響力を持っていた共産党桜木細胞の「桜木細胞の農協対策」（一九四九年）には次のことがらが提言されている。

生産対策としては、高級農業技術者を置き、共同経営や機械の共同利用などの新たな経営方式を樹立する。製茶やパン工場の運営を計画的にすすめる。

販売事業対策では、農産物価格の引き上げと供出農産物手数料の増額をすすめる。荒茶・藁工品の集荷を倍化させる態勢をつくり、製茶販売を消費者と直結させる。

利用事業対策では、パン工場の経営を合理化し、大豆の増産と豆腐製造施設の能率をたかめる。貨物自動車などを計画的に運営し、生活の合理化のための共同施設を研究する。

文化厚生対策では、農村医療活動や栄養改善をすすめ、生活困窮者に仕事を斡旋する。農民芸術を創造し、桜木村図書館を経営し、農民講座、紙芝居・人形芝居などによる農民への教育・啓蒙などをおこなう。

金融事業では、低金利での融資と共同生産施設への投資をおこない、農民全体の利益を向上させる。税金供出対策では、農協が農民課税を傍観することなく、正当な申告ができるように指導し、強権的、脅迫的な課税から農民を守っていく。重税の撤廃にむけては民主的な政党・団体と協力して闘う。供出価格の値上げを実現させていく。

このように農民のための協同組合運営の方針を提示していた。桜木では村独自の民主的な農協運営が一時期おこなわれたが、掛川の農業協同組合へと統合されるなかで、その民主的な側面は失われていった。

税金闘争の推進　農地解放の推進、食糧供出への対策とともに税金闘争が農民運動の課題となった。農地改革によって農民は生産物の収穫を増やし、供出余剰米を販売することで利益を増やしたが、政府はその利益を所得税の形で課税し、低所得層からも奪おうとした。農民組合はこれまで農地改革を大地主などの半封建的な支配勢力との闘いとしてきたが、あらたに税金闘争を財閥の再建をねらう独占資本との闘いとした。この税金闘争は地域の人民闘争としても位置付けられていくことになる。
桜木村農民組合は一九四七年三月の所得税の納期を前に、全農家の農産物の生産費を徹底的に調べ、所得額の軽減をすすめた。米作りに必要な農具・機械・器具・被服・肥料・薬品・種子などをすべて書き出し、その時価、修理費、耐用年数などを計算し、カマ、クワ、ナタなどについては耐用年数から修理費を計算した。この方法で実際の経費を計算して収入から差し引くと、中以下の農家では所得税はゼロという計算になった。農民組合が農民の申告書を集約し、村長代理で農民組合長でもあった戸塚廉が税務署に説明した。

一九四八年にも税金闘争がすすめられた。桜木村では一月に、農民組合を中心に納税民主化協議会を結成した。農民組合と農協は「適正納税資料」を作成し、掛川税務署と減額交渉をおこなった。課税は強行されたが、桜木では五月にメーデー文化祭がおこなわれ、桜木村民主団体協議会が結成されるなど民主化運動がすすんだ。

同年七月、小笠郡農民大会が大日本報徳社で開催され、討議課題として農業課税があげられた。議長は農民組合の鈴木富雄、大会運営委員には進士忠夫（河城）、赤堀一（大渕）、篠崎清次郎（池新田）、戸塚廉（桜木）、赤堀吾平（県農業会従業員組合）がなった。

この大会では、会場に掛川の税務署長や課長らを呼びよせ、糾弾がなされた。大会は農業への課税に抗議する決議をあげて閉会した。その決議は、農民的ではない農業政策と「天下り的出鱈目徴税」を批判し、農民の自主的な申告を尊重することや所得基準の設定において農民代表を参加させることなどを強く求めるものだった。

一九四九年桜木での闘い　一九四九年の桜木の動きをみてみよう。掛川税務署は二月末に所得税確定申告の修正を要求し、応じなければ更正決定をおこなうと通告した。これに対し、共産党桜木細胞の呼びかけで三月三日に緊急村民大会がもたれた。そこで不当課税に対してあくまで闘うことを決議し、村当局や農協に申し入れた。三月四日には戸塚と原田孝一郎が税務署に抗議に出向いた。

しかし、税務署は三月五日に村長を呼び出して、内示額通りに納めなければ内示額の五割増しで更正決定させると威嚇した。村長は一八〇枚の申告書を抱えて帰り、該当者に伝えた。それを聞いた桜木細胞と農民は三〇人ほどで税務署に押しかけ、五割増とする処置は職権乱用であり、憲法違反である、強行するならば告発すると抗議した。

その結果、村長、戸塚廉、税務署との協議となり、差額の大きい一四人を除く全員の確定申告・確定修正申告を認めさせた。組合は更正決定となった一四人には合理的な基礎資料があり、自らの権利は守れると意気込んだ。

税金闘争は、小笠地区労働組合協議会、日本農民組合小笠郡連合会、堀之内生活擁護会、掛川生活擁護同盟、社会党小笠支部、共産党小笠郡委員会などとの共同ですすめられた。不当な課税を弾劾する闘いは桜木をはじめ堀之内、六郷、曽我、掛川など各地で展開されていった。このような動きのなかで堀之内では商工会長に生活擁護会の大橋正二、副会長には同会の袴田勇が当選した。

桜木での税金闘争はその後も展開され、村民税での均等割の全廃や自動車税などの廃止を訴えた。また、村会では「正直者と貧乏人が楽になるように」と論戦が繰り広げられた（「とうがらし」一九五一年六月）。

3　朝鮮戦争前後の農民運動

朝鮮半島での軍事的緊張が強まり、一九四九年には在日本朝鮮人連盟などへの解散命令やレッドパージなど政治弾圧が強められた。四九年一〇月には小笠の教員組合へのレッドパージが始まる。小笠の教員組合は左派運動の拠点であったため、校長層も含めて処分された。処分者は県内で最も多かった。一九四九年の動きを「小笠民報」を中心に農民組合と共産党の活動からみてみよう。

「小笠民報」の発行　一九四九年三月、戸塚廉たちは小笠郡の農民組合と共産党の活動のなかで、活版の「小笠民報」を発刊した。発行は堀之内町新通の小笠民報社である。農民組合の役員の多くは社会党の支持者であったが、「小笠民報」はこの農民組合員への配布網をつくり、読者をひろげた。「小笠民報」は掛川で五〇〇部、桜木で三五〇部、横須賀で三〇〇部、河城・曽我・山口で各二〇〇部など、郡下に三〇〇〇人の読者をもった。

このころの桜木村の農民組合と共産党の組織をみると、小島留夫は名古屋で東海地区の農民組合の常任委員、石川弘が党の中部地区の常任委員となり、大石虎雄が小笠郡の党の常任委員となって運動を支え、服部寿栄、山本昇らが農民組合の青年部を担っていた。

桜木細胞の組織状況は一九四九年四月の段階で党員は男三九人、女一一人の五〇人であり、そのうち二五歳以下の青年が二四人と半数近くを占めた。河城が二三人であり、そのうち青年が六人、女性はゼロであることをみれば、桜木細胞が青年や女性を組織した活力ある組織であったことがわかる。

一九四八年ころに桜木細胞が出した活動基金募集のチラシには、「どうすればこの桜木村が気持ちのよい村になるか、どうすれば働く人たちの生活を永久に確立し、楽しい文化的な生活ができるかを討議し、これを先頭に立って実践していく」とある。この文面からは、桜木細胞が地域に根ざして民主化の活動をすすめていたことがわかる。戸塚廉は桜木の村政改革にむけての綱領づくりもすすめた。

統一戦線の試み　堀之内で活動を担った原田孝一郎は日本農民組合静岡県連合会の組織部長や共産党静岡県委員会の農民部長となり、県内での農民組合の組織化をすすめた。かれは運動をすすめるにあたり、「人は強制して動くものではない。自発的意思を尊重し、自覚を動かし、全体をよく見て主観主義に陥ってはならない」、

堀之内の原田孝一郎

「帝国主義・軍国主義は敵で、多数の民衆は味方であり、それを一緒にしたり、混同してはいけない」、「共産党だけでなく、一致するところで他の政党、大衆団体、人士と手を組む統一戦線、統一行動が変革の進歩の運動をすすめるうえでキメテ」と語っていたという。

「小笠民報」の発行は、このような運動論を背景にした統一戦線を意識しての活動だった。四九年八月の七号には、「日本を植民地にするな」という論説が掲載されているが、そこでは、国鉄、郵政、旭可鍛などでの解雇の動きを伝え、日本産業の資本の半分が外国資本となりかねない状況を示し、地域のまじめな社会党員と労農党や共産党が団結し、人民民主政府をつくっていくことを呼びかけている。また、八号では「三鷹事件の真相」の題で事件の問題点を詳細に記すなど、広い視点で社会の動きを報じた。

この「小笠民報」は、静岡県の共産党の機関紙「静岡週報」へと吸収されることになった。この動きに小笠郡委員会は反対したが、九月に九号を出したところで吸収された。小笠郡に関する記事は減少することになり、小笠での読者数は減少した。

復刊要求のなかで、半年後の一九五〇年三月に「小笠民報」は第一〇号として復刊された。復刊記念公演が掛川の映画劇場でもたれ、前進座が佐倉宗五郎などを演じた。あらたに編集者になったのは桜木出身の小島留夫だった。小島は農民組合の活動のために名古屋に派遣されていたが、帰郷して小笠の党の常任委員となった。

同年四月の一二号からは発行が共産党小笠郡委員会となり、表紙の下部に日本共産党中央委員会の「民族の独立のため全人民に訴う」が掲載されるなど、政治機関紙の色合いが強まった。この「小笠民報」は五月に一四号を出すが、占領軍が共産党の政治活動を禁止したため、六月に発行が停止された。

組合の財政難　農民組合の動きをみれば、一九四九年四月の日本農民組合第三回全国大会では反農民的とされた幹部が排除され、中央常任委員には静岡県連合会から書記長である磐田の中村正也がなった。日本農民組合静岡県連合会はこの春の大会で、福島義一（社会党）を委員長、井出義晴（労農党）、山崎光雄（共産党）、井上良一（社会党）を副委員長、中村正也（共産党）を書記長、瀧川恵吉（共産党）を書記次長とした。県連の主な組織は富士・田方・志太・小笠・浜名などにあったが、組合財政に課題があった。

小笠郡連合会では、委員長の井上良一は小作代表の静岡県農地委員であり、南山の農業協同組合の経営にも関わっていた。副委員長の鈴木富雄は県会議員となり、農民運動からは離れていた。副委員長の進士忠夫は河城村の助役や農協の参事となり、郡連合会の仕事もこなしてきたが、東京方面に転出した。郡連合会の活動を担ってきた原田孝一郎は町の農地委員、日農県連合会、中央委員会などの仕事も兼ねていた。戸塚廉も村会議員、農民組合、農協、農地委員会、ＰＴＡ会長などに加えて、教育、文化など様々な活動を担い、「小笠民報」の編集もおこなうなど、多忙だった。

小笠郡連合会では組合費が集まらず、活動費用が足りないという状態であり、組織実態は会議を持てば半数ほどは集まるが、決定を実行する組合は二、三しかないというものであった。組織数はあっても農民組合の動きは鈍く、共産党の細胞は、動きは早くても青年層が多く、地域では影響力が弱かった。

共産党の内部対立と小笠の組織　朝鮮戦争にともない共産党が弾圧され、党内論争もおきた。桜木村の農民組合を担っていた桜木細胞にとって試練の時となった。この朝鮮戦争下での共産党桜木細胞の農村活動についてみていこう。

一九五〇年一月、共産主義の国際情報局であるコミュンフォルムが日本共産党のアメリカ軍占領下での平和革命論を批判したことから、党内で主流派と反主流派の対立が生まれた。いわゆる「五〇年問題」である。

当時、共産党の小笠郡委員会は県中部地区委員会に属していたが、戸塚廉や戸塚とともに戦前から教育運動をすすめてきた島田の森源は主流派を批判した神山茂夫と面識があった。当時、神山は分派にあたる組織を作らずに党の統一をすすめるという立場であり、小笠郡委員会の原田や戸塚はこの神山の意見に共感していた。

党内対立のなかで県中部地区委員会は八月二七日に「臨時中央指導部に対する意見書」を出して静岡県委員会と論争し、さらに九月二四日に「党の革命的統一のために」を出して、党中央と県委員会による意見の違うものの排除と官僚主義・派閥的傾向について批判を強めた。このように県中部地区委員会は県委員会と対立し、桜木細胞は上級機関からは「分派」として扱われることになった。

一九五〇年六月には占領軍による共産党への弾圧があり、「アカハタ」とともに「小笠民報」も発刊が停止されたが、その直後に朝鮮戦争が始まった。このなかで、日本共産党は一九五一年二月の第四回全国協議会と一〇月の第五回全国協議会を経て武装闘争を選択した。

「桜木村民の要求」　桜木細胞による「桜木村民の要求」は朝鮮戦争期に出された文書である。そこではじめに、東富士、睦浜射撃場、御前崎電探基地などの軍事基地の返還とアメリカ兵の帰国を求め、再軍備の金を平和的な建設に向けることを記している。

続いて、桜木村の課題があげられている。そこでは、義務教育費は国が負担すること、村民に負担をかける形での組合立中学校建設には反対すること、建設のための義務労働と強制的に村有林を買わせることには反対することが記されている。組合立中学建設では、当初の公約を実施し、国と県から一千万円の補助を起債し、村民税の増税に反対するとしている。

さらに、村当局の村民税所得割と固定資産税の税率引き上げに反対すること、警察寄付や共同募金の立替などの負担金やむだ使いを中止すること、大口山林所有者の脱税を取り立て、村民の申告による村民税をすすめること、所得税は再軍備に使われるから反対すること、農地の取り上げや小作料の支払いに反対すること、悪質地主を摘発すること、山持ちに取られた村有林の返還を求めること、農用道路・土地改良・河川改修・水利施設などを国費と県費で実行すること、村道は山林地主が修繕すること、安い米価と朝鮮戦争行きの強制供出に反対すること、米価は生産費を償うものにすること、保有米は農業が楽にやれるまで維持し、供出の督励を止めること、農協が乳牛用の安価な飼料の輸入と茶業への融資にむけて国や県に働きかけること、日本にいる朝鮮人に生活を保障し職を与えることなどを求めている。

そして、アメリカの弾除けである警察予備隊や徴兵制度の復活に反対すること、村当局の予備隊の募集事務を中止すること、平和運動を弾圧するために警察や予備隊を使わないこと、単独講和・安全保障条約・行政協定の破棄、自由党の打倒、民族解放民主国民政府をつくることなどの課題を記している。

このように、桜木現地での要求をふまえて民主政府の樹立について要求したわけであるが、朝鮮戦争下での運動への弾圧と組織内論争は農村での共産党細胞の運動を困難にした。それにより桜木での農民組合運動も弱まった。しかしそのなかでも、民主化にむけての取り組みがすすめられた。

桜木の文化運動　戸塚は党内論争のなかで村会議員への立候補を止められたが、離党して立候補した。一九五二年、戸塚は教育の民主化にむけて「小笠のＰＴＡ」を創刊し、これがのちに「おやこ新聞」となる。さらに、地域の民主化をめざして「郷土新聞」を発行した。

桜木文化会は一九五二年に村民紙「桜木」を発行した。第二号には文化会による家族制度をめぐる討論会のようす、第三号には小島留夫による村民税徴収の問題点、第五号には自由民権運動に取り組んだ小柳津国太郎訪問記や農協経営への批判記事などが掲載されている。このような文化活動も地域の民主化にむけての取り組みであった。

戸塚廉は『戦後地域改革とおやこ新聞』で「共産党につかまって活動をはじめたのではなく、活動のなかで共産党をつかまえた」と記している。農村の党員は、画一的な指示や党派内での戦略対立のもとで論争することは好まず、地域の変革にむけての実践で統一することを望んだ。朝鮮戦争下の弾圧や党内論争のなかでの離党により、桜木細胞の活動は弱まった。農民運動は小笠郡の農民組合運動を含めて再編されていった。地域の民主化をめざして発行された「郷土新聞」はその後も号数を重ねている。

戦後、小笠郡の農民は社会の民主化を求めて団結し、農民組合を結成し、協同組合の設立に関わり、共同社会の実現を求めて活動した。静岡県農地部の調査では小作地の三分の二が解放されたが、農民組合はこの農地解放を担う力となり、地域社会の民主化をすすめた。農地改革が終わり、戦争と独占資本に対抗する新たな運動が求められるなかで、農民組合運動は分岐した。

これまで協同組合運動は民衆による相互扶助と共同所有の思想のもとに自治的、民主的な活動として形成されてきた。農地解放の運動の時代から六〇年余りを経た現在、グローバリゼーションのなかで農業破壊がすすんでいる。そのなかで共同社会を展望しながら地産地消を基礎とした地域農業の再生を、民衆主体の協同組合を中心にどのようにすすめていくのかが課題となっている。

共同社会をめざしての運動は挫折もあるが、得たものも多い。民衆の権利獲得に向けての運動は地下水脈から水が吹きあがるように形成されてきた。その水脈は今もあり、そこから新たにどのようなものを創造していくのかが問われている。

主な参考文献

戸塚廉史料（桜木村、農民組合、共産党関係）
戸塚廉「小笠地区社会運動史話」菊川文庫蔵
戸塚廉『戦後地域改革とおやこ新聞　野に立つ教師五〇年 三』勁草書房一九七八年
戸塚廉『江津三代記 民間教育運動の底流』エムティ出版一九九一年
鈴木誠太郎「ある疎開者の回想」菊川文庫蔵
松本芳徳「現代史戦後　（一九四五〜一九六〇）　小笠郡菊川町を中心として」菊川文庫蔵
「小野芳郎 略歴と著作目録」二〇〇二年

第三章　「偶像を焼く」、地域民衆史研究を支えたもの
―小野芳郎を中心として―

清水　実

はじめに

本章では、戦前から社会の問題を考え、戦後も地域に根を張り労働問題、農村問題、そして原発設置の問題に向き合ってきた、小野芳郎《おのよしろう》（一九一一年生～二〇〇一年没）を取り上げる。彼は地域にあって、自分の生い立った地域を慈しみ、その歴史や自然についても研究を深めた。さらに地域の文芸活動にも参加し、静岡県政の谷間とも言われた地域に文化の火を灯し続けようとした。また若き日より妻を愛し労わった。そこには男性優位ではない女性とも対等に生きようとする姿勢があった。社会や政治に関する考え方、地域の歴史・文化への取り組み、家庭でのプライベートな生き方まで、芳郎にとっては一つであるような人物であった。こうした小野芳郎の根底にある思想は何であったかを考えることが本論のテーマとなる。

一　生い立ち　戦前の検挙まで

出生と姉の死まで　一九一一年三月二七日、小笠郡朝比奈村下朝比奈（現御前崎市）の小野家に第一子長男と

して出生した。芳郎を知る村の人々からは、後々まで「芳郎様」と呼ばれるような地域の旧家であった。地元の小学校を経て掛川中学（現掛川西高）を一九二九年に卒業した。この時、旧制高校を受験するも、経済不況深刻のため進学を断念し、しばらく家業の農業に従事した。

中学卒業間近に、姉の死に直面し、その遺稿を整理し、遺稿集『生とは死とは』を発刊した。姉の原稿の末尾に「眠るな考えよ。生とは死とは。」とあるのを読み、自分自身にも当面している問題があることを強く意識しだした。「生き方を変えねばならぬ…、おのれを変革するためには焼き捨つべき多くのものがあった」と、芳郎は書いている。

「偶像を焼く」の発刊　二〇歳となった一九三一年五月、一つの区切りとして小野曠太の筆名で『歌集　偶像を焼く』を発刊した。その前書きとなる「序にかえて」には「私はいままでのあまりにも偶像に似た過去の生活をすてゝ、更に新しき生活―芸術へふみこもうと考えてゐる」とあり、自らの否定すべきものを偶像と比喩した。だが、新しき生活である芸術世界は、彼にとって社会や政治への関心なしには考えられなかった。歌集から作品をあげてみよう。

このわれの心に　革命来らずんばあらずと思ひ　手をばうごかす
靴の紐むすべば、ふつと　ゆくさきに　迫害われを待ちてあるらし
一心に革命とける　友ひとり、公園に立ちて　歌をうたえり
天守台で　友の口ずさむインタナショナルに　しんしんと更ける掛川のまち

収録百首中、社会や政治への関心を直接思わせる歌は以上の四首である。こうした関心を表面化しがたい状況では、文芸運動と未分化または仮面とすることが多く、ここでもその二重性を見ることができる。

芳郎と地域の若者　中学卒業後、両親と農業に従事しつつ、中学時代に読書したペスタロッチの影響で、若い教員との交流を持ち、学校の宿直室で一晩中話し合うことがあった。教員の文化活動として、詩・短歌・俳句などを編集した回覧誌『野葡萄』を発刊した。教員に限らず地元の文学好きな青年たちも集めて『啄木会』というグループも結成し、『くちぶえ』という雑誌の発行を計画した。その根底には、ペスタロッチの「私の周囲なる人々の沈みゆく悲惨を絶たんが為に」という、教育を通じて社会のありかたに取り組もうとする思想があった。集まった若者はみな村の青年団員であったが、若者たちの生活や問題を理解しようとしない官製青年団罵倒の場となった。ここには芳郎を考える手がかりがある。自身は教員とならなくても、地域の若い学校教員や若者たちが芳郎のもとに集まってくることである。社会や村の生活について旧来の枠内にとどまらず考え表現しようとするとき、芳郎は自然にその中心にいた。老いたものには困難な若者との自然な交流、それは芳郎が六〇歳、七〇歳になっても継続した。逆に地域の老人会からゲートボールなどのお誘いがかからないと芳郎は微苦笑しながら語ったことがある。

「野荊《のいばら》」への参加　「偶像を焼く」発刊と同年の一九三二年五月、小笠郡堀之内町（現菊川市）で「野荊《のいばら》文学サークル」が結成されると、芳郎もこれに参加した。後藤宗一郎（東京商科大学）の密かな指導と、佐藤栄作（袋井商業卒）、木佐森康男（東京外語大学生）、山内貞夫（掛川中学生徒）、菅沼清（中央大学学生）、大橋正二、松井秀吉（拓殖大学卒）、島利安（小学校卒）、広岡八郎（掛川中学卒）、宮浦憲一（静岡高校退学）、戸塚廉（静岡師範卒）らの参加者が知られる。だが弾圧に対処するため、当時は互いに筆名で呼び合い、あえて本名を知ろうとしなかった、と後年に芳郎は語っていた。翌一九三三年五月に『野荊』は発刊された。「全農全会派の活動が比較的洗練された文化闘争として効果的に行われた」と官憲資料が評価するように、『野荊』は文学組織の大衆化を主張したプロレタリア文学系雑誌とされていた。残念なことに参加者名は判明しても、誰がその筆名であるかは現在判然としない。小野芳郎の筆名も、投稿作品も不明である。なお参加者の多くは掛川中学で社研（社会科学研究会の略か）に所属していた。芳郎も所属したと考えられるが、今となっては分からない。

治安維持法による検挙　第三号を発刊した同年七月、佐藤、木佐森、山内、大橋の四人が検挙された。雑誌の発刊は翌一九三三年八月の一〇号まで継続した。この年、九・一八事件で治安維持法により芳郎もまた治安維持法違反で逮捕され、何カ月間か社会に出ることができなかった。「田舎の若者たちが、今から見ればどうということもない文芸の雑誌を出すだけで弾圧されるんですから、酷いもんでしたよ」と芳郎が語ったことがあった。若い自分たちを押しつぶそうとするもの、それは焼かれるべき偶像であったに違いない。

一九三八年ころ、静岡市内に居住し、産業組合である静岡県信用組合連合会（県信連）金融部金融課に勤務した。産業組合への就職は、農村問題を考えようとする農村青年に共通する意識の延長にあったと考えたい。産業組合は中小零細な生産者の保護を目的とし、信用・購買・販売・利用などの事業を協同組合として行った。それゆえ地域の地主、有力層が強くかかわっていたにせよ、中小零細農民の利益を考慮すれば、産業組合に対し合法的な農民組織として利用しうる価値を見出すことができると考えたのではあるまいか。

二　敗戦まで

芳郎と家庭　産業組合に勤務したころ、一九三八年一二月一九日に鈴木辰子（一九一六年生～二〇〇〇年没）

と結婚した。辰子の兄が掛川中学で小野芳郎と同級であったか、友人であったため知り合ったようである。辰子は掛川小町とも言われたという。一九三九年に長女、一九四〇年に次女、一九四四年三女が誕生した。三女悦によると、妻辰子をつねに労わり、多少疲労しやすい体質のため辰子が横になると「お母さん、大丈夫？」と優しく声を掛け、すぐに体をさすって楽になるようにしたという。また娘たちにもつねに「お母さんを手伝いなさい」と言い聞かせ、いわゆる夫婦喧嘩をすることもなく、娘たちは世の夫婦というのはすべてこのように仲の良いものだと考えていたという。いうまでもなく、芳郎が生活した地域で、辰子は賢婦人の評価が高く、生活・生計について愚痴をこぼすようなこともなかったという。興味深いことに、三女悦の言によれば、芳郎はスーツにソフト帽とステッキを持つダンディーな姿が多かったという。都会的で洗練されたスタイルの表現であり、外見的にも人としての魅力を保ち続ける意思を見ることができる。

芳郎と妻辰子

ここには芳郎の生活者としての人間観が表れている。社会、教育、農民、文芸と連なる芳郎の中で、人としての身だしなみ、家庭、女性に至るまで、自分の思想を保ちつつ生きるという一貫したものが流れている。家の外でのヒューマニストが家の中での暴君であることは珍しいことではない。その対極に芳郎はいた。

軍隊の中の芳郎　アジア太平洋戦争中の一九四三年、県信連は静岡県信用販売購買利用組合連合会（県産連）に統合合併し、さらに敗戦前年の翌一九四四年、県産連は農会と合併し農業会となった。敗戦まであと五か月の一九四五年三月一五日、あと数日で三四歳となる芳郎も徴兵された。入隊後、しばらくして上官から社会運動参加と治安維持法容疑による検挙経歴のある要注意人物であり、ずいぶん心配したが人柄に接し安心したといわれたという。反抗的で左翼的な言辞と思想や反軍的姿勢により上官と摩擦を起こすと思われたのだ。しかし、人に接するに柔和な面持ちの対応、人を引き付ける魅力は上官の先入観を打ち破るものであった。同時に柔らかな表面の裏側に、じつは折り曲げることのできない強靭な精神が宿り続けていることを、上官は気づかなかった。

三　敗戦直後

農業会への復職　一九四五年の敗戦後、一等兵で復員し、農業会に復職した。このころ日本共産党に入党した。抑圧的な政府の崩壊により、多くの小作組合が誕生し、寄生地主、財閥などの旧権力・特権階級からの解放が期待された時期であった。

敗戦から二年目の一九四六年三月、芳郎は『農村問題研究』第一号を新生青年同盟の名で小笠郡掛川町から発刊した。同年四月第二号、五月第三号と継続発刊した。そこでの中心的論題の一つは、農民組合と農業会の位置づけであった。敗戦後いたるところに農民組合が結成された。そして新たな農民組合の活動は小作争議に終始するのではなく、農村問題を取り上げて農村と国家建設のための組織とすること、同時に、農業会を官製組織から民主化の方向へ変革し、自主的な協同組合とすること、こうすることで農民組合と農業会が理想的な農民組織となるのだ、と主張した。それは個々の農家にとって共同の販売・購買などの協同組合的な組織の必要と、戦前の産業組合において特権層や地主層が支配したことの排除でもあった。

農業会職員組合と農業会の解散　一九四七年二月五日、県農業会に二八〇〇名の職員を組織する職員組合が結成され、小野芳郎は、その書記長となった。委員長は原田隆一という人物であった。その宣言は「農業会の民主化、農業会職員の自覚こそ、実に民主農村建設への最大の力であり職員労働組合のたゆみなき発展こそ其の最大の保障である」とある。小野芳郎はこの組織でも大きな信頼を得たようで、五〇余日後の第二回総会では、書記長でありながら副委員長を兼任することになり、さらに県農業会従業員組合委員長となり、全国農業会従業員組合副委員長ともなった。

戦後改革の一環として一九四七年一二月農業協同組合法が施行され、耕作農民の手で県下各地に農業協同組合が発足することになった。それにともない県市町村の農業会は同法施行後八か月以内に解散することになった。こうして農業会の従業員解雇が始まり、芳郎は従業員の再就職に奔走することになった。敗戦後の混乱期にあって再就職が困難を極めるのは容易に想像できることである。芳郎は従業員の就職先確保を優先して自らの再就職は後回しにした。この間、就職を期待したある従業員からは就職先懇願の血書を受け取ったことがあったという。

遠州地租改正の研究　その後、芳郎は掛川に帰り、仲間と孔版印刷の会社を創立した。また注目すべきことに、芳郎はこの時期に静岡県下の地租改正と遠州地価修正問題の研究を開始した。地租改正はいうまでもなく、国家財政、税制、土地制度、資本主義確立の面から中央集権的近代国家建設の要となるものである。とりわけ、農村にとっては、税制や土地所有関係など近代農村理解の出発点ともなるものである。また地租改正は遠州全域において地価算定と収穫量をめぐり農民と政府が対立する地価修正問題となり、特に芳郎の生活する小笠

（佐野《さや》・城東《きとう》）郡は国家による重課に反対し最後まで抵抗した村々のあった地であった。芳郎はこの地租改正と地価修正運動が静岡という地域においてどのようであったのかを検討しようとしたのである。その原稿は未発表であるが、「静岡県における地租改正事情」あるいは「地租改正史稿」という形で残っている。それは農村問題を根底から考えようとする姿勢であったと評価できる。

四　郷里浜岡の地域研究と国民的歴史学

共産党脱退と司法書士の開業　一九五〇年、地元池新田町（現御前崎市）に戻り印刷業に従事した。同時にこのころ、共産党内部の所感派と国際派との対立のころに共産党を脱退したようである。その理由についてはっきりとは分からないが、当時の共産党内の路線や党内対立、特に所感派による武力革命路線に疑問を感じたと考えるのが自然である。

一九五二年、池新田町に司法書士を開業した。芳郎は旧制中学卒業以来、上級学校では学んでいない。どこで難関と言われる司法書士試験の勉強を独学でなしたのか。戦後、芳郎が中心となって発行したパンフレットや雑誌でも、農村問題、産業組合や農民組合、農業協同組合などにとどまらず広く歴史、社会、政治問題などの知識も披瀝している。その広さは、歴史研究に必要な古文書の読解や、古墳の実測・図面づくりと報告書作成、自然環境を保護するための野鳥の生態観察、浜岡砂丘という自然や砂丘開拓の歴史についての知識ともなった。しかも、書き上げた文章は生半可な知識による難解な呪文のような文章ではなく、当時の地域の人々を対象に分かりやすく書かれていた。

芳郎はどこで学んだのか、いまとなってはよく分からない。だが当時、芳郎が交わった『野荊』の同人こそがその源の一つであったと推測できる。先述したように多くが掛川中学出身であり、中学時代には社研に所属し、哲学や社会主義文献なども読んでいたであろうし、高校や大学に進学していたものもいた。それだけに歳の近い若者同士で教えあい、議論を積み重ね、読書を継続し学び取ったことが多くあったと考えられる。哲学については、中学時代の一六、七歳の頃、ヘーゲル、トルストイ、ニーチェ、ゴーリキー、ペスタロッチなど難解な書物を手当たり次第に乱読したという芳郎の記述がある。

国民的歴史学との出会い　もう一つ本格的な知識を学ぶ機会として、静岡大学に在職していた二人の碩学、考古学の内藤晃、日本近代史の原口清と面識を得て、指導してもらうことができたというのも重要であった。なお原口が静岡法経短期大学に講師として赴任したのは一九五二年であり、芳郎が地元に戻っている時期である。この時期、石母田正が提唱した国民的歴史学が広まっていた。それは研究に厳密でありながら、国民と歴史学者が一体となりつつ、歴史学が国民から学び、その成果を国民に奉仕し還元することを理念とするものであった。そのため、歴史研究の手法として「旧来の文書史料偏重を見直し、民話や伝承といった民間資料を使うことや、村の老人や女性からの聞き取り調査が奨励された」（小熊英二『〈民主〉と〈愛国〉』新曜社、二〇〇二年）。それは「民俗学の手法とも一致」した。さらに「労働者や農民とサークルを結成して、組合や村の歴史を書くことを奨励」するものであり、当時の共産党内所感派の政治課題が持ち込まれていた。

結局、学問への政治の悪しき介入ともいわれ、国民的歴史学は学問的な行き詰まりと、共産党の路線転換ともに消滅してしまうともいわれる。しかし、後ほどみるように芳郎が中心となって組織した浜岡史談会を通した地域の歴史研究は、当時の共産党所感派の政治路線とは別に、あきらかに国民的歴史学に多くの歴史研究者が期待した、国民（民衆）から学び、国民（民衆）の歴史を模索し作り上げ、国民（民衆）にその成果を返し奉仕しようとする方向と一致するものである。

芳郎が学問的な歴史を持ち込もうとしたのは、次のような歴史知識の水準の地域であった。小笠郡南部には多くの古墳があるが、とくに横穴古墳がいたるところにあり、なかには農家の物置として使われているものもあるほど一般的である。これを地域の人々はばくち穴と呼んだ。地域では、夜になると人々が集まってばくちを打つ場所であると考えられていた。これをばくち穴ではなく、横穴古墳であると明らかにしたのは芳郎であった。後に「ばくち穴考」（『町史資料第1集』一九六一）という一文を書いている。芳郎は地域の人々の間近にある遺跡を取り上げ紹介したが、同時にそれは歴史学に基づき地域の人々とともに研究する地域史が必要であると芳郎に痛感させるものであった。このために一九五二年、郷土資料社を立ち上げ『郷土資料』第一集から第四集を発刊した。「この冊子をもって出来うる限り広く深く、埋れた資料をほり起し、愛郷の同志に頒かち、資料保存に努めつつ、もし又その中の一片でも郷土研究に心を寄せる方々に参考となるものがあればよい」と、その発刊目的を記した。

芳郎と歴史資料　芳郎の歴史学への基本姿勢として資料を重視し実証することがあげられる。芳郎は在地の資料を重視し、文書の正確丁寧な読解を重視し、強引な我流の読み方と解釈を排除した。その芳郎の文書の読み方について、芳郎に古文書読解を習った宇佐美清光（当時、池新田高校教員）は次のように述べている。「小野先生所蔵の古文書を読んでいったのですが、先生が見て読みが幾通りか考えられるところは、正直に少し時間をください、と言われました。そして次回には必ず最良の読み方、解釈を用意されていたのです」と（植田衛、他『小野芳郎　略歴と著作目録』（私家版）二〇〇二年）。独善に陥らないように地域資料を尊重し、何が真実であるかを追求する誠実で真摯な人柄が伝わってくる。

この頃、資料はどこの村にも大量に残されていた。しかし、それを丁寧に読んで歴史に構成しようとする人々が地域には稀であったし、資料保存に意を用いるのは難しい状況であった。そこで、芳郎は地域の資料を丹念に渉猟し、これを研究者として独占するのではなく、広く地域の人々に紹介することを考えた。しかも芳郎は高踏的に資料を原文通り難解なまま出すのではなく、分かりにくい表現はできるだけ理解が容易になるように、しかも正確さをできるだけ損なわないように紹介しようとした。これが後の浜岡史談会の活動につながることになる。

芳郎の歴史観　芳郎が歴史について書いた原稿（題名・執筆年とも不明）がある。これによって芳郎の歴史観の一片をみてみよう（一部簡略化し、書き直した部分がある）。

郷土研究家は神社仏閣などや、郷土出身の名士などについてよく知っている。けれども、それは単にある神社や仏閣の沿革について詳しいだけ、名士の経歴について詳しいだけで、それらがいかなる社会的環境、もしくは背景において出現したか、そしてそれが何の意味を持ち、歴史の上で、どんな位置を占めているかなどということには、殆ど配慮をしていない。郷土史といえども、やはり世界の、日本の歴史の中で動くものであって、まさに歴史そのもの立場に立って見ていかねばならぬものであろう。それを忘れて、もしくは知らないで、郷土史を扱うということは、それは歴史を扱うということではない。物象を客観的に見る科学性と、社会関係の中でとらえるという歴史のつかみ方、そうしたものを身に着けていきたいということである。従来の郷土史家と言われる人たちの極めて主観的な独善的な判断というものを極力避けて、絶えずこの事象の底を流れているものは何かということを追求しようとする、これが郷土史学でなければならない。だから郷土研究家が全く閉鎖的で展望を持ちえなかったのに比べ、いつも広々とした展望を持ちうるわけである。

浜岡史学会の立ち上げ　一九五五年、大学を卒業し県立池新田高等学校に赴任した高井進が中心となって同高校の図書室で浜岡史学会が立ち上げられた。この史学会の結成は県内で大きな話題となり、新聞の紙面をかざっただけでなく、ＮＨＫと静岡放送がニュースに取り上げた（『近代史研究』富山近代史研究会、第二七号、二〇〇四年）。この時、地域の歴史家が求められ、戦前からの学究であり実践家でもある芳郎の名があがり、発起人として指導することになった。これにより、この時期すでに地域の歴史研究家として知られ、信頼されていたことが分かる。

浜岡史学会の研究会誌は五七年に第一号を発刊した。そこでの芳郎の原稿は「遠州交換米事件」であった。交換米とは、地租改正で浜松県の地租基準となる平均反米を引き上げるため考案された手法であり、遠州の農民を苦しめることになったものである。明治以降の近現代史はまだまだ歴史ではないと見なされる風潮が一般的な時期にあって、積極的に地租改正での地価修正の運動を取り上げたのだ。芳郎にとっては歴史の研究が、過去の研究である以上に現在の研究であることを主張していると解釈できる。

残念なことに『浜岡史学』の二号以降は発行されていないようである。それでも芳郎は六〇年代に町史資料集を発刊し、地域の歴史研究を進めた。

五　原発設置と反原発の動き

浜岡原発の設置と反対運動　一九六七年七月五日、産経新聞は、中部電力が小笠郡浜岡町（現御前崎市）を原発設置の有力候補地として決め、地元町当局に協力を申し入れたことを報じた。もともと中電は原発建設を三重県芦浜に予定していた。しかし計画当初から反対運動が強く、一九六七年には三重県知事が芦浜原発計画を棚上げにした。建設計画が浜岡に変更となったのはちょうどこの時期である。建設予定地の浜岡町佐倉地区は、太平洋ベルト地帯の海岸線に位置し、この段階では地質上の立地や電力系統上の条件も満たす適当な地である、と中電は考えたのである。

地元榛原郡南部の漁民たちが敏感に反応し、七月中旬には原発設置反対運動が高揚している三重県芦浜を視察し、その後一週間もたたない同月二四日には六つの漁協（吉田、坂井・平田、相良、地頭方、御前崎、遠洋）で合同して浜岡原発設置反対協議会（会長畑藤十、漁民反対協と略す）を結成した。地元浜岡町でも七月には山本喜之助を会長として浜岡町原発研究有志会が結成された。少し遅れ地元教員を中心とする浜岡原発研究会、社会党・県評系、共産党系などの反原発運動の組織が結成されて原発の危険性を広く訴えることになった。なかでも反対運動の中心となったのは、原発予定地近くに好漁場を持つ、あるいは影響を懸念する榛原郡南部の漁民・漁協であった。とくに漁民の女性たちは、榛原郡の海岸地帯のほぼすべての有権者の反対署名の集約に成功した。

推進側の町当局や中電は町民への宣伝活動や東海村原子力研究所への住民視察派遣、建設予定地区での説明会を開催するなど活発に動き始めた。八月には浜岡町当局が原発の安全性と必要性を宣伝し浜岡町議会全員協議会が原発受け入れ用意を申し合わせた。また浜岡町長も中電も個別に県知事と会談し協力を要請し、原発建設を推進しようとした。

原発反対共闘会議会長となる　地元浜岡の反原発の側は、分散した組織の一本化を図り、一〇月五日、浜岡原発反対共闘会議を結成し、その会長として小野芳郎を選出した。ただし共闘会議とはいうものの、参加者の数はそれほど多いものではなかった。それでも地元当局や中電にとっては原発に障害となる組織と映った。というのも、共闘会議は、原子炉内の大量の放射性物質や原子炉事故発生の危険性を指摘し、原子炉の副産物であるプルトニウムが核爆弾の材料であること、東海村での事故多発、使用済み核燃料の処理の難しさ、事故発生時の被害のあまりの巨大さから損害保険を引き受ける保険会社がなかった事実、またやや後になるが風船を飛ばして放射性物質がどのように拡散するかを調査し報告するなど、早期から原発に対する的確な批判や住民に必要な情報を提供したからである。芳郎はこの時期、体調不良でもあったが、配布ビラの原稿を書いたり、当局の説明集会で原発の危険性について鋭い質問を発していた。

一九六七年一〇月、中電は土地所有者との土地買収交渉を開始し、一九六八年一〇月漁民反対協や共闘会議の反対の中で、地元土地所有者と中電との土地買収調印が終了した。一九七〇年四月には漁業補償も支払われ、同年一一月には総理大臣が設置を許可、翌一九七一年五月二四日、中電は建設費約六〇〇億円で着工した。芳郎の反原発の姿勢はこの後も静かに継続した。

六　浜岡史談会と地域史

浜岡史談会の結成と広がり　一九七〇年九月、芳郎は町内の有志に呼びかけ、「町内に残存する歴史資料を収集し、町の歴史の全貌を明らかにする一歩を踏み出す」ことを目的として浜岡史談会を結成して会長となり、地域の人々とともに地域史研究を進めた。早期の成果としてこの年、『浜岡風土記』を発刊した。それは「郷土に残る伝説・口碑がまだかすかに息づいて」おり、散逸してしまう前に何とか早く収集しておきたいということであった。浜岡の人々からは大きな反響があり、こうした著作としては破格な五〇〇部を売り上げた。浜岡の人々は、芳郎が地域に密着し、隅々まで歩いて収集し書き上げた歴史を待っていたのだ。

そして一九七三年、この地域の文化・自然・歴史を熟知する人物として、静岡県埋蔵文化財調査のために町内の案内を行い、一九七五年にはＮＨＫテレビで全国放送番組であるシリーズ「レンズはさぐる」に招かれ「砂丘（風紋）について」語る活動もあった。また、一九七六年に浜岡砂丘の開拓の歴史を踏まえた出口裕一による児童文学書『長者スカの秘密』（アリス館）が出版された。その中で小野芳郎は、浜岡砂丘の自然と歴史について熟知し、地域の自然環境保護に取り組む人物、大野老人のモデルとして登場している。つまり芳郎の地道な活動が次第に広がりを持ってきたと評価しうる。

『浜岡町史』（旧版）の発刊　一九七〇年、浜岡町は町制二〇周年を記念して『浜岡町史』（二〇一一年に新たに『浜岡町史』が発刊されたので、一九七五年版は以下、『浜岡町史』（旧版）という）の編纂事業を企画した。だが芳郎はその編集委員に入ることはなかった。芳郎を外して浜岡地域の歴史編纂ができると行政は考えたことになる。言うまでもなく原発設置反対運動に関わってきたことが委員への任命を妨げたと考えられる。そして一九七五年に立派な表紙を持つ分厚な『浜岡町史』（旧版）が刊行された。その内容は、芳郎の調査した浜岡町の歴史とは大きく異なるものであった。

『浜岡町史』（旧版）の歴史記述の多くは、高校教科書程度の通史をとりまとめ、従来刊行された歴史書から遠州、小笠郡や近隣市町を含めて浜岡の事例を適宜取り込む形で書かれ、必ずしも「浜岡」の町史とはなっていない。芳郎が史談会で言及したように、この地域に所蔵されていた多くの豊かな近世・近代の資料は、残念ながら地域の近世・近代を描き語る歴史資料として生かされていない。わずかに、「浅根暗礁訴訟事件」と「新野池新田入会権に関する紛争騒擾事件」として引用された資料がある。だが、これも地域にあった「事件と騒動」として独立的に扱われ、地域歴史像の中に位置づけられるように書いてあるのではない。近代の地租改正についても、一九六八年に静岡県が刊行した『静岡県の百年』の記述とほとんど同じであり、学問的に許容される記述ではない。また浜岡に焦点を当てた記述ともなっていない。この他にも多くの問題点を抱える『町史』であった。

『浜岡町史』（旧版）への批判の開始　一九七六年浜岡史談会は「浜岡町に遺跡を求めて」と「浜岡旧跡帳」を収めた『浜岡抄史第一集』を刊行した。『浜岡町史』（旧版）とは対照的な、五〇頁ほどのパンフレット形式の冊子である。だが、芳郎は「そまつな冊子ながらその内容においては充実・豊富で、第一集を飾るにふさわしいと自負」した。なぜなら

「浜岡町に遺跡を求めて」は、小野会員が個人としての、また浜岡町文化財専門委員・浜岡史談会会員としての、十数年にわたる記録の公開であって、おそらく一般の各位にとっては、はじめての文化財読本で

あろう。「浜岡旧跡帳」は、浜岡史談会々員の手により報告された基礎研究により、再度、再々度現地をまわってさいごのまとめを小野会員が引き受けたもの。これまた、前篇と同様にかくも多数の宗教的対象物、旧跡が町内に散在することに驚かれるにちがいない。郷土研究に限ってのみいうなれば、浜岡町は処女地である。私たちの提供する一冊一冊が、やがて町の歴史の全貌をあきらかにするであろう。次の『浜岡抄史』第二集はその題名も「町史に書かれなかった歴史」である。自らも収集した地域の資料に則しつつ、資料批判を加え、歴史学の成果も踏まえながら『浜岡町史』(旧版)に採用された通説の誤りや誤解を解こうとした。

そのため芳郎たちの著作は「町民には実に新鮮な感覚でうけとられ」、また「新しい角度から浜岡町の歴史をながめとりあげていく私たちの姿勢は、従来の郷土研究家といわれる人たちのそれとはちがっているということが、次第に理解されはじめ」たという。分厚で立派な装丁の行政による町史は、個人の手による薄く安価な冊子によって実証的に批判されていった。

浜岡史談会と会員の成果　浜岡史談会の活動は、たんに芳郎個人にとどまるものではなく、会員の積極的参加も見逃せない。地域の中の広がりこそが地域史を生かす途になる。たとえば一九七八年に、丸尾文一編集の『浜岡抄史第五集　浜岡の方言』が発刊された。その序文で芳郎はこう言う。

十数年来浜岡町のあれやこれやの調査に手を付けてきた私にとって痛感していることは、何の調査であれ、座してまとまるものはひとつもなく、日常的な注意と足とによって素材をさぐり出す以外に方法はないということだ。とくに方言などにいたっては、自分の頭で考え出すというものではなく、かりに自分の記憶から書きあげてみたとしても、結局は数えるほどしか出てこないだろう。やはり、つねづねの生活のあらゆる場で収集しなければならないものだ。そこに容易ならぬ日常の注意が要求されてくる。

芳郎は本書を丸尾文一会員の「労作」であり、「小誌ながらの快挙」と讃えた。それは、座してまとめず、「日常的な注意と足」によってなされた成果だからである。それは芳郎の地域史への姿勢そのものでもある。同時に官製の『浜岡町史』（旧版）に対し、「そちらはどうなのだ、果たして座してまとめることなく、日常的な注意と足によって資料を集め書いたのか」と暗黙の裡に問いただしているのだ。

光を当てる人物や業績の選定基準　一九七九年に静岡県教育委員会は『郷土の発展に尽くした人々』の刊行を計画した。それは市町村別に埋もれた人物や業績を取り上げ、小中学生向きに紹介しようというものであった。浜岡町にも資料収集委員会が発足し、芳郎がその責任者となった。反原発にかかわったにせよ、芳郎を回避して地域の歴史を語ることはできないことを町当局も認めざるをえなくなった結果といえる。これに参加した宇佐美清光は次のように記している。

県が指示する埋れた人物・業績について、町独自の条件を議論する中で、小野先生から「位階勲章等をもたない人物」「功績について公の表彰を受けていない業績」「公職中の業績でないこと」等が提案されました。そこに先生の今まで歩んでこられた中で培われた、常に民衆に視点を置くという歴史観・人生観の一端が見られるような気がします。検討の結果、それが選出の基準となったのです。（植田衛、他『小野芳郎　略歴と著作目録』）

ここには芳郎の考える地域史と民衆史の根本が表れている。地域の中心となって活躍し、顕彰・表彰された人々がいる。確かにこれも重要であるが、位階勲章を持たず、公の表彰を受けていない人々もまた社会を支えているのだ。こうした事績や目立たない人物、民衆に光を当て発掘すること、これこそ芳郎が営々たる努力を続けてきた目標であった。

危機意識としての歴史　歴史は現代を語ることにあり、時代の問題を敏感に問い続けようとする芳郎の姿勢は、一九七九年の『浜岡抄史第六集　浜岡終戦前後』において戦争を取り上げることにつながっていった。背景には芳郎の次のような危機感があった。

各地で「戦災の記録」などの類が刊行されているが、これらも単に戦争の惨禍、非情さを記録にとどめようというだけではないはずです。侵略戦争を最大の罪悪とし、「あやまちは再びくり返さぬ」ためにこそ計画されたものと思われます。危惧であってほしい戦争への道。けれども有事立法と言い、元号法制化といい、なぜかくも強引に、今の時点で問題にせねばならぬのか。…最近は米韓の合同大演習に、日本全国の米軍基地の、とくに沖縄基地の充実、活発化、核兵器のにおい。はては右翼勢力の目にあまる横行など、事態は急速に流動していることを私たちはみのがしてはならないと思います。

として、日本国憲法を掲げ、「反戦」というよりも「廃戦」こそが国是であると主張した。

おわりに

芳郎の地域への関心は、現在の社会状況を踏まえて多方面から捉えていくものであった。芳郎が反対した原発はもちろん、現在の政治状況も無関係ではなかった。また急速に失われゆく歴史資料はもちろんのこと、習慣や習俗、方言や戦前の生活、子供の遊びやわらべ歌など広範囲に広がった。文字文献を中心とする歴史学の枠を超えて民衆史を追求するには民俗学的なアプローチが必要になる。そしてこのアプローチは地域の多くの住民の協力なくしては不十分なものに終わってしまう。この時、芳郎の若いころからの人を引き付ける力は、浜岡史談会となって結実し、その集まりはきわめて有効に機能した。また地域の学校である池新田高校の生徒の成果なども必要に応じて柔軟に取り込んだ。こうした目配りの良さと地域の人々との協働は芳郎の地域史研究に緻密さと厚みとを与えるものとなった。ここには国民的歴史学の最良の質、つまり民話や伝承などの民間資料や村の老人や女性からの聞き取り調査などを重んずること、また地域の人々とサークルを結成して生活や村の歴史を書くこと、つまり国民（民衆）から学ぶ姿勢と国民（民衆）に成果を還元しようとする国民的歴史学の理念が受け継がれ、浜岡史談会として取り組まれていたと評価したい。

もちろん、事態は楽観的に進行したのではない。一九八七年、浜岡史談会創立一五周年を記念して『浜岡五ヵ町村史』が発刊された。その「はじめに」に芳郎は次のように書いている。「昭和五十年、浜岡町は合併二十周年記念事業として『浜岡町史』（旧版）を刊行した。…その内容のあまりにも問題の多いのを見て、ただちに筆をとってその一部を批判しておいた。しかし、その後わたしのおそれていた町史のあやまりが次第に拡散してきたようすを知り、すておきがたい思いにかられた」と。一度、行政の名で出されたものを、在野の個人が訂正することがいかに難しいか、芳郎がこれを理解していないはずはない。そのため芳郎の地道な闘いは芳郎の亡くなるまで継続することになった。

どの地域にも郷土史家・地域史研究家と呼ばれる人々が生活しており、地道に研究に励んでいる。浜岡町もまた小野芳郎という人物を得て、当時の行政には不可能であった他市町村にまれな優れた地域史研究を残すことができた。それは芳郎が若き日より社会運動に参加したことによって、社会科学を学び、地域の民衆に寄り添い、あるいは民衆に学ぶこと、また浜岡史談会という地域民衆の歴史サークルを結成したこと、そして妻や家族への愛情に至るまで一貫して自分を保ち、日常性を思想から乖離させなかったこと、また誤っていることを誤っていると指摘し、偶像を焼くように訂正を果敢に求めた姿勢、これこそが芳郎の地域民衆史の研究を支え、大きな成果を挙げることができた理由であったのである。

参考文献

小野芳郎、他『浜岡抄史』第一～一九集　浜岡史談会、一九七六～一九九五年
小野曠太「『偶像をやく』ころ」『文芸はまおか』創刊号、一九八四年
小野芳郎『浜岡五ヵ町村史』浜岡史談会、一九八七年
石母田正「歴史と民族の発見」『石母田正著作集』第一四巻、岩波書店、一九八九年
治安維持法犠牲者国賠要求同盟静岡県本部『礎をきずいた人々の記録』一九九七年
菊川町史編さん委員会『菊川の近代文芸』菊川町郷土史料叢書　第六集、一九九九年

【コラム4】

「戦後」の立ち上がり
——庶民大学三島教室

川口和正

「市長も官吏も、商店の旦那も、復員軍人も美しい人も学生も、そして昔こわかった先生も一緒に机を並べて聴講し筆記して居る。二三人のおばあさんの二時間の聞きちんと坐してゐる姿、若い男が机に頭を落してぐうぐう、こつくりこつくり舟を漕ぐ娘さん、本当に微笑ましい」（『庶民大学通信』第三号、一九四六年四月三〇日）。

敗戦直後の一九四六年二月に発足した庶民大学三島教室（以下、庶民大学）は、年齢・職業・学歴・男女の別なく誰もが学べる、民主主義を先取りした学び舎だった。中村哲「生活上のデモクラシー」、丸山眞男「近代欧州社会思想史」、川島武宜「家族制度の将来」など、東京の若手知識人による連続講座で庶民大学は始まった。

教室は三島勤労署（現在の社会福祉会館）の二階。五〇人入るといっぱいのスペースで、講義は夜の六時から八時まで行われた。会費は一〇円、受講料は一講座当たり五円。会員二一五名のうち、女性は六〇名ほどにのぼった（一九四六年五月時点）。講座が終わってからも講師の宿泊先に押しかけ、雑炊をいっしょに啜りながら議論する熱心な者もいたという。既存の価値観が崩れ去った中で、生きる拠り所を求め、知に飢えていた人たちにそのメッセージは届いた。

＊　＊　＊

庶民大学はさまざまな潮流が出会い、生まれたものだった。三島商業出身の青年たちが結成したサークル「伊豆文芸会」、戦前の翼賛壮年団の幹部らが旗上げした「三島文化協会」、そして、無謀な戦争を予見しながら何もしなかった自らを悔い、出直しを誓っていた丸山眞男ら三〇代の知識人。そんな彼らをつないだのが、函南村に疎開していた木部達二（当時三〇歳）である。東大法学部出身の木部は戦中、東京芝浦電気の労務係として労働者の過酷な生活に心を痛めていた。彼は当時、友人にこう語っていたという。「労働者教育が自分の生涯の使命である」、と――。

旧支配層主導の三島文化協会の活動に不満を持っていた青年たちは、一九四五年の冬、三島大社の社務所で行われた同協会主催の講演会で木部と出会い、庶民大学のプランを聞く。意気投合し、さらに木部が丸山らにも相談して生まれたのが、庶民大学だった。伊豆文芸会に参加していた若者も、この話を聞き、駆けつけた。

木部たちは「学問の一般化」を掲げて、庶民大学を立ち上げた。戦前、一部の支配者に学問が独占されていたことを批判、学問は広く国民のものにするべきであり、それによって民主化が実現すると考えたのである。

＊　＊　＊

新憲法についての討論会も開いた。一九四六年六月二日、三島市西国民学校講堂で全国初の「憲法改正草案市民検討会」を行った。戦争放棄などをめぐり、七〇人ほどの参加者が熱く議論を交わした。復員軍人が自らの従軍体験をもとに、「敗戦の悲劇を二度と繰り返したくない、たとえ世界に戦争が起ころうとも、日本だけははっきり戦争を放棄したほうがいい」と語ると、会場から拍手が沸き起こるほどだった。

労働運動や農民運動に参加する者が増えるにつれ、労働問題に関する講座も始まった。会員が講師となり、自らの職場や地域、家庭から見た現況の問題点を話し合う研究会も開かれた。

一方で、これらの動きを「左傾化」と批判する声も上がった。一九四七年春、木部が共産党と静岡県民主団体会議の推薦で参議院議員選挙に立候補すると（結果は落選）、分裂は決定的になった。一時は会員が三〇人ほどにまで落ち込む。その後、再び軌道に乗るかに見えたが、一九四八年二月二二日、木部が急性化膿性脳膜炎で急逝する。庶民大学は会員の自主的な運営とはいえ、木部の死は大きかった。一九四九年秋の講座を最後に、その活動は幕を閉じる。

だが、庶民大学の思想は、その後も受け継がれていく。教室で学んだ人たちは、地域の市民運動や労働運動、文化運動を支えた。一九六〇年代初めの「三島・沼津・清水二市一町石油コンビナート反対運動」にも、多くの人が参加した。彼らは庶民大学での経験を生かし、「当局は（公害は）大丈夫だと言っているが、本当かどうか考えてみよう」「石油コンビナート誘致によって何が問題になるのか、いっしょに考えよう」と、職場や地域での学習会を重視した。それが実を結び、コンビナート誘致計画を中止に追い込んだ。庶民大学の「生徒」たちは、民主主義の担い手に成長していたのである。

【コラム5】

登呂遺跡は日本のポンペイ

五味響子

ポンペイは溶岩の中で、登呂遺跡は土砂の中で時を止め、過ぎ去った時代の営みの鮮やかさを長い時を隔てて手渡してくれた。

太平洋戦争中の一九四三年（昭和一八年）、プロペラ工場建設のため急ぎ造成されていたところで掘り出された、杭に繋がれた丸木舟。七月一一日、この写真をつけ「静岡市南部に大遺跡発見」の第一報が新聞に出た。このいきさつは、記事を書いた毎日新聞の森豊氏や、当時静岡市立安西国民学校教員だった安本博氏のその後の著作などによって名高いが、これが、戦後日本の考古学、古代史、ひいては建築史や土木工学史、農業史、食物史、また工芸、服飾、音楽などの文化史や地質学、植物学、生物学の発展にまで寄与することになる登呂遺跡発掘の端緒だった。静岡県学務部から文部省に報告が出され、多くの学者が来静。学術調査の要が説かれた。

調査では、円形の住居跡、倉庫跡と推定されるもの、森林跡、ずらっと木柵が並べられた水田遺構二万坪が発見された。一九四〇年の静岡大火の復興のため作られた静岡市復興局の技術員によって測量や遺物採集が行われた。軍事工場敷地のため軍部の圧力で航空写真は許可されなかったが、実測の測量図が作られたのは、復興局長阿部喜之丞氏の尽力の賜物であり、これが戦後の再発掘の際に大変役に立った。しかし世論は、この非常時に古代遺跡の発掘など…と冷淡で、戦争の激化ゆえ発掘は中止となり、出土品は静岡県立葵文庫に保管されることになった。遺跡は放置され、水田の木柵列はほとんど抜き去られた。

終戦後、登呂遺跡再発掘を呼びかけたのは、復員してきた森豊氏と安本博氏、また発掘遺物の一部を戦火から守った静岡県立葵文庫長の加藤忠雄氏。戦争中に登呂遺跡をふりかえりながら立ち去らざるをえなかった三人の熱意からであった。一九四六年（昭和二一年）一二月七日に「静岡県郷土文化研究会」を発会。発起人は前記の三人をはじめ、共同通信社の原国雄記者、静岡市議の今村保彦氏、静大教授の望月勝海氏、静大講師の杉本順一氏、静岡県観光協会主事の小川龍彦氏、田中屋百貨店宣伝部長の鈴木通允氏の九人であった。爆撃により開いた大きな穴には水が溜まり、草も茂るにまかせられすっかり荒れた登呂遺跡を再び発掘しようと運動を展開していく。

一方、東京の学界でも今までに例を見ない学会連合のような幅広いメンバーが再発掘に向けて動き出した。明治大学の後藤守一教授が提言し、一九四七年三月二二日「静岡市登呂遺跡調査会」がつくられ、文部省へ科学研究費五万円の申請をした。

小林武治静岡県知事、増田茂静岡市長はそれぞれ五万円の予算計上を約し、後援会も寄付を募って五万円を集めることになったが、お金はなかなか集まらなかった。発掘開始予定の七月一日になっても寄付の二万円弱が集まったのみで開始はやむを得ず延期となったほどだ。しかしそのような窮状にもかかわらず、七月一三日の鍬入れ式に始まる夏の、ブルドーザーもない作業現場ではたくさんの若者が汗を流していた。「静岡市登呂遺跡調査会」に参加している大学の学生だけでなく、地元の中学生で組織した静岡市古代史研究学徒会の生徒や大里西青年団などの若者が集まったのだ。

敗戦によってそれ以前の皇国史観が否定され、日本人の来し方を失ったような思いがあった中で、遺跡の発掘によって実証的に日本人の歴史を解き明かすことができることは殊更の喜びであった。お金も食糧もなく、ひもじい思いをしながらの発掘作業だったことはたくさんの人が語っている。若者たちは小さなスコップで土を掘り、手製のへらでていねいに遺構や遺物を探していった。日本人が文字を持っていなかった時代を、地層に潜む名残りから読み解こうという情熱だった。発掘にたずさわった生徒や学生は長じて考古学や古代史の学者となり、あるいは戦後設けられた「社会科」の教師となり、または博物館に勤め、その青春の志を全うしていった。発掘の夏の日々は、学問のみならず、その後の人生にかけがいのない何かをもたらしたに違いない。

登呂遺跡は、一九四七年に国の特別史跡に指定され、同年出版の国定教科書「国のあけぼの」「日本歴史」に掲載された。発掘の様子は新聞記事やニュース映画、ラジオ番組にも取り上げられ、全国津々浦々まで、また海外にも登呂遺跡の名は知れ渡っていく。国を挙げて登呂遺跡発掘をとの世論が高まり、学会は「日本考古学協会」を創設。年々少しずつ予算もつくようになり、夏ごとの発掘は一九五〇年まで続けられた。

登呂遺跡は学者だけのものではなかった。日本人にとって「リンゴの唄」と同じような明るい希望のメロディを奏でていたのかもしれない。作家や歌人、俳人、画家や工芸家なども登呂遺跡を注視し、登呂のロマンを紡いだ。森豊記者の第一報を受けて、登呂遺跡に初めて来訪した歌人の佐々木信綱は、その短歌に登呂人、登呂おとめ、登呂童、登呂の老爺など古に暮らした人々のたたずまいをも想起し歌い上げた

登呂遺跡発掘に参加した生徒達を中心に、新制中学や高校で郷土研究部が立ち上げられ、活発な地域史研究が行われた。一九六九年、安本博氏が顧問をしていた静岡雙葉学園郷土史研究部が武田信玄築城の久能山城の帯曲輪の遺構を発掘したことも特筆すべきことだろう。

一九五〇年以降、朝鮮戦争の特需景気も相まって人々は徐々に行楽に目を向けるようになる。登呂遺跡にも観光客が増え、日本平、三保の松原と組み合わせたコースの修学旅行が人気となった。表題は毎日新聞に第一報を書いた森豊氏が、静岡県観光協会の協会誌『観光の静岡県』第三号（一九四九年発行）に寄稿した「観光の登呂遺跡」より採ったのだが、彼は、「古代民衆の正倉院」登呂遺跡は、ヴェスビオス火山の麓に霞むポンペイの街にも匹敵する優れた観光的価値があると書いている。

日本人は敗戦の痛手から立ち直り、高度成長期に突入していく。一九六五年（昭和四〇年）、東名高速道路の工事が行われる際の遺跡調査で、登呂遺跡のムラの範囲がもっと広かったことが判明した。土木技術の発達のおかげで、遺跡は道路高架の下に保存されることになった。

登呂遺跡発掘以降、各地で遺跡発掘が進んだ。近年は弥生式遺跡として社会科や日本史の教科書に載っているのは、佐賀県の吉野ヶ里遺跡であり、登呂遺跡の記述は殆ど見られなくなっている。

一九九七年（平成九年）七月一三日、戦後の再発掘開始の鍬入れ式から五〇年後の同じ日に、静岡市は登呂遺跡再整備に向けての発掘調査を開始した。二〇〇三年にかけて計画的に行われた再発掘では、進歩した測定技術によって住居址や他の建物跡も再発掘され、登呂遺跡のムラの範囲はもっと広かったことが判明し、ムラの営まれた時期、水田が使用された様子なども含めて判明したことが多くあった。新たな出土品もあり、当時の生活をより詳細に思い描けるようになった。住居や高床式倉庫、祭殿の復元がなされた。登呂遺跡は日本の遺跡公園の発祥といえるが、今回さらに古代を感じさせる公園として整えられ、新しい静岡市立登呂博物館も完成した。その展示には、一九四三年から今までの登呂遺跡発掘の歴史や考古学の歩みも見ることが出来る。

「登呂遺跡」の意義は、今、再確認されなければならないだろう。敗戦の日から全く変換した史観の中で実証に基づく新しい学問の魅力を人々の眼前に示し、歴史学にむかう私たちの姿勢をつくる契機ともなった。熱情をもつて登呂遺跡に接したたくさんの人、熱狂と言っていいほどの拍手を送った日本人、さらに実証された学問の成果を深め、次世代につなごうとする人々……ポンペイの街のような観光地にはならなかったが、日本人の思いの幅と深さをも掘り出した登呂遺跡発掘だったのではと思う。

第三部　地域社会と人権

第一章　人権の戦後史

橋本誠一

日本国憲法の制定（一九四六年一一月三日公布）によって、戦後の日本国家は、一人ひとりの国民を個人として尊重する個人主義（individualism）を基底に、自由主義（liberalism）と民主主義（democracy）を理念的支柱とする国家へ再編された。日本国憲法第三章が保障する基本的人権は、これら個人主義、自由主義、民主主義という理念を個別に具体化したものである。

ところで、人権がある国に定着したと言うためには、国家組織が人権を基軸に組織・運用されるだけでなく、国民が人権の政治的・法的価値を受容し、現実生活の場においてその価値の実現を日常的に追求することが必要である。イェーリング（Rudolf von Jhering, 一八一八〜一八九二）に倣えば、ここでは「権利のための闘争」が国民一人ひとりの倫理的義務として要求される。

筆者の関心は、憲法制定から六〇年余の時間を経て、人権がはたして前述の意味で地域社会に定着したのかを考えることである。本章はその手はじめとして、おもに一九五〇年代までの静岡県を対象に、以下の問題を取り上げる。第一に、後述するように、一九五〇年代までの人権問題の中心は刑事被告人等に対する人権侵害であったことから、当時、当該人権侵害をくり返し発生させた構造的要因について考察する。第二に、新憲法の下で開始された人権擁護行政に着目し、被害者の救済と国民への人権啓発を任務とする人権擁護行政の実態を可能な限り明らかにするとともに、その問題点について考える。そして最後に、以上の考察を踏まえ、六〇年代以降への展望と今後の課題について言及したい。

一　戦後の人権状況―刑事司法を中心に

旧刑事訴訟法の改正　刑事司法における戦後改革は、新憲法の施行を目前に控えた一九四七（昭和二二）年四月一九日、「日本国憲法の施行に伴う刑事訴訟法の応急的措置に関する法律」（法律七六号、以下、「応急措置法」という。）によって開始された（同年五月三日施行）。

いうまでもなく、戦前にも大日本帝国憲法（一八八九年）が「臣民の権利」を定め、「日本臣民ハ法律ニ依ルニ非スシテ逮捕監禁審問処罰ヲ受クルコトナシ」（二三条）、「日本臣民ハ法律ニ定メタル場合ヲ除ク外其ノ許諾ナクシテ住所ニ侵入セラレ及捜索セラル、コトナシ」（二五条）などの規定を設けていた。その限りで近代憲法として最低限の――国民の権利・自由を保障するために国家権力を制限するという――体裁を備えていた。しかし、これらの憲法規定を具体化すべき法律――いわゆる大正刑事訴訟法（一九二二年）――のもとで現実に被疑者・被告人の人権侵害が日常的に横行していたことは周知の通りである。

そこで前述の応急措置法は、大正刑訴法を日本国憲法の趣旨に適合するように解釈することを裁判官らに義務づけるとともに、おもに以下のような応急的改正を施した。

(1)被疑者は、身体の拘束を受けた場合には弁護人を選任することができると定め（三条）、捜査段階から被疑者に弁護人選任権を与えた。あわせて犯罪事実および弁護人選任権の告知を義務づけた（六条）。

(2)令状主義を徹底した。すなわち、検察官・司法警察官による勾引状・勾留状の発給を禁じ（七条一項）、裁判官の令状がなければ逮捕・勾留・押収・捜索・検証ができないとした（七条二項、八条一号）。その一方で、緊急逮捕制度を設けた（八条二号）。

(3)勾留状の請求があつた日から一〇日以内に公訴の提起がなかったときは、直ちに被疑者を釈放しなければならない、と規定した（八条五号）。

(4)自己に不利益な供述を強要されない（黙秘権の保障）、強制・拷問等による自白または不当な長期抑留・拘禁後の自白は証拠とすることができない、そして自己に不利益な唯一の証拠が本人の自白である場合には有罪とされ、または刑罰を科せられない、と定めた（一〇条）。

(5)検察官、弁護人だけでなく、被告人にも証人尋問権を保障した（一一条）。このほか予審を廃止し（九条）、供述録取書の証拠能力を制限し（一二条）、跳躍上告を認めた（一四条）。

応急措置法は、捜査機関（警察・検察）が被疑者・被告人に一方的かつ恣意的な取調べを行うという仕組みを改め、被疑者・被告人に弁護人選任権、黙秘権などの法的な「武器」＝権利を与えることで、捜査機関に対する反撃の機会を保障しようとするものであった。そうすることで初めて、捜査機関と被疑者・被告人の関係は権力的な支配服従関係からより対等・平等な権利義務関係に転換することが可能になる。そして、こうした関係性を前提に、適正手続（due process of law）の理念に基づく（捜査から公判に至る）諸手続が遂行されることが期待された。このように刑事司法における人権保障とは、捜査機関と被疑者・被告人の間の権力的な支配服従関係を対等平等な権利義務関係に置き換えることを意味した。それゆえ、それは現実社会の権力的関係を解体するという意味ですぐれて実践的な課題であり、それを達成するには各当事者による「権利のための闘争」が不可欠であった。

ある警察官僚の人権観　人権が権力的関係の解体を指向する理念であるとすれば、旧体制を支えてきた警察・検察官僚がそれに反発するのはある意味で当然の反応であった。当時、静岡県警察本部長の職にあった加藤陽三もその一人であった。加藤は旧内務官僚出身で、戦前・戦後を通してエリート警察官僚の道を歩んだ人物である。一九四八（昭和二三）年五月、加藤は、地元新聞の特集「憲法施行一周年を顧る」に寄稿して次のように述べた（丸カッコは橋本が付した）。

犯罪の捜査は憲法の個人の基本的人権擁護と自由を尊重している（が）、このことによって犯罪捜査の上に従来と異り相当大きな不利不便が生じている、捜索、逮捕は一々令状がなければ執行出来ず、現行犯でないと無暗に検そくできぬという悩みがあ（る）。（『静岡新聞』一九四八年五月三日付、傍点引用者。以下、同じ）

新憲法下の刑事司法に対して率直に不満を表明している。この発言の背景には、彼の次のような国家観があった。すなわち、「一人の犯罪容疑者個々の権利と自由を擁護し過ぎて全体としての国家の権利自由を擁護されない」、「全体の社会の秩序が保持されてこそ個人の権利自由が擁護される」。このような国家・社会を個人に優位させる権威主義的国家観は帝国憲法下のものであっても、日本国憲法下のそれではなかった。

多発する冤罪事件　憲法や法律が変わったにもかかわらず、制度運用の任に当たる警察官僚の意識が旧態依然であったとすれば、犯罪捜査の実態はどうだったのか？はたして変化したのか。ここで想起したいのは、戦後の静岡県で幸浦事件（一九四八年一一月事件発生、六三年七月無罪確定）、二俣事件（一九五〇年一月事件発生、五八年一月無罪確定）、小島事件（一九五〇年五月事件発生、五九年一二月無罪確定）、島田事件（一九五四年三月事件発生、八九年一月無罪確定）と全国的に著名な冤罪事件が相次いで発生したという事実である。これらはいずれも、明確な物証がないにもかかわらず、捜査段階で拷問等の方法によって虚偽の自白を強要され、それを根拠に起訴されたという点で共通している。

　静岡県内で発生した冤罪事件は、これら著名事件に尽きるわけではない。一九五〇年代に限っても、歴史の闇に埋もれた冤罪事件がいくつも存在した。たとえば郵便行嚢小切手抜取り事件で有罪判決（一九四八年六月静岡地裁判決、五一年四月東京高裁判決）を受け保釈中であった元被告人は、一九五一年九月に真犯人を捕まえ、自らの潔白を証明した。このほか、冤罪とは断定できないものの、その可能性を否定できない事件（一九五五年五月に発生した丸正事件など）も存在した。

　なぜこのように冤罪事件がくり返し発生したのか。もちろん、その原因は多面的かつ複合的である。まして本章が考察する時期は戦後改革期であるため、過渡期に固有の問題も存在した（たとえば控訴審構造の覆審制から事後審制への変更など）。さまざまな要因のなかで本章がとくに注目するのは警察・検察が戦前から抱えてきた日常的で構造的な問題である。当時、捜査機関は被疑者・被告人に対して圧倒的に優位な立場に立っていた。捜査機関が必要と判断すれば、いつでも被疑者の身柄を拘束し、長時間にわたる取調を行うことができた（旧法下では、事実上無制限に勾留の更新が可能であった）。しかも、それは密室の中で行われていた（旧法下では、勾留中の接見交通は、理由を付ければいつでも禁止することができた）。これに対し、被疑者・被告人は、かりに不法・不当な取調が行われても、それに対抗し反撃するための「武器」（黙秘権や弁護人選任権など）をほとんど何も与えられていなかった。それゆえ、多くの被疑者・被告人は捜査機関に一方的に服従するしか道がなかったのである。このような権力的構造のもとで、当時、日常的に行われていた捜査の模様を次に見てみよう。

傍証頼みの捜査　一九四八（昭和二三）年一月二九日午前二時三五分頃、静岡市内のA方から出火し同人宅を全焼、さらに隣家のC宅を半焼して午前三時頃鎮火した。現場検証の結果、焼け跡から金属性の鈍器様のもので頭部を殴られたAの遺体が発見された（『静岡新聞』一九四八年一月三〇日）。放火殺人事件と断定した静岡署は、早くも翌三〇日夕刻、近所に住むBを被疑者として署内に留置した。

警察がBに目を付けたのはもっぱら傍証（情況証拠）によるもので、物証は何もなかった。その傍証とは、以下のようなものであった。(1)Aの隣家であるCの居宅には、Bと内縁関係にあるDの名義で五〇万円の火災保険がかけられていた。(2)Bらは「被害者Aは、同夜、B宅に遊びに出かけ、午後八時頃火種を貰って帰った」と言い触らしていた。(3)火を放った箇所はC宅に接して計画的に行われていた。(4)火災後Bが家人その他に対し「保険会社から人が調べにくるからそのまま手をつけずにおけ」と言っていた。

(2)と(4)は放火事件と被疑者を直接結びつける事実とはいいがたいし、(3)はたんなる憶測にすぎない。警察はもっぱら(1)の事実に注目し、《保険金詐取を目的に、BがAを殺害・放火した事件》という構図を描いたと考えて間違いないだろう。そして、いったんできあがるや、この構図に従って諸事実が解釈された。たとえば被害者Aのシャツのポケットに千円近い百円札の束が残っていたことについて、警察は、自らの構図に即してこう解釈した。「Bが同夜Aに放火の相談を持ちかけて（千円近い金を）先渡したが拒断《ママ》られ、生かしておけば面倒と殺した」、と。これは物証も自供もない段階での見立てであった。

驚くべきことに、静岡警察署長はこの段階で早くもこう断定した。「犯人の割出しはすでに成功した……、卅日中には解決の見通しがつく」、と（『静岡新聞』一九四八年一月三一日）。署長のいう「解決の見通し」とは、警察が見立てた事件の構図に従って、間もなく被疑者が自供するだろうという見通しであった。実際、被疑者

Bは、三一日午後五時頃、「犯行一切を自白」した。

かくして翌日の新聞は、「静岡市殺人放火事件解決／B遂に口を割る／静岡署天晴れスピード検挙」との大見出しをつけ、被疑者Bの自供内容を次のように報じた（□は判読不能の文字であることを示す）。

最初一万五千円の貸金の催促をしたところ、Aが「明日になったら返してやる」と啖呵を切ったことから遂に口論となり、Bが「この恩知らず」と罵倒したため□□の喧嘩となり、カツとしたBは夢中で□□の丸太棒でAの頭部を殴打して殺害したが、その処置に困り、Aがあたかも失火で焼死した如く見せるため死体に枕をあてがい布団を冠せ、……マツチで放火し、毒（を）食わば皿までと火災保険金の詐欺を思いついたものである（『静岡新聞』一九四八年二月一日付）

しかし、被疑者が自供したにもかかわらず、その後の捜査は混迷の度を深めていく。二月二日に静岡地方検察庁に送られたBがそこで否認に転じ、その後も一貫して否認を続けたからである。他方、兇器（丸太棒）などの物的証拠も一向に発見されなかった。そのため、勾留期限満了を目前に控えた二月一〇日、検察はBを釈放してしまった。その理由について、静岡地検の白神検事正は、次のように語った。すなわち、警察でのBの自白を辿ってみると、「保険金と殺人が結びつかぬものがあり、それに肝心の物的証拠が全然無い」、警察は「貸し金を催促して反抗したからカツとなって丸太棒で撲り殺した」というが、「一万五千円の金を貸してある男を殺してしまったでは金が取れないではないか」、と（『静岡新聞』一九四八年二月一一日付）。このように検察は、物証がないうえに被疑者の自白内容にも合理性がないと判断した。警察の捜査結果は全面的に否定されたのである。

ところで、被疑者Bは、なぜ警察の捜査段階で自白したのか。この点について、Bは新聞記者との間で次のようなやりとりを行っていた。

【問】君は一度はっきりと自白しているが？

【答】いつまでも水掛論を続けていては取調が永びき聴取書も出来ないからうその自白をしたのだ、裁判になったら本当のことをいおうと思った

【問】やらなかったのなら何故最後まで頑張らなかったか

【答】ごう問されてはとこわくなって嘘を言ったのだ（『静岡新聞』一九四八年二月一二日付）

これによれば、本件の場合、実際に拷問が加えられたわけではなく、被疑者自身が拷問への恐怖心から警察に迎合する姿勢をとったといえそうである。そこに警察側が見立てた事件の構図が押しつけられ、「裁判で本当のことをいえばいい」と安易に考えた被告人がそのまま「自供」に至ったという経緯のようである。しかし、前述のように、その自供内容は検察さえ納得させられないものであった。

さて、被疑者Bを釈放した後も、警察はあくまでBを真犯人と見なし、もっぱら傍証固めの捜査に励んだ。そのようななか、地元新聞は警察が蒐集した傍証一一点について詳しく報じた（『静岡新聞』一九四八年二月一八日付）。以下、参考までにそのなかのいくつかを紹介しておこう。⑴火災のあった一月二九日から約一〇日前、BはCに対して「火事を起こしそうだから荷物を俺の家へ運んでおけ」と語っている。⑵火事の前日、Bは、世間へ知れぬように戸を締めて荷造りし、子どもに自宅へ運ばせている。⑶一月二八日午後八時頃、Bは自宅を出て約一時間くらい帰宅しなかった。⑷Bは同時刻に毎夜行くC宅へは顔を見せず、アリバイが成立しない。⑸火災が納まった後、Bは近所の人に「お騒がせしてすまぬ」と言い、夜が明けても謝罪して歩いた。⑹一月二九日、Bは朝早く保険会社を二ヶ所訪れ、火事になったことを告げ、「人が焼け死んでいる」と話し

ている。

これら傍証からもうかがえるように、この段階に至っても、警察は、被疑者と犯行を直接結びつける物証を何も得ることができなかった。結局、警察の捜査はいたずらに傍証の数を増やすだけで、何ら事件の核心に迫るものではなかった。そのため、捜査は間もなく頓挫してしまった。

警察の捜査が再開されるのは同年六月に入ってからであった。六月三日、Bは任意出頭の形で警察による再取調を受けることになった。そして、これと前後して、検察も関係者の取調を開始した。つまり、今回の捜査は警察・検察合同で行われたのである。去る二月一〇日、被疑者Bの釈放によって生まれた警察と検察の軋轢は、このときまでにすでに解消されていたようである。ここで注目したいのは、警察・検察合同捜査の基本が傍証固めに置かれていたことである。なぜ、こうなってしまったのか。この間の事情を静岡署の堀内捜査課長は次のように語った。

（警察は）Bに対する犯罪容疑は必ず成立するとの確信で取調べを進めている、火災を伴った殺人事件とて火災と消火で当時現場は極度にごったがえし、科学的証拠の採取が困難で、傍証に基くことが自然多いので、これによって証拠足らずと措置される場合、県都治安に及ぼす影響も大きいので、全力をあげており、（そのことを）検察当局も理解されたことは何よりもうれしいことだ。（『静岡新聞』一九四八年六月五日付）

要するに、二月の時点では物証がない、自供にも合理性がないとして被疑者を釈放した検察であったが、いまやその原則的立場を放棄し、B犯行説だけでなく、傍証中心に立証するという点でも、警察側の主張に完全に同調していた。警察・検察の合同捜査はこうして実現したのである。

その後、警察・検察の捜査は、殺人放火だけでなく、横領、脅迫、同意堕胎罪の被疑事実を加えて起訴に至った。殺人放火だけでは物的証拠がなく、有罪の立証も困難であったため、余罪を追及して併合罪で有罪判決に持ち込もうというのが警察・検察の作戦であった。いわば合わせ技で一本をねらうというやり方である。そして、本件は、九月六日、静岡地方裁判所第一号法廷で第一回公判が開かれた。公判では、足立達夫、池ヶ谷信一、中田騄郎ら静岡県内の有力弁護士が弁護人として立ち、無罪論を展開した。しかし、翌一九四九（昭和二四）年三月九日、静岡地裁は検察側の求刑通り死刑判決を言い渡した（その後被告人Bは控訴したが、確定判決の詳細は不明である）。かつては検察でさえ、物証が存在せず自白も合理性がないと認めていた事件が、わずか一年余後には死刑判決になってしまった。それは決して確実な証拠が得られたからではなかった。兇器などの物証は最後まで発見されなかった。

これまでやや詳しく放火殺人事件の顛末を述べてきたのは、当時の日常的な捜査手法を確認するためであった。この事件における捜査のあり方は、当時としては別段特異なものではなかった。本件では、幸浦事件など著名な冤罪事件と異なり、捜査機関が拷問などで虚偽の自白を強制したわけでも、証拠をねつ造したわけでもない。被告人に有利な証言をした証人が偽証罪で逮捕されたわけでもない。その意味でごく日常的で一般的な刑事事件であった。しかし、その日常性のなかに、きわめて本質的な問題点――冤罪を発生させる構造的要因――がはらまれていた。

当時の警察にとって、傍証によって事件の構図を描いて被疑者を特定し、被疑者の身柄を拘束した後は、その構図に従って自供に追い込むというのが通常の捜査手法であった。しかし、事件の構図の描き方は、往々にして恣意的かつ独断的なものに陥りがちである。それゆえ、事件の構図が事実に反する場合でも、被疑者はその構図に沿う形で自供を迫られる。そこに虚偽の自白を強制される危険が存在した。もちろん、捜査の結果、何も物証が得られなければ、警察は新たな事件の構図を描き直せばよいのだが、実際はそれとは逆に、捜査機関が自らの構図に固執し、物証を軽視して、傍証だけで強引に起訴に持ち込もうとする場合が見られた。本章で取り上げた放火殺人事件はまさにその典型例であった。

検察と裁判所のチェック機能　日本国憲法や新刑事訴訟法の趣旨からいえば、傍証頼みの捜査は原則的に許されない。それゆえ、前述の放火殺人事件では、検察は当初警察の捜査のあり方をチェックしようとしていた。しかし、すでに見たように、そのチェック機能は瞬く間に消え失せてしまった。なぜ、このようなことになったのか。

これに関連して、当時、地元新聞が興味深い記事を掲載した。それは、冤罪事件の一つである二俣事件が一九五一（昭和二六）年九月二九日に東京高裁（控訴審）の判決言渡を迎えるにあたり、検察批判の世論を意識した最高検察庁が異例の声明を出そうとしていると報じるものであった。それによれば、声明書は――その「内容は今のところ判明しない」が――以下の諸点を強調するものになるだろうという。第一に、「いわゆる民主的刑法」には「はっきり犯人と判っているものでも釈放し、害毒を流」すという欠陥がある。第二に、「人権を尊重し科学捜査によって犯人を摘発する」ことになっているが、「科学捜査一本でゆく機構・機能が整備されていない」。第三に、「物的証拠はもちろん最重要であるが、情況証拠、心的証拠も軽くみることが出来ない」。第四に、「このような状態では『証拠がなければよいではないか』という考え方を助長し犯罪を増加させるおそれがある」（『静岡新聞』一九五一年九月一八日付）。

この記事によれば、検察自体が傍証頼みの捜査を積極的に擁護しようとしていたことになる。傍証頼みの捜査手法に依存し、物的証拠に基づく科学捜査に徹する意思を持ち合わせていないという点で、検察は警察と一体の存在であったといわざるをえない。そうであれば、検察のチェック機能など望むべくもないだろう。

それでは裁判所はどうか。裁判所は、警察・検察の捜査手法をチェックしていたのか。前述の放火殺人事件第一審判決が言渡された直後の一九四九（昭和二四）年三月一八日、静岡市内で一六戸の民家を灰燼に帰すという放火事件が発生した（以下は、『静岡新聞』一九四九年九月二七日付による）。本件の場合も物証がなく、しかも被告人は徹頭徹尾犯行を否認していた。にもかかわらず、検察はここでも保険金詐取を目的とした放火事件という事件の構図を見立て、起訴に及んだ。しかし、五回の公判を経たところで、静岡地裁は（公判途中にもかかわらず）被告人の保釈・出所を許可した。物証もないなか、「新刑訴法下被告（人）をいつまでも未決につないでおくことも人権尊重の趣旨にそむくという見地から」というのがその理由であった。

しかし、これを不満とする検事の指揮の下、同年九月二六日、釈放された被告人を詐欺罪の容疑で静岡署に逮捕・勾留した。検察側の意図するところについて、地元新聞は、この逮捕事実をもって被告が金に困っていたこと（放火の動機）を立証し、さらに他に余罪の有無も調べて併合審理を求める意向であるらしいと報じた。このときの検察の主張は、「たとえ物的証拠はなくとも、当時の状況証拠で行くより以外に手がなく、あの程度でAを被疑者と決定しなければ、放火は現行犯以外永久に検挙立件は覚束ない」というものであった。しかし、別件逮捕の翌日二七日に地検が被疑者の勾留請求を行ったところ、地裁は「被疑者に証拠隠滅の恐れはなく、したがって勾留尋問の必要はない」として請求を認めず、被告人を釈放してしまった（『静岡新聞』一九四九年九月二八日付）。

このように裁判所が物的証拠を重視するという原則的立場をとる限り、検察・警察の捜査手法を一定程度チェックすることは可能であった。事実、この時期、裁判所が検察の令状請求を認めなかったり、無罪判決を下すのは決して珍しいことではなかった。しかし、そうした事例は一部にとどまり、全体としてみれば裁判所が有効なチェック機能を発揮していたといいがたかったことは、数多くの冤罪事件の発生によってすでに証明されている。

二　人権擁護行政―人権侵犯事件を中心に

人権擁護行政の開始　新憲法の人権理念を具体化するために新たに人権擁護行政が開始されたことは重要である。それは、被疑者・被告人の人権侵害をはじめさまざまな人権侵害事件が発生したとき、裁判所だけでなく行政機関による救済も図ろうとするものであった。それゆえ、人権擁護行政の充実いかんは、人権の定着度を大きく左右する問題であったといってよい。

最初に、人権擁護制度の確立過程について確認しておこう。一九四七（昭和二二）年一二月一七日、法務庁設置法は、行政府内における「一元的な法務に關する統轄機關」として法務総裁を設置し、その統轄事項の一つとして「人権の擁護」を掲げた。そして、翌年二月一五日に法務総裁下の担当部局として人権擁護局を設置した（なお、法務庁は、一九四九年五月に法務府、さらに一九五二年七月に法務省に名称変更）。人権擁護局の所掌事項は、⑴人権侵犯事件の調査・情報収集、⑵民間における人権擁護運動の助長、⑶人身保護、⑷貧困者の訴訟援助などであった。これが戦後日本における人権擁護行政の嚆矢である。

一九四八（昭和二三）年七月一七日、人権擁護委員令は、「法務総裁」管轄の人権擁護事務を補助するため、各都道府県に人権擁護委員を設置した。委員の定数は全国で一五〇名であった。そして、翌年五月三一日、人権擁護委員法は、人権擁護委員制度を抜本的に拡充し、二万人を超えない範囲で全国の市町村に人権擁護委員を配置することとした。同法によれば、人権擁護委員は法務総裁の委嘱によって任命され（任期二年）、⑴自由人権思想の啓もう・宣伝、⑵民間における人権擁護運動の助長、⑶人権侵犯事件救済のための調査・情報収集、法務府人権擁護局への報告、関係機関への勧告等、⑷貧困者への訴訟援助など、をその職務とした。こうして、《法務総裁（→法務大臣）—人権擁護局—地方法務局—人権擁護委員》という人権擁護行政のラインが形成された。

行政府の人権概念　人権擁護行政を開始するにあたり、当時の行政府（法務庁→法務府→法務省）や立法府は人権概念をどのように理解していたのだろうか。法務庁設置法案の国会審議過程を見ると、担当大臣である鈴木義男司法大臣は、人権擁護局の業務について、あるときは「行政各部において人権蹂躙等の事実が……あつたならば敏活にこれを調査して現状回復を図る」のが主たる仕事といい、別の箇所では「決して官庁だけが人権を蹂躙するのではなくして……民間同士でも、やはり権利、名誉、信用等を侵害せられ、或いは侵害の脅威にさらされるというような場合もある」ので、「そういうものをむしろ守つてやるという方面に力を注ぎたい」と述べている（参議院決算・司法連合委員会会議録一九四七年一二月三日）。要するに、法務庁設置法案が前提とする人権概念は、国家（行政機関など）による国民の人権蹂躙、すなわち《国家と個人》の問題だけでなく、「民間同士」、すなわち《個人と個人》の問題も含むものであったといってよい。

これは別の角度からも確認することができる。実際に地方法務局が人権侵犯事件として受理した事件に着目することで、制度化された人権概念を読み取ることができるからである。表1は、静岡地方法務局が一九五〇

表 1　人権侵犯受理事件の種類

分類項目		内　容
a	居住権侵害	正当な理由がないのに、家主が店子を追い出したり、このために居住の邪魔をしたり、無理に他人の家に侵入したり居座って、住んでいる人を困らせたりする場合、その他ラジオや動力により騒音を立て他人の居住に迷惑をかけた場合
b	強制圧迫	不良顔役のゆすり、かたり、工場における工員の強制労働、土木工事飯場の強制労働、曲馬団や劇団の酷使、強制寄付（祭礼のとき、消防団への謝礼、PTA の会費、新しい転入者の村入り金）、強制離婚、継子いじめ、嫁いじめ、老人いじめ等の場合
c	生活権侵害	当然貰う権利のある給料や賃金の不払・遅払、労働者が災害を受けたり失業した場合の保険金給付の不当措置などの場合
d	暴力行為	やくざや暴力団に乱暴されたり、物を壊されたりした場合、自由労働者の職よこせデモで乱暴されたなどの場合
e	人身売買	鉱山や工場や料理屋が前借を貸して他人の自由を縛るなどの場合
f	不法監禁	脳病院の不法監禁、飯場の人夫の不法監禁、特殊喫茶店の雇女の不法監禁などの場合
g	名誉信用業務妨害	他人より信用・名誉や商売にケチをつけられるような事を言い触らされたり、行われたり、された場合
h	公権力行使による侵害	
i	特別公務員の職権濫用	※特別公務員とは、刑法 194 条に掲げる公務員、すなわち「裁判、検察若しくは警察の職務を行う者又はこれらの職務を補助する者」をいう。
j	特別公務員の暴行陵辱	
k	一般公務員の職権濫用	※一般公務員とは、特別公務員でない者をいう。
l	その他	離縁離婚、借地借家、都市計画、農地改革、不当解雇、債権債務などにからむ事件

出典）1951 年 7 月 15 日付県政だより第 36 号より作成。

年七月から翌年六月までの間に受理した人権侵犯申立事件の分類項目を整理したものである。ここから明らかなように、人権擁護行政にいう人権は、《国家と個人》の問題（h～k）だけでなく《個人と個人》の問題（a～g、l）も含むものであった。このような人権概念が採用されるに至った経緯については、近年の占領史研究の進展にもかかわらず、いまだ十分に解明されてはいない。

ここで改めて概念整理をしておこう。前述のように、人権という概念を《国家と個人》の問題だけでなく《個人と個人》の問題も含むものとして用いる場合は、以下、これを広義の人権ということとする。戦後人権擁護行政の特徴の一つは、広義の人権概念を採用していたところにある。

しかし、周知のように、戦後憲法学は憲法上の人権をもっぱら《国家と個人》の問題として措定し、それを前提に「人権の私人間効力」などの問題を議論していくことになる。その出発点ともいえる記念碑的著作が宮沢俊義『憲法Ⅱ』（有斐閣、一九五九年）である。ここで宮沢は、今日の人権は自由権・参政権・社会権をその内容とすると述べたうえで、「自由権・参政権または社会権は、いずれも人がその所属する（または、その関連する）国家に対する関係において有する権利だとされる」と説明した（このように、もっぱら《国家と個人》の問題として人権概念を用いる場合は、以下、狭義の人権と表記する）。

以上、要するに、一九五〇年代という戦後最初期から、行政府（人権擁護行政）は広義の人権概念をとり、憲法学界は狭義の人権概念をとるというように、二つの人権概念が理念的に並存する状況にあったという事実にまずは注目しておきたい。

人権擁護行政の実態と「二重基準」　次に、一九五〇年代の人権擁護行政の実態について、おもに統計資料を用いて確認してみたい。表2によれば、全国の人権侵犯事件新受件数は一貫して大きな伸び率を示している。これに対して静岡県は、五〇年代前半にめざましい伸びを見せたものの、その後は鈍化する傾向にある。

全国の人権侵犯事件を「公務員による人権侵犯」と「非公務員（一般市民）による人権侵犯」に分けて整理したものが表3である。ここで注目したいのは、第一に、新受件数の圧倒的部分は「非公務員による人権侵犯」の中立であったことである。第二に、「公務員による人権侵犯」の中立件数は年々減少していった。同じく静岡県について見ると（表4）、全国と同様に新受件数の圧倒的部分は「非公務員による人権侵犯」の中立であった。他方、「公務員による人権侵犯」の中立件数は、全国に比べると減少幅はさほど大きくはない。

次に、とくに特別公務員による人権侵犯事件をまとめたのが表5（全国）、表6（静岡県）である。この表から明らかなように、特別公務員による人権侵犯事件は全国的には減少する傾向にあるが、静岡県については（年ごとに若干の増減はあるものの）大きな変化は見られない。こと特別公務員による人権侵害に限って言えば、静岡県で改善の跡を認めるのはむずかしいようである。

さて、人権侵犯の中立がなされると、地方法務局と人権擁護委員は連携して調査を行うことになる。必要な場合は、加害者への勧告、被害者への訴訟援助、人権擁護局への報告などが行われた。いうまでもなく警察・検察による人権侵犯が申し立てられれば、当然、彼らも加害者として地方法務局の調査対象となった。静岡地方法務局長北川一松は、その間の状況を次のように述べている。

> 人権問題で一番よく起るのは統計表で見ても警察官の人権侵犯が一番多い……そこで私共は人権擁護委員をわずらわして調査すると、警察の方では人権擁護委員とか法務局というものは悪い者の味方ばかりしている、良いものの味方をしないといわれる（『静岡新聞』一九五二年五月四日付）

やはり警察などの反発は大きかったようである。しかし、《人権擁護局―地方法務局―人権擁護委員》の行政ラインには、警察・検察の反発を跳ね返し、さらには人権侵害を生み出す構造的要因にまで切り込むだけの力＝法的権限は与えられていなかった。そして、当時の国家権力構造の中では、前者は明らかに後者に対して劣位に置かれていたといえるだろう。

このような関係性のなかから、人権をめぐる二重基準が容易に生まれる。その意味するところを説明しよう。

一九五一（昭和二六）年九月、静岡地方法務局人権擁護課にある人権侵犯の中立がなされた。それによれば、同年八月下旬、静岡市内で頻発していた梨泥棒事件に備えるため張り番に立っていたA外二名が窃盗中の犯人を目撃し、それが近所に住むB夫婦であったと触れ回った。そのため、Bは静岡地方法務局に「自分は何ら窃盗しなかったのにぬれ衣を着せられて弱っている」と申し立てた。担当事務官らが調査したところ、Bは「今まで盗犯をしたこともない上、Aの証言が不明確で、しかも情況証拠に過ぎないことが判明し」たので、Aから謝罪するようにして示談を進めた、という（『静岡新聞』一九五二年五月二五日付）。

このように地方法務局は、情況証拠だけで他人を犯罪者呼ばわりするのは不当（謝罪に値する行為）である、と明確に判断した。しかし、この論理がすべての事件に適用されたわけではなかった。ことが刑事事件になると、たとえ捜査機関が傍証頼みの捜査を行っていると公言していても、法務局がそうした捜査のあり方を非難し追求することはほとんどなかった。一般市民相互間におけるよりも、捜査機関が一般市民に対して情況証拠だけで犯罪者と断定する方がはるか弊害が大きいにもかかわらず、である。権力を有する加害者に対しては、人権問題としての追及が回避される。これが人権をめぐる二重基準の問題である。このような現実が存在することは、すべての人間に妥当すること（普遍性）を本質とする人権理念の否定にほかならない。

三　人権啓発行政──静岡県の広報活動を中心に

これまで見てきたように、一九五〇年代における人権問題の中心は、依然として刑事被告人（被疑者を含む）の人権問題であったが、戦後の人権擁護行政はそれを救済し是正するだけの力を持っていなかった。しかし、人権擁護行政は、救済とは別の役割も期待されていた。それは国民に対する人権啓発（啓蒙・宣伝）である。

国民の人権意識を高め、権利の担い手としての自覚と知識を向上させることは、憲法の人権規定を現実化するうえで必須の条件である。その意味で、戦後人権擁護行政が人権侵犯事件の救済だけでなく、人権啓発を自らの課題としたことは高く評価されるべきである。

ただ、残念ながら、筆者は、一九五〇年代に《人権擁護局―地方法務局―人権擁護委員》のラインでどのような人権啓発活動が行われていたのかを具体的に実証しうる資料をいまだ見出していない。そこで本章では、便宜的に静岡県庁の人権啓発活動に関する考察をもってそれに代えたいと思う（それもごく限られた資料によってではあるが）。

ここで取り上げるのは静岡県の広報紙「県政だより」である。「県政だより」は、一九四九（昭和二四）年五月の創刊当初から人権に関する啓発記事を頻繁に掲載していた。たとえば「公民の自由」というタイトルのもと、言論の自由や黙秘権などについて連続的に取り上げたりした（しかし、一九五〇年代後半以降になると、人権啓発記事は広報紙から消滅していった）。そのうち黙秘権を取り上げた回では、「県政だより」は新刑訴法によって認められた黙秘権について次のように説明した。

父の罪をかくしたい、子の罪をかくしたいならば、自分の罪をかくしたいのは当然のことであります。この人情を無視して、自白を強要するならば、そこには無理にも言わせたいということから、強制とか圧迫とか拷問とかがおこりがちであります。……犯罪の被疑者と雖も、やはり人間としての権利と自由とは守らなければなりません（「県政だより」第一〇号、一九五〇年一月一五日付）。

要するに、《自分（家族）の罪を隠したいという人情を無視して自白を強要すれば拷問を引き起こす。それを防ぐために被疑者に黙秘権を認めた》という。罪を犯した人間のために黙秘権を認めたと言わんばかりの物言いに示されるように、「県政だより」の人権理解は決して正確なものとはいいがたかった。そして、最後の結びの部分では県民にこう要求した。すなわち、

公民の自由（黙秘権のこと―橋本）が悪い人の自由に陥らないようにするためには……一般国民といたしましても証拠を尊び、証拠を重んずることに協力すべきだと思われます。……公民の自由は簡単に守られるものとばかりは限りません。その前提の一として、国民の合理的態度、科学的態度も必要なものと思われるのであります（同右）。

黙秘権が「悪い人の自由」に陥らないようにするためには、国民（県民）にも証拠重視の科学的態度が必要であるという。おそらく「県政だより」も、警察・検察が日常的に傍証頼みの捜査を行っていることは十分承知していたと思われるが、そうした警察・検察のあり方を直接問題にする代わりに、国民（県民）に対して科学的態度を要求したのである。

実は、国民（県民）の心構えや態度の問題として人権を論じるのは、「県政だより」の基調ともいうべき特徴であった。しかも、それはもっぱら《個人と個人の問題》のレベルで論じられていた。次などはその一例である。

敗戦後、自由社会にふさわしい現行憲法の制定を見たのでありますが、この憲法について私どもの考えなければならないことは、この憲法の個々の内容よりも、この憲法に対する私どもの態度であります。ワイマール憲法下にもヒットラーのごとき独裁者の生じたことを思うならば、私達は現行の我が憲法に盛られている公民の自由についても、積極的に之をもり育ててゆくことが必要なのではないでしょうか。今は、その一例として言論の自由について考えて見ましよう。（「県政だより」第三号、一九四九年九月一日付）

このように憲法に関する知識ではなく、態度の涵養こそが重要であると述べたうえで、「県政だより」は言論の自由を取り上げ、村の寄合や教員の会議などを例に挙げ、そのような場で必要なのは「ご婦人の勇気」であるとし、女性に対して「卒直に発言しましょう」と呼びかけるのであった。

このような「県政だより」の一定の偏りは記事の選択の仕方にも現れていた。たとえば一九五〇年代に著名な冤罪事件で被告人の無罪が確定しても、「県政だより」がそれに言及することはただの一度もなかった。その一方で、一九五二（昭和二七）年五月に静岡県富士郡上野村（当時）で村八分事件が発生したときは、事件が表面化して間もない同年七月に静岡地方法務局長北川一松がさっそく寄稿文「村八分について」を寄せている。まことに対照的な扱いであったといえよう。

このような心構え論ともいうべき人権論が紙面を独占することになれば、せっかくの人権もたんなる私人間の通俗道徳に矮小化されてしまうだろう。そこでの最大の問題は、国家と社会のなかに構造化された権力的な支配服従関係を解体して権利義務関係に転換するという実践的営み――「権利のための闘争」――が無視されることであった。

四　おわりに

以上、本章では、一九五〇年代の静岡県を対象に、当時頻発していた冤罪事件を生み出す構造的要因として、物証の軽視と傍証頼みの捜査が日常化し、捜査機関が見立てた事件の構図に従って被疑者を自白に追い込むという手法が横行していたこと、それに対して検察や裁判所のチェック機能はほとんど働いていなかったことを指摘した。

次に、戦後の人権擁護行政（救済・啓蒙宣伝）について、当初から行政は（憲法学が狭義の人権概念をとっていたのと異なり）広義の人権概念を採用していたこと、しかし実際の救済活動では事実上「二重基準」が存在し、個人と個人の間で発生した人権侵害に比べ、国家（捜査機関など）による人権侵害に対しては行動・意識両面で消極的であったことを指摘した。また、静岡県の広報活動を例に、行政による人権の広報活動は、正確な人権理解を促すものとはいいがたく、むしろ県民に対して一定の心構えや態度を要求するものであること、その意味で人権を通俗道徳に矮小化する傾向があることを指摘した。

最後に若干の展望と課題を述べて本章の結びとしたい。第一に、繰り返し述べてきたように、一九五〇年代の人権問題の中心は、刑事被告人などに対する人権侵害であった。さまざまな努力にもかかわらず、それを生み出す構造的問題はほとんど是正されず、そのまま六〇年代に引き継がれていく。そのうえ、六〇年代に入ると、生存権や公害問題など新たな人権問題が浮上してくる。こうして人権問題はより多様化していくのである。これに対して人権擁護行政はいかに対応したのか。それは今後の検討課題である。

第二に、広義の人権概念と狭義の人権概念が並立するという状態は、基本的に一九六〇年代以後も継続する。その後の歴史過程の考察はもはや本稿の課題ではないが、一点だけ触れておきたい。二〇〇〇年一二月、「人権教育及び人権啓発の推進に関する法律」（法律一四七号）が公布された。同法は現在に至る人権教育・啓発行政の根拠法である。そして、二〇〇二年には同法に基づいて「人権教育・啓発に関する基本計画」が策定され（同年三月一五日閣議決定）、人権教育・啓発行政の方向性が決定された。ここで注目したいのは、この基本計画中に——これまで本稿で述べてきた狭義の人権概念や広義の人権概念とは異なる——新たな人権概念が事実上採用されたことである。それを一言で言えば、人権概念の本質部分ともいうべき《国家と個人》の問題が後景に退き、もっぱら《個人と個人》の問題として人権が語られるようになったことである。別の言い方をすれば、国家が加害者として国民の人権を侵害する場合を意図的に無視ないし軽視しているということである。その結果、人権は個人と個人の間で遵守すべき通俗道徳に読み替えられた感がある。このような人権概念の政策的変容を分析することも今後の検討課題である。

（以上）

参考文献

石田雄「国家有機体説」、鵜飼信成ほか編『講座日本近代法発達史』二、勁草書房、一九五八年

広中俊雄『警備公安警察の研究』岩波書店、一九七三年

星野安三郎「警察制度の改革」東京大学社会科学研究所編『戦後改革』三〔政治過程〕、東京大学出版会、一九七四年

小田中聰樹『刑事訴訟法の歴史的分析』日本評論社、一九七六年

東京大学社会科学研究所編『戦後改革』四〔司法改革〕東京大学出版会、一九七五年

渡辺治『日本国憲法「改正」史』日本評論社、一九八七年

A・オプラー著／内藤頼博監／納屋廣美・髙地茂世訳『日本占領と法制改革』日本評論社、一九九〇年

大日方純夫『近代日本の警察と地域社会』筑摩書房、二〇〇〇年

橋本誠一『在野「法曹」と地域社会』法律文化社、二〇〇五年

橋本誠一「人権の戦後史―一九五〇年代の静岡県を中心に」、『静岡法務雑誌』六号、二〇一四年（本章はこの論文を圧縮したものである）

表２　人権侵犯事件新受件数の推移

項目＼年次	1950	1951	1952	1953	1954	1955	1956	1957	1958	1959	1960	1961
全国		12,880			42,287	48,906	63,523	74,060	83,593	101,145	111,638	121,019
静岡県	635	592	1,099		2,160	3,723	3,244	3,222	2,230	2,024	2,917	3,653

注）1951年と1952年の２ヶ年（静岡県分）は１月から11月までの集計件数である。

出典）1951年５月３日付、1952年５月４日付、同年12月４日付の静岡新聞、法務大臣官房調査課統計室編『昭和29年法務統計（１月～12月集計）』法務省、1955年、同編『昭和30年法務統計（１月～12月集計）』法務省、1956年、同編『昭和31年法務統計（１月～12月集計）』法務省、1957年、法務大臣官房司法法制調査部調査統計課編『昭和32年法務統計（１月～12月集計）』法務省、1958年、同編『昭和33年法務統計（１月～12月集計）』法務省、1959年、同編『昭和34年法務統計（１月～12月集計）』法務省、1960年、同編『昭和35年法務統計（１月～12月集計）』法務省、1961年、同編『第75登記・訟務・人権統計年報・昭和36年』法務省、1962年、により作成。なお1949年から1953年までの全国統計は未見である。この時期、毎年公刊されている法務省『法務統計』に人権侵犯の項目が立てられるようになるのは1954年分以降のことである。

表３　人権侵犯事件新受件数（全国）

項目＼年次	1950	1951	1952	1953	1954	1955	1956	1957	1958	1959	1960	1961
特別公務員による侵犯		757			673	623	411	306	485	380	325	309
その他公務員による侵犯					575	486	411	389	413	425	379	314
非公務員による侵犯		12,113			41,039	47,797	62,701	73,365	82,695	100,340	110,934	120,396
合　計		12,880			42,287	48,906	63,523	74,060	83,593	101,145	111,638	121.019

出典）1952年５月４日付静岡新聞、法務大臣官房調査課統計室編『昭和29年法務統計（１月～12月集計）』法務省、1955年、同編『昭和30年法務統計（１月～12月集計）』法務省、1956年、同編『昭和31年法務統計（１月～12月集計）』法務省、1957年、法務大臣官房司法法制調査部調査統計課編『昭和32年法務統計（１月～12月集計）』法務省、1958年、同編『昭和33年法務統計（１月～12月集計）』法務省、1959年、同編『昭和34年法務統計（１月～12月集計）』法務省、1960年、同編『昭和35年法務統計（１月～12月集計）』法務省、1961年、同編『第75登記・訟務・人権統計年報・昭和36年』法務省、1962年、による。

表４　人権侵犯事件新受件数（静岡県）

項目＼年次	1950	1951	1952	1953	1954	1955	1956	1957	1958	1959	1960	1961
特別公務員による侵犯	55	14	58		12	12	11	6	11	15	5	11
その他公務員による侵犯					11	13	9	17	13	4	4	6
非公務員による侵犯	580		1,041		2,137	3,698	3,224	3,199	2,206	2,005	2,908	3,636
合　計	635		1,099		2,160	3,723	3,244	3,222	2,230	2,024	2,917	3,653

注）1952年分は１月から11月までの集計数である。

出典）1951年５月３日付静岡新聞、1952年５月４日付静岡新聞、同年12月４日付静岡新聞、法務大臣官房調査課統計室編『昭和29年法務統計（１月～12月集計）』法務省、1955年、同編『昭和30年法務統計（１月～12月集計）』法務省、1956年、同編『昭和31年法務統計（１月～12月集計）』法務省、1957年、法務大臣官房司法法制調査部調査統計課編『昭和32年法務統計（１月～12月集計）』法務省、1958年、同編『昭和33年法務統計（１月～12月集計）』法務省、1959年、同編『昭和34年法務統計（１月～12月集計）』法務省、1960年、同編『昭和35年法務統計（１月～12月集計）』法務省、1961年、同編『第75登記・訟務・人権統計年報・昭和36年』法務省、1962年、による。

表５　特別公務員による人権侵犯事件新受件数（全国）

項目＼年次		1954	1955	1956	1957	1958	1959	1960	1961
警察官による侵犯	逮捕に関するもの	97	96	44	27	38	40	23	14
	勾留に関するもの	16	8	11	10	11	9	7	
	捜査押収に関するもの	44	29	19	12	14	11	11	9
	自白強要に関するもの	97	94	59	28	64	53	31	45
	暴行陵虐に関するもの	139	112	77	58	89	66	90	91
	武器使用に関するもの	4	1	4	1	6	2	2	0
	その他	276	193	124	122	186	128	102	116
その他の特別公務員による侵犯		0	90	73	48	77	71	59	34
合　計		673	623	411	306	485	380	325	309

出典）法務大臣官房調査課統計室編『昭和29年法務統計（１月～12月集計）』法務省、1955年、同編『昭和30年法務統計（１月～12月集計）』法務省、1956年、同編『昭和31年法務統計（１月～12月集計）』法務省、1957年、法務大臣官房司法法制調査部調査統計課編『昭和32年法務統計（１月～12月集計）』法務省、1958年、同編『昭和33年法務統計（１月～12月集計）』法務省、1959年、同編『昭和34年法務統計（１月～12月集計）』法務省、1960年、同編『昭和35年法務統計（１月～12月集計）』法務省、1961年、同編『第75登記・訟務・人権統計年報・昭和36年』法務省、1962年、による。

表６　特別公務員による人権侵犯事件新受件数（静岡県）

項目＼年次		1954	1955	1956	1957	1958	1959	1960	1961
警察官による侵犯	逮捕に関するもの	2	1	0	0	1	1	0	0
	勾留に関するもの	1	0	0	0	1	0	0	
	捜査押収に関するもの	1	0	0	0	0	0	0	0
	自白強要に関するもの	1	2	1	1	1	3	0	2
	暴行陵虐に関するもの	3	2	1	2	3	1	0	2
	武器使用に関するもの	0	0	1	0	0	0	0	0
	その他	4	7	7	3	4	8	2	5
その他の特別公務員による侵犯		0	0	0	0	1	2	3	2
合　計		12	12	10	6	11	15	5	11

注）原資料では1956年の合計数は11件となっているが、そこに記載されている内訳数を足すと10件にしかならない。ここでは内訳数をそのまま記載し、その合計数を表示することにした。

出典）法務大臣官房調査課統計室編『昭和29年法務統計（１月～12月集計）』法務省、1955年、同編『昭和30年法務統計（１月～12月集計）』法務省、1956年、同編『昭和31年法務統計（１月～12月集計）』法務省、1957年、法務大臣官房司法法制調査部調査統計課編『昭和32年法務統計（１月～12月集計）』法務省、1958年、同編『昭和33年法務統計（１月～12月集計）』法務省、1959年、同編『昭和34年法務統計（１月～12月集計）』法務省、1960年、同編『昭和35年法務統計（１月～12月集計）』法務省、1961年、同編『第75登記・訟務・人権統計年報・昭和36年』法務省、1962年、による。

第二章　戦後静岡における「在日」

小池善之

近代日本国家は、諸外国との戦争、そして周辺地域の植民地化を推進するなかで形成されていった。近代日本国家の確立にとって、戦争と植民地支配は不可欠の要素であった。戦争といい、植民地支配といい、それらは対外的な関係ではあるが、しかし同時に「大日本帝国」内のそれぞれの地域をも規定する不可欠の要素として存在していた。すなわち戦争と植民地支配は、対外的な問題であると同時に国内的な問題であり、それは同時に地域の問題でもあったのである。近代日本の地域は植民地支配や侵略戦争と無関係にあったのではなく、静岡県域においても、たとえば植民地支配から析出された朝鮮人が存在し、静岡県民は朝鮮人を被差別の状況に定置していたのである。植民地支配は十分に可視的であった。

一九四五年八月から「戦後史」が始まる。朝鮮・台湾などの植民地は日本から「知らぬ間に」なくなり、日本人は対米英戦争だけを「反省」して「戦後史」をスタートさせ、「脱植民地化」という過程を素通りしたのである。

だが、近代日本国家の構造に組み込まれていた植民地支配は、「大日本帝国」が崩壊したからといって日本人の眼前から消えたわけではなかった。日本には、多くの在日朝鮮人（以下「在日」とする）が生きていた。静岡県域も、もちろん例外ではない。例外どころか、静岡県には「在日」＝植民地支配を意識せざるを得ない事件が起きている。その事件とは、一つは一九四八年四月、浜松で起きた「浜松乱闘事件」であり、もう一つは一九六八年二月の金嬉老事件である。ところが、これら二つの事件とも真実が伝えられることはなかった。日本政府をはじめとした公的権力による差別政策の下、歪められた認識が意図的につくり出され、それが正されないままに、静岡県民の「植民地的不視」（植民地支配の問題を直視しないこと）を存続させたのである。

一　「在日」の位置

敗戦時の在日朝鮮人数は、およそ二〇〇万人。北緯三八度以南への帰還は一九四六年中に終了し、その総計は統計上で九四万人、その他統計漏れで約四〇万人、合計一三〇～一四〇万人という。約五〇～六〇万人が日本に残ったことになる。なお一九四七年四月時点の県内在留朝鮮人数は七六五八人であった。ソ連軍が支配する北緯三八度以北への帰還は一九四七年三月に始められ、静岡県からは七人が帰還した。

強制的な労務動員による者、軍人・軍属であった者は日本の敗戦と同時に自主的に帰還。一般在住者もおよそ一〇〇万人は帰還した。残留したのは、「日本に早くから渡航し、その生活地盤を日本社会に深く築いていたものが大部分であった」（法務研修所編『在日朝鮮人処遇の推移と現状』一九五五年、復刻一九七五年湖北社）。

だが残留した「在日」の法的な位置は、きわめて不当なものであった。在日朝鮮人（台湾系中国人も含む）について、占領軍は「在日」を、「軍事上の安全の許す限り解放人民として取り扱い」、「非日本人」、「日本国民であった」、「必要な場合には敵国人として処遇してよい」とした。このあいまいな規定は結果的に彼らを無権利状態に置くこととなった。これは、日本政府による治安優先の朝鮮人処遇策を占領軍が許容したところに発現した。すなわち日本政府は、日本国籍を持つとされた「在日」を選挙権や外国人登録については「外国人」

として扱い、他方義務教育や司法警察権・刑事裁判権などについては「日本人」として処遇したのであった。これを具体的に見てみよう。

まず男女平等の選挙権・被選挙権が実現した戦後初の総選挙において、「在日」は日本国籍を有するにも関わらず、その権利を与えられなかった。一九四五年一二月に公布された改正衆議院議員選挙法の付則が「戸籍法の適用を受けざる者の選挙権・被選挙権は当分の内之を停止す」と規定したように、戸籍法の適用を受けない旧植民地出身者たる「外地人」の参政権は停止されたのである（「日本国憲法」の制定に参加できなかったということでもある）。

そして四七年五月二日、すなわち「日本国憲法」が施行される前日、政府は最後の勅令により「外国人登録令」（外登令）を公布施行した。政府は旧植民地出身者については講和条約が発効するまでは日本国籍を持つとしていたが、この一一条で彼らを「当分の間外国人とみな」す、としたのである。「外登令」そのものは、外国人の入国についての原則禁止、在留外国人について登録を実施すること、外国人の登録証明書常時携帯義務、さらに無許可入国や登録手続きに違反して司法処分を受けた者についての国外退去強制などというものであった。

当時、この「外登令」が対象とした者のうち、九〇パーセントは朝鮮人であった。したがって「外登令」は朝鮮人を管理しようという目的の下に公布されたといってよいものであった。治安当局も目的は「治安確保にある」と明言していた。その背景には、今まで差別構造の中にあった朝鮮人が敗戦により解放され、自らの権利を堂々と主張し始めたという社会状況と、一度帰還した朝鮮人の日本再入国があったからであった。すべての「在日」を管理しながら、これらを取り締まろうとしたのである。

「在日」をある時は「外国人」とし、またある時は日本国籍を有する「日本国民」とする矛盾した状況は、日本政府にとって都合のよい措置であった。この状況は、対日平和条約が発効した一九五二年四月二八日に終わった。「在日」はじめ旧植民地出身者は国籍選択権を与えられず一方的に日本国籍喪失とされ、「外国人」として扱われるようになったのである。そして出入国管理令と外登令にかわる外国人登録法が全面的に適用された。この外国人登録法に「指紋」押捺義務が導入されたのである。

ここで取り上げた「浜松乱闘事件」は、「在日」を「日本国民」、あるいは「外国人」として、日本政府が融通無碍に扱った占領期の事件であり、金嬉老事件は外国人登録法施行下に起きた事件で、日本で生まれ育ち、日本語しか話せない金は「外国人」として扱われた。

二　「浜松乱闘事件」

一九四八年四月、浜松市の中心街で小野組を中心とする香具師・警察と朝鮮人との間に、死傷者一七名という「乱闘事件」が起きた。この事件は「浜松乱闘事件」、「浜松騒擾事件」、「浜松市街戦」（梶山季之、『オール読物』一九六二年四月号）などと呼ばれた。

事件の背景　戦前・戦中期、治安の対象とされ、警察などにより抑圧的な生活を送っていた残留朝鮮人や「台湾人」などは、日本の敗戦とともにその軛から解放され、ある種「解放国民」としての地位を獲得しようとしていた。しかしだからといって安定した職業があるわけではなく、多くの朝鮮人は土建業などに従事し、なかには闇市に進出する者もいた。

他方、浜松市には戦前から東京霊岸島を本拠とする桝屋につながる香具師の集団・服部組があった。一九四二年に服部組を襲名した小野近義が小野組として約一〇〇名の組員を率いていたが、四七年七月に組を解散して露天商組合を組織、小野は県露天商組合連合会長を経て（四八年三月辞任）、小野興業社社長の職にあるかたわら、静岡県議会議員（無所属）となった。それも、県議会の警察委員長であった。

また、警察制度・機構の民主化をはかる新「警察法」が四七年三月から施行された。それは、従来の中央集権的警察組織を否定し、国家地方警察と自治体警察を創設するというもので、前者は都道府県公安委員会、後者は市町村公安委員会の権限の下に置かれた。警察組織を地方自治のもとにおき、個人の自由・権利の保護を目的とするものに編成したのである。

以下に事件の全体像を明らかにしていくが、その前に指摘しておかなければならないことがある。それは、今までこの事件の概要については新聞資料をもとに語られてきたが、事実を確定する作業の中で、新聞が報道する「事実」は、「双方による乱闘事件」として処理する意図をもって組み立てられてきたことが判明したことである。そこで事実の確定のために、以下の資料を主に使用する。衆議院「治安及び地方制度委員会議録」所収の四月一五日における静岡県選出川合彰武衆議院議員の発言（A）と五月六日の「浜松事件報告書」（B）、『静岡新聞』一九四八年五月一三日付の第一回公判での「公訴事実」の報道（C）、そして朝鮮人側の弁護人をつとめた布施辰治の控訴審弁論速記録（D）（『布施辰治植民地関係資料集 vol.2』所収）である。なお（C）は検察側が認定する犯罪事実であるが、新聞が報道した「事実」とも食い違いがあり、新聞報道のあり方を浮き彫りにするものとなっている。

朝鮮人と小野組との対立　まず一般市民による朝鮮人に対する反感、一部の朝鮮人の言動に対する怒りが存在していたことを明らかにしなければならない。これについては「終戦後とみに激増せる一部朝鮮人の横暴に対しては、恐怖の念を抱く者、あるいは復讐の念を企つる者があ」（B）ったという報告がある。また布施辰治も「中華民国人や朝鮮人に対して飽くまで蔑視していた、軽蔑の限りを尽くしていた彼らに威張らせる、彼らを対等に扱うなどということが癪に障るという日本人的な誇り、独善的優越感、そういう気持ちが終戦と同時に戦敗国日本として踏みにじられた、無条件降伏によって、日本の立場はそれらの中華民国人、朝鮮人に対し、全然そのところをかえなければならないことになった」（D）と指摘していた。

そういう状況の中、香具師の集団である小野組と新興勢力である朝鮮人との対立が頻繁に起きていた。一九四七年四月頃、浜松駅近くの旭町・新川沿いに朝鮮人によって「国際マーケット」が建設され、そこには各種商店・喫茶店があり、通称「闇市」といわれていた。八月頃、二階にダンスホールが誕生し、そこには各地から朝鮮人が集まり彼らの集会所のようになっていた。

「浜松市内においては、いわゆる暴力団と目さるる元小野組に対し一部朝鮮人の勢力急激に増加し、相対立し」（B）、また「いわゆる（朝鮮人の）不良分子が一つの組織をもっておって、しかもそれが相当に浜松市の治安の問題に関しまして有力な、無形的な発言権をもっておるというような状況で」、「市民は、警察もあまり手を出し得ないという現状、従って旧封建的な組織である……旧小野組に対してむしろ好感を寄せ……、小野組が新興集団勢力に対して反撃の態勢をとって、それを実践したということに対して、市民はむしろこれを支持しておるというのが実情であ」ったと報告されている（A）。

要するに、植民地支配から解放された朝鮮人に対して「癪に障る」という浜松市民の感情は、朝鮮人と対抗する小野組を背後で支えていたというわけである。

一九四七年九月一二日、小野組関係者と朝鮮人との抗争事件が起きた。その際、無防備の朝鮮人は、日本刀を持参していた小野組からそれを取り上げ、あとで小野組関係者の日本刀所持について取り締まるよう警察に要請したが、警察は処分することなく「うやむや」（A）にしたのである。この事件で生じた両者の対立を仲介しようと考えた浜松警察署長が料理店での手打ち式を計画したが、朝鮮人側が二、三時間遅れて来たことから対立はさらに激化した。

「浜松乱闘事件」　一九四八年四月一日、松菱百貨店付近でのタバコ賭博（「中華民国人」がやっていた）取り締まりのために、浜松警察署員四、五名が出動した。その際警察官の発砲によりけが人が出たため、周囲にいた朝鮮人により警察官の一人が暴行されるという事態になった。このとき小野近義が仲に入って署員の身柄を預かったのであるが、このことも対立をあおることになった。

そして「乱闘事件」の契機となる事件がおきた。四月四日のことである。

「朝鮮人主催により開催したダンス・パーティに、元小野組子分たりし楽士が欠勤し、ためにパーティは流会のやむなきに至った……朝鮮人側はこれを小野組親分小野近義氏の妨害によるものと誤解し、激昂の結果、同日午後五時ころ市内鍛治町一四一番地小野興業社社長小野近義氏方に朝鮮人新村隆夫外数人が乱入し、同店舗ウインドガラスその他家屋内器物を損壊する」（B）という事態が発生した。第一回公判でのこの事件についての公訴事実は次のようになっている。

◇月村組輩下の前田こと金興奎並びに金千福は「小野近義が故意に妨害するためやった仕業だ」と曲解、金小官他数十名の月村組輩下の朝鮮人等は怨恨も手伝い小野組一家に殴り込みに決し、同市田町に明月を経営している金小官等が首謀者となり、不良朝鮮人数十名を糾合、拳銃その他を携え集団を組んで午後四時頃小野組方に殴り込みをかけ「小野を出せ、出さぬと焼き払うぞ」と脅迫した上、表硝子戸その他を破壊、さらに一気に小野組を□滅駆逐し、浜松市における自己の勢力を拡張しようと、続いて小野組輩下の結集する大工町本宮末吉方を襲撃、拳銃等を発砲して威嚇、各所で乱暴狼藉を極め、午後九時頃これが鎮圧に向かった浜松署警察官と伝馬町通りで遭遇すると突然拳銃を発砲しつつ逃走、警官隊これに応戦、午前一時に至り一応平穏に帰したが市内の中心地で行われたため、一般に非常な衝撃を与えた。(C)

ところが布施の弁論に、次のような指摘がある。朝鮮人による四時半頃の小野の自宅・マリヤ洋品店に対する襲撃であるが、そこには警察官がいた。非常に乱暴な行動であったなら逮捕されているはずだし、破壊されたというガラス戸なども証拠として押収されているはずだが、それもなく写真も撮られていない。したがって「襲撃事件は大した問題ではない」。非常召集の警察力は一二〇人も集まって来たと言うが、「朝鮮人に拳銃をもって射撃を加えたこと以上の何もない」。「小野組に対する朝鮮人の乱暴があったということを聞き込んで、第一番に見舞いに来た者は、大石という前警察署長」で、「大石は小野の選挙を応援した、小野は大石の市長選挙に応援と支持を求めたという政治的な関連」があった(D)、というのである。

この日の事実をまとめると、①楽団が来ないことによる朝鮮人側主催のダンスパーティは中止に追い込まれたこと、②朝鮮人側が、①を小野組側の妨害であると認識したこと、③②に関して、朝鮮人側が小野宅に抗議に行ったが小野と会うことが出来ず(居留守をつかわれた)、そこで騒いだこと、④また小野組構成員宅を襲撃したこと、⑤朝鮮人と小野組との間に乱闘が始まり、⑥出動した警察官により銃撃が行われ、⑦朝鮮人三人がけがをしたこと、⑧小野組と警察とは何らかのつながりがあったこと、ということになる。

そしてもっとも大きな事件が四月五日に起きた。『静岡新聞』四月九日付の「浜松騒擾事件概貌」には、以下のようにまとめられている。

◇午後七時頃またも小野方へ十数名の一団が殺到、再び付近に血なまぐさい乱闘が始まり武装警官隊約一〇〇名が出動し、九時頃平静となった。◇ところが同夜一〇時頃に至り小野組に県下各地から来援した数十名の一団が抜刀隊や猟銃隊を組織、浜松駅前国際会館、田町金泉旅館などを逆襲、建具、器材などを破壊、一方相手方はさっと手を引き翌朝二時頃平静に帰した。◇浜松署は翌未明にかけ一斉検索の結果、首謀容疑者日本人四名、朝鮮人（第三国人は朝鮮人と判明）二名を逮捕した。

この日に起きた事件は、①午後七時頃十数名の朝鮮人が小野組を襲撃→②双方による乱闘→③武装警官の出動により平静となる→④午後一〇時頃小野組とその支援者等が朝鮮人側の三ヶ所を襲撃→⑤その後警察が六人を検挙、ということになる。これが今まで事件の経過として記されてきたことだ。

ところが、「公訴事実」はこう記している。「翌五日に至り東海道筋□□会連中は急遽小野組応援のため拳銃、日本刀その他の凶器を携帯して続々来浜、日没を帰して一挙に反撃すべく手筈を決め、味方の識別として左の腕に白い腕章を捲くこととし、一方月村組輩下も金小官以下の連中は小野組側の反撃を予想し、武器を準備して各所に待機、午後七時過ぎ朝鮮人の一部が砂山町飲食店青龍軒こと青木□□方に潜伏中との報に、□した香具師数十名が二隊に分かれて青龍軒を襲撃、朝鮮人は逃亡、更に、国際マーケットに殴りこみをかけ、喊声をあげて殴りこみ、猟銃、拳銃を発射しつつ雪崩れ込み、日本刀その他凶器で破壊した。この襲撃に参加した数は野次馬を加えると約三〇〇名で、マーケットに待機した朝鮮人もこれに応戦したが衆寡敵せず裏口等から逃走、小野組一派はさらに同町金泉館、明月旅館等を襲撃破壊し、午後一〇時頃までの間に同市の中心街旭町、鍛冶町、千歳町田町付近は無警察状態となり、両派入り乱れて各所に交戦、この結果三名の死亡者と十数名の

負傷者を出し、午後一〇時過ぎ漸く鎮圧、なお目下数名を逮捕状により追及中である。」（C）

前述新聞記事の①から③、つまり午後七時頃の朝鮮人・小野組双方による「乱闘」はなく、小野組側の一方的な襲撃に終始したということである。さらにこの時、警察が出動していたにもかかわらず、小野組側の行動を押さえようという動きがまったくなかったことは特筆すべきことである。四月一五日の衆議院「治安及び地方制度委員会」でも、国家地方警察本部警視の樺山俊夫は「五日の夜に乱闘がありました際に、国際マーケットに対しまして小野氏の側がなぐりこみをかけておりますが、その際に現場に三〇人ほどの警察官が警戒をいたしておった。このなぐり込みに対しまして、現場におりました警察官が手をこまねいて傍観をしておりまして、手がつけられなかったというような事実がございます」（「衆議院治安及び地方制度委員会会議録」二三号）と語っている。

布施も要旨次のような弁論を展開して、この「浜松乱闘事件」の本質を明らかにしている。「警察官の常に用いている捕縄が」国際マーケットで発見されていた。ピストル、日本刀など使用された凶器が証拠物件として出ていない。「出ておるものは僅かに機銃の一挺です。それが殆ど役に立たないものだけで、本当に人を殺し人を傷つけた武器、凶器は押収されていない」、襲撃した小野組側の一団が「お互いの目印とした白だすきのごときは、相当少なからず証拠物件として押収されていなければならないはず……にもかかわらず出ておらない」、「朝鮮人側二人の死者、これがどういう状態でむごたらしくも惨殺されたか」、「他の一人の日本人の死者、これも日本人として殺されたのではない、朝鮮人として誤って殺された日本人である」、「この事件は朝鮮人と日本人側の浜松における乱闘事件ではありません。むしろ或る反動ボス一派の朝鮮人に対する一種の襲撃事件であります」、「被害者は、朝鮮人側三名の死者、二〇名に近い負傷者があったわけです。警察側には一人

の被害者もないことであります。小野組側にも負傷者、犠牲者の出ておらないことであります。」（D）

確認された五日における事実は、①小野組は、朝鮮人との一戦を決意し、各地から応援を集めた、②午後七時頃から、小野組が朝鮮人への襲撃を開始、③日本刀や猟銃を持ち、左腕に白だすきをした小野組関係者が国際マーケット、金泉館、明月旅館などを襲撃・破壊した、④派遣されていた警察官は、小野組関係者の行動に対して拱手傍観していた（さらには襲撃に参加していた?）、⑤この襲撃により三名の死者と二〇名近い負傷者が出され、⑥朝鮮人側は逃走した、ということになる。

翌六日、警備本部が置かれ、「午後九時二〇分には岐阜二四聯隊カーナー少佐以下一七二名が来浜、警戒に当たりましたが、事態平穏となったので、一部三五名を残して帰隊」（B）。浜松のこの事件について、占領軍は「連合国軍最高司令官指令違反」事件として、四月八日第一軍団司令官に報告した。

事件の意味　衆議院議員川合彰武は、衆議院の委員会で「小野組が新興集団勢力に対して反撃の態勢をとって、それを実施したということに対して、市民はむしろこれを支持しておるというのが実情であります」と報告した。事件後、浜松にはある種の平穏が訪れたという。在日朝鮮人が街頭にその姿を現さなくなったからである。

浜松市に訪れた平穏は、「在日」を取り巻く状況（法的地位など）が変化したからではなく、小野組と警察が中心となってつくりだした力（暴力）によって「在日」の存在が「不可視」化されていくなかでつくられたものである。その暴力を、市民も支えた。

弁護にあたった布施辰治は、裁判で次のように語った。「非常に根深い警察官と保守勢力との連絡による事件として、いわゆる乱闘事件ではない、むしろ朝鮮人襲撃事件としてその真相を把握すべきもの」（D）と。布施のいう「保守勢力」には小野組関係者だけではなく、一般の市民も含まれる。彼ら市民は、小野組側に五〇万円を裁判費用として寄付したのである。

一九四八年八月四日、静岡地方裁判所浜松支部で第一審判決があった。朝鮮人側は暴力行為等取締規則違反で八名、小野組側は騒擾罪等で九名が有罪となった（『毎日新聞』一九四八年八月五日付）。しかし、朝鮮人側に死者が出ているにもかかわらず、捜査でも裁判でも、それは追及されなかった。布施は、「証拠の蒐集も彼ら（小野組側―引用者注）に不利益なものは悉く隠蔽され」、「偏見と差別の思想によって作りあげられておる事件」（D）だと断言している。裁判もその暴力を支えたのである。ここには、「脱植民地化」を素通りした日本の姿が典型的に現れているといってよい。

この頃、浜松だけでなく、神戸で起きた「阪神教育闘争」など各地で在日朝鮮人と警察などとの衝突事件が起きていた。これらの事件には、戦争直後の経済的・社会的混乱、占領軍・日本政府による「在日」に対する不安定な処遇・差別、「在日」に対する日本人の差別意識、そして朝鮮半島の混沌とした情勢などが凝縮している。これらに関わる「在日」の怒りの爆発が、まさに治安維持という名目のもとに抑え込まれたのである。その結果「在日」の抱える問題（差別）は「不可視」の領域に追いやられ、日本人は「不視」という安楽に浸ることができたのである。

この事件に限っていえば、警察と協力した小野組が中心となって朝鮮人を一方的に「襲撃」した事件であったにもかかわらず、朝鮮人と小野組の「双方による乱闘」事件として報道され、また一般にもそのように認識されてきたのである。

なおこの事件は、施行されたばかりの警察制度（自治体警察と国家警察の併存）を再検討する契機ともなった。治安維持のために警察の武装強化の必要性が論じられ、国家警察と自治体警察間の連携や自治体警察間の緊急支援の問題などが提起され、ほぼ同時に起こった「阪神教育闘争」などの朝鮮人の闘いとあいまって、その後の自治体警察廃止へと連動していった。もちろん在日朝鮮人に対する取り締まりも強化された。

三　金嬉老事件

前述の「浜松乱闘事件」が、植民地支配や「在日」の抱える問題を隠蔽する事件であるとするなら、一九六八年に起きた金嬉老事件はそれを顕在化する契機としてあった。事件から二五年後、『朝日新聞』（一九九三年三月二四日夕刊、「「金嬉老事件」を韓国は忘れない」）は事件をこう説明している。

一九六八年二月二十日、在日韓国人の金嬉老（キム・ヒロ）服役囚が、静岡県清水市のクラブで債権取り立てをめぐって暴力団幹部ら二人を射殺。ライフル銃とダイナマイトで武装し、寸又峡温泉の旅館に宿泊客ら十三人を人質にしてろう城。記者会見などを通じ、朝鮮人蔑視発言をしたとして警察官の謝罪を要求。二十四日に逮捕されるまで、テレビを通じて一挙一動が全国の茶の間に流された。裁判で検察側は「（民族差別問題は）殺人行為のすり替え」と主張、七五年、最高裁で無期懲役刑が確定した。

この説明には、国家とマスメディアによってつくり出された構図が端的に表されている。というのも、この事件こそ近代日本の朝鮮人差別が凝縮されていたのであり、それが金嬉老という人物によって厳しく問われたのである。しかし、国家とマスメディアは、それが可視化されることを必死に避けようとした。まず金が受けた差別のありようを一つだけ示しておこう。幼い頃の体験である。

（豚を飼っていた金が）ある日、近所の家の勝手口で、残飯の入ったバケツから豚の餌を貰っていると、通りにとめておいたリヤカーを日本人の子供たちがドブ川に突き落としているではありませんか。「朝鮮人だ、臭い臭い」彼らは盛んに私たちを囃し立てました（金嬉老『われ生きたり』）。

金は、このような差別された体験を蓄積しながら生きてきた。「朝鮮人差別は常に私について廻りました」（『われ生きたり』）と記すゆえんである。金は、無数の差別体験を踏まえて「私は今でこそ、朝鮮人に生まれたことを恥ずかしいとは思いませんが、過去においては、どんなに私は自分が朝鮮人でなければと思ったか分かりません。日本人になりたい！それはかなえられる事のない私の願いでもあったのです。朝鮮人！とは一体どんな人種なのだろうか？朝鮮人は何故に日本人から蔑まれたりひどい扱いをされるのか？朝鮮人は日本人に対して私の知らない処でどんなに恥じることをしたのであろうか？などと、色々な疑問はかなり早くから持っていたのです。」（「金嬉老公判対策委員会ニュース」第四号、一九六八年一〇月）と記している。

金嬉老の本名は權嬉老、本章では金嬉老を使用しているが、金はいくつもの名を持っていた。金岡安広、清水安広、近藤安広、権嬉老、権禧老。このように多くの名を持つ、いや持たざるをえなかったことこそが、在日朝鮮人がおかれた現実を表している。

金は一九二八年（昭和三）一一月清水に生まれた。父は權命述、母朴得淑であった。金が五歳の時、父が事故で死亡、その後母は再婚したが、金は義父になじめなかった。小学校で差別を受けたことから不登校となり、家庭にもいられなくなった金は、各地を転々とし、戦後は小笠郡原谷村本郷（現掛川市。戦時中中島飛行機地下工場建設工事に従事していた）の家族のもとに身を寄せた。掛川で飲食店を始めたが、家庭の事情から店をたたみ清水市内で生活するようになった。その清水で警察官による朝鮮人侮蔑発言にあったのである。

一九六七年七月、地元の暴力団と在日朝鮮人の一団がもめていたとき、仲に入った警察官の一人Kが「てめえら朝鮮人は日本に来てロクなことしてねぇ！」、「朝鮮人は朝鮮に帰れっ」と怒鳴ったという。金はこれに強い怒りをもった。

一九六八年二月二〇日午後、金は暴力団員を清水市にあったクラブ「みんくす」に呼び出し、ライフルで暴力団員ら二人に銃弾を浴びせたのである。原因は、暴力団員による恐喝であった。暴力団員は、金が友人に渡した手形を入手し、それをもとに金やその家族を脅したのである。暴力的に追い詰められた金は、躊躇しながらも暴力団員を殺し、同時に蓄積された差別体験の象徴としての警察官Kによる「差別発言」を社会的に明らかにし、そして死ぬという決意を抱いた。金は凍結している道を走り続け寸又峡に至った。夜一一時三〇分頃、金は「ふじみや旅館」（望月和幸経営）に上がり込んだ。そこには旅館の望月一家、宿泊客など一三人がいた。金は清水での殺人事件について話した後、手記によればこう語ったという。

私は、朝鮮人です。朝鮮人として日本の人から随分惨めな思いをさせられ、傷つけられてきました。母や兄弟、同胞たちの苦痛も、同じように見てきています。私は、警察からも許せない屈辱を受けました。警察相手にどうしても決着をつけなければならないんです。決して押し込み強盗なんかじゃありません。決着がついたら、自殺する。協力してください。迷惑をかけてすいません（『われ生きたり』）

これが事件の発端である。その後同月二四日午後三時半頃に逮捕されるまで、金は警察官Kの行為に関して警察に謝罪を求めながら、「ふじみや旅館」にとどまった。その間、金はマスコミを通じて、「在日」が置かれている状況を訴えたのである。

しかしほとんどのマスコミは、死を決意した金の訴えを真剣に取り上げようとはしなかった。とくに静岡県内で最多の発行部数をほこる『静岡新聞』は、「ライフル魔「金」」、「冷血で残虐行為も平気／暗い生い立ち長い刑務所暮らし」という見出しで、記事本文では「金嬉老は一口にいって世をすねた男、精神分裂症のような男である」（二月二一日付夕）と記すなど、一貫して金の訴えを無視し金嬉老に対する人格的な攻撃を繰り返した。ただ『朝日新聞』だけが、見出しに「事件の裏に〝差別〟問題」を掲げたり、「素粒子」で「ライフル男、人種差別の侮辱感から来る反抗も一因。心すべき問題を含む」（二二日付夕）と書いたり、あるいは「天声人語」で「その一方で、この犯人、金嬉老の公開する心境の中には、日本人に深く考えさせるものを持つ。それは日本で差別と軽べつを受け、長いあいだ怒りを抱いてきた「朝鮮人の声」がはげしくこめられているからだ。どんな差別をしたか、しなかったか、各人で自分に問いたい。」（二三日付）などと、金の訴えに耳を傾けていた（ただし、現地からの報道は、『静岡新聞』などとかわりはない）。

二三日に「解放」（金は「下山」という）された「人質」（金は「同居人」と呼ぶ）たちは、「金さんの話から、人種差別はいけないと思う……私は金さんに同情している」、「金さんはなるたけ死なないようにお願いしたい。……法廷で力添えし、協力してよい方へ持って行きたい」などと語り（『静岡新聞』二月二四日付）、金の訴えに理解を示している。そのほか、事件を知った人々から金に寄せられた手紙や新聞への投書にも、金の訴えに心動かされたことが綴られていた。

他方、金は民族差別の問題を、殺人事件の口実として取り出したのだと主張する意見、それは事件が起きたときから存在していたが、その後はその意見に従って展開した。警察、検察、そしてマスメディアに携わる者たちによってそれは担われていった（某新聞社は警察官に自社の腕章を貸し与え、金逮捕に一役を演じたことにもそれは示されている）。

一九六八年六月二五日から始まった裁判は、その意見が明白に誤りであることを明らかにした。弁護団は、この事件の原因として「在日」への差別の実態（民族差別を離れてこの事件は存在しないこと）を示し、事件の直接的動機となった債権問題と「みんすく」での事実を明らかにし、そして寸又峡での金の行動を示す中で「監禁」などが成り立たないことなどをきめ細かく証明していった。「監禁」については、『朝日新聞』静岡版（二月二四日付）も、「金に監禁された九人は、逃げようと思えばいつでも機会はあるのに、なぜ逃げないのか」という疑問を解明しようとした記事を載せている。そこで「人質」たちは逃げなかった理由を、「残った人のことを考えるから」、「金さんは何もしない。死ぬときは旅館をこわさないよう外に出て一人でやると約束したから」、「金さんの二つの要求は当然だ」などと答えていた。そしてさらに「凶悪犯罪事件」としてマスメディアがセンセーショナルにこの事件を創作していった事実も明らかにした。

しかし、弁護団の真摯な弁論にもかかわらず、一九七二年六月一七日に静岡地裁で下された第一審判決は、「在日」が抱える差別問題を直視しなかった（量刑においてのみ考慮された）。警察などの「被告や弁護団がどう主張しようと、金の犯行に〝民族問題〟は関係ない」（『読売新聞』六月一七日付）という論理に沿ったものであった。

その後、一九七三年四月に控訴審が始まり（東京高裁）、翌七四年六月一一日、判決が下された。控訴審でも同様の論理が採用された。一九七五年一一月、最高裁第三小法廷は上告を棄却し、金の無期懲役が確定した。金は一九九九年に仮釈放され、釜山市に「永住帰国」（といっても、金は日本で生まれた）し、二〇一〇年三月二六日に亡くなった。亡くなる数日前、金は立てこもった旅館の人たちに「悪いことをしたと伝えてほしい」と頼んだという（『中日新聞』二〇一〇年四月二〇日付）。

金は韓国から日本人へ宛てて手紙を書いている。それを引用しよう（『われ生きたり』）。

差別をする者は、差別される者の心の痛みや苦しみがどんなものかを理解できない、心のゆがんだ人間だと思います。そういう人間によって、将来のある若者達がどんなに苦しみ悩み、そして、自らの手で死を選んだことでしょうか。悲しいかな、他人の不幸や苦しみ痛みは我慢できても、自分自身のこととなると、耐えられないのが、人間の姿だと思います。しかし、それでも、他人への思いやり、心のぬくもりを分かち合える、そんな素晴らしい日本人が沢山いることも否定できない事実です。祖国でその事を同胞達に強調するのも、そこに人間関係の大切さがあると私は思っているからです。私は差別をして来た皆さんを憎んだりはしていません。それは、もう過去の事です。でも、いまだに理由もなく差別をしたり蔑視をする、そういう人には絶対に泣き寝入りしないし、闘う意思を捨てることはできません。

また『私戦』の著者・本田靖春もこう書く。「確かに彼は殺人犯である。その事実は彼自身も認め、どの道、死刑台にのぼるのであろうから、自分で生命を断つと繰り返している。方法についてはともかく、それが彼の選んだ責任の取り方なのである。その上に立って、彼は日本社会の差別構造に糾弾の矛先を向けた。殺人行為を是認する者は一人もいないであろう。同時に、差別の現実を否定し去ることの出来るものも、皆無のはずである。繰り返しになるが、金嬉老は自分のおかした罪を償わないといっているのではない。警察の謝罪をかちとるというかたちで、日本人一人一人の目を差別構造に向けさせることが出来たら、それと引き換えに生命を捨てると確言しているのである。」

おわりに

二一世紀に入ってから、〝韓流〟が日本社会で市民権を得るようになった。韓流ドラマやK―POPが日本国内で注目される一方、韓国では一時期〝日流〟ブームが起きた。日韓両国においては、これからも文化をはじめ様々なレベルでの相互交流が深まっていくことが期待されている。しかし残念ながら、排外主義的な言動が今日本各地で展開されている。東京・新大久保や大阪・鶴橋のような在日コリアンの集住地域で、「朝鮮人を叩き殺せ！」などという罵詈雑言が公然と街頭で叫ばれている（安田浩一『ネットと愛国』、講談社、二〇一二年など）。近代日本国家の初発から続いてきた植民地支配、民族差別の問題を解決することなく、日本政府はじめ公的権力が戦後においても差別政策を温存し、「不視」のままにしてきた結果ともいえよう（日本人は「脱植民地化」のプロセスをネグレクトしたのである）。

静岡県の戦後史に存在したこの二つの事件、とくに後者はこの問題を可視化する重要な機会であった。だが真実は歪められ、今もって誤った認識のもとに事件は伝えられている。

〈**主要参考文献**〉

静岡県警察本部『いわゆる金嬉老事件の捜査概要』（一九六八年）
金嬉老『われ生きたり』（新潮社、一九九九年）
本田靖春『私戦』（講談社文庫、一九八二年）

第三章　障害児の親たちの運動

鈴木雅子

一九五〇年代半ばから七〇年代初期にかけての高度経済成長期は、日本の障害児教育や障害者福祉制度が大きく進展し、今日の基礎が築かれた時代である。このような政策の進展に大きな影響を与えたものの一つに、障害児の親たちの運動があった。知的障害児の親たちによる「手をつなぐ親の会」(公式名：精神薄弱児育成会。現、全日本手をつなぐ育成会)は、日本最初の障害児の親の会として一九五二(昭和二七)年に結成され、教育・福祉・行政関係者などの支援を得ながら、その後の知的障害政策に大きな影響を及ぼした。

本章では、同会の都道府県組織の一つである「静岡県手をつなぐ親の会」(現、静岡県手をつなぐ育成会)に焦点を当て、一九五〇年代～七〇年代の運動の特徴とその意義を検討する。この期の障害(児)者やその親たちはさまざまな困難にどのように立ち向かい、どう解決していったのか。これらの解明は、二一世紀を生きる私たちに多くの示唆を与えてくれることだろう。

なお、「精神薄弱」という法律用語は一九九九年に「知的障害」に改められた。本章ではできるだけ後者を使ったが、法律や施策の名称などでは当時のままの用語を使用した。

一　戦後知的障害対策の出発と「手をつなぐ親の会」の結成—全国的動向—

戦前の知的障害対策　戦前の日本では、知的障害者に対する社会の関心はきわめて低く、また家族も障害者の存在を恥じ隠す傾向が強かったため、知的障害者に対する法律的制度的な福祉措置はほとんど講じられていなかった。わずかに少数の民間篤志家による施設保護や学校教育における特別学級などが存在したものの、その数は微々たるものであったうえ、第二次世界大戦に向かうなかで次第に影をひそめていった。

知的障害対策の出発　敗戦後の日本では、一九四六（昭和二一）年の日本国憲法、五一年の児童憲章の制定などを通して基本的人権尊重の機運が高まり、知的障害者をめぐる社会状況も大きく変化した。福祉の分野では、一九四七年に児童福祉法が制定され、精神薄弱児施設（現、障害児入所施設）が児童福祉施設の一つとして制度化された。一八歳未満の知的障害児の福祉対策が初めて法的に位置づけられたのである。しかし戦後混乱期にはわずかな施設しかなく、しかも施設収容以外の施策はほとんどなかった。

教育の分野では、一九四七年制定の学校教育法により、盲・聾学校（現、視覚・聴覚特別支援学校）と養護学校（現、特別支援学校）が義務制となった。義務制とは、保護者が障害児を就学させる義務と、国や地方自治体が学校を設置する義務のことを指す。ただし、義務制の開始時期は別に政令で定めることとされたため、盲・聾学校の義務制が四八年に開始されたのに対し、（知的障害児、肢体不自由児などを対象とする）養護学校の義務制実施は一九七九（昭和五四）年まで待たねばならなかった。また同法では、戦前からある「就学猶予・免除」規定が残されたため、重度の障害児は学校教育の対象外とされた。

　こうして戦後まもなく障害児教育の制度的基盤はできたものの、その実施は容易ではなかった。当時日本の教育界は、敗戦の混乱と窮乏のなかで六・三制義務教育の即時実施という課題を抱えており、障害児の教育にまではなかなか手がまわらないというのが実情であった。しかし、そのようななかでも文部省（現、文部科学省）は地方自治体に養護学校、特殊学級（現、特別支援学級）の設置を要請・奨励し、全国の特殊学級数は一九四八年に小学校二二二、中学校一七、四九年に小学校四八四、中学校二六、五〇年に小学校六〇二、中学校四九と年々増えていった。一九五〇年には日本初の知的障害児の中学校として、東京都立青鳥中学校（のちの都立青鳥養護学校。現、都立青鳥特別支援学校）が開校された。当時、養護学校設置には国の財政的援助がまったくなかったため、養護学校とすることは控えられたのである。

手をつなぐ親の会の結成　このようななか、東京都千代田区立神竜小学校の特殊学級に子どもを通わせる三人の母親と一人の社会教育家の呼びかけで、一九五二年、「手をつなぐ親の会」（以下、「手親会」と略）が結成された。当時、東京では特殊学級は「狭き門」で、入級を希望してもなかなか入れなかった。このような状況をなんとかしなければと親と関係者らが立ち上がったのである。当初の運動目標は、①養護学校、特殊学級の整備・義務化、②精薄児施設の拡充強化、③精神薄弱者のための法的措置の整備と職業補導施設の設置であった。結成大会が開かれた七月一九日には、関係各方面への第一回目の陳情が行われた。

　一九五〇年代の日本では、地域婦人団体、婦人学級、サークルや同好グループ、学習会など、官製のものから自発的なものまで女性や母親たちの集まりが各地にでき、女性の社会的発言・活動が活発化した。一九五五年には第一回日本母親大会が開催され、以後毎年開かれる大会では、障害児の教育・福祉も重要テーマの一つとなった。一九五〇年代とは日本の母親たちが連帯し、子どもたちのより良い未来のために立ち上がった時期である。手親会が結成され全国に広がっていったのは、まさにこのような時であった。

精神薄弱児対策基本要綱　会結成当初の運動は、一九五三年、吉田茂内閣の事務次官会議決定による「精神薄弱児対策基本要綱」に結実した。これにより日本で初めて知的障害児施策の根本方針が確立され、関係各省はこれに沿って施策を進めることになった。ただしこの要綱には、少年院、精神病院の拡充強化、優生手術の実施、知的障害児の発生予防など、のちに障害者の「隔離」「抹殺」などと批判されるようになる内容が含まれていた。当時、知的障害者は犯罪予備軍とみなされる傾向が強く、知的障害対策は人道的観点からだけではなく、社会防衛的観点からも必要とされたのである。

また、この要綱の対象は一八歳未満の児童に限られていたため、以後、手親会はこの内容を成人にも広げる運動に取り組み、結果として、一九六〇年に精神薄弱者福祉法（現、知的障害者福祉法。以下、「福祉法」と略）が制定された。

二　静岡県における特殊学級開設と手親会の誕生

特殊学級の開設　一九四七年四月の六・三制義務教育の開始後、教育現場では授業についていけない「特殊児童」の存在が大きな問題となった。これに対し静岡県内の各学校では、能力別教科指導、放課後の特別授業など独自の取り組みが行われたが、やがてそれらのなかから特殊学級設置の機運が高まった。

能力別指導の実践校であった島田市立第一中学校に県内初の特殊学級（実務学級）が開設されたのは、一九五〇（昭和二五）年四月のことである。「忘れられた子達」と呼ばれる知的障害児問題はこの頃から県内のマスコミにも取り上げられ、翌年には県教育委員会や県立教育研究所も「精神遅滞児」問題への取り組みを開始した。

清水市（現静岡市）では母親たちの陳情に応えて、一九五一年一二月、市立清水小学校に「なかよし学級」が開設された。五二年四月には熱海市立第一小学校をはじめとする小学校五校、中学校二校に特殊学級が設置され、県内の特殊学級設置校は九校となった。当初、特殊学級の対象は知的障害児ばかりでなく、「性格異常児」、不良児、浮浪児などが混在していたが、やがてそのほとんどが知的障害児になっていったという。特殊学級の教育目標は障害児の「社会的自立」であった。ただし、そこには「社会の迷惑にならない子」をつくる（犯罪化の防止）という側面があったことも見逃せない。

これら特殊学級の担任たちは、一九五四年に静岡県特殊教育研究協議会（県特研）を結成し、教育研究、社会への啓発活動、特殊学級増設運動などを通して県内の知的障害教育の推進力となった。また、担任たちは各地の手親会の結成・発展にも尽力した。

障害児の親たち　当時、とくに農山村地域では、知的障害児がいることをひた隠しにする親もおり、また一部の一般保護者の間には障害児が入学すると伝染するという風評もあり、特殊学級の開設は容易ではなかった。入級を勧められたある母親は次のように訴えている。「私は嫁の立場で、おばあちゃんが『お前がとろいので、子どもまでとろい』というんです」「この子が実務学級にはいれば、あしたから隣近所からどんな冷たい目で見られるか。それに、ねえちゃんの縁談もつぶれてしまいます……この組にこの子がはいるなら、私はこの子と死んでしまいたい」（杉本和雄「精薄の子らを社会に送って」『母と生活』一九六〇年六月号、静岡教育出版社）。

当時一般には、障害児の出生を前世の因果や遺伝によるものだとする意識が強く、障害者本人ばかりでなくその家族までもが差別された。また、「障害児の出生・育児は親（とりわけ母親）の責任」とする社会の規範も強く、「障害児を産んだ」という負い目や罪悪感から、母親たちはなおさら子どもの障害を隠そうとした。このような状況が、特殊学級の普及を阻んでいたのである。

熱海手をつなぐ親の会　ところが、特殊学級の親のなかにも積極的に学級に協力しようとする者たちが現れた。熱海一小の特殊学級担任・三谷健一郎は、他県の研究会で全国手親会の存在を知り、学級の母親たちの協力を得て一九五四（昭和二九）年一二月に「熱海手をつなぐ親の会」を結成した。県内初の手親会の誕生である。

働く女性が多い温泉観光地・熱海は「女のまち」（女性の労働に支えられた町）と呼ばれ、女性たちの自立性の高い町であった。熱海の手親会では結成から今日まで一貫して母親が会長になり、初代～三代目の会長はすべて旅館の女将であった。熱海では旅館の女将は名士である。町の女性名士が先頭に立つことにより、熱海の会は大いに発展した。母親たちは、会で仲間と出会い悩みを共有することを通して、子どもの障害を受容し、前向きに生きる力を身につけていったのである。こうして、子どもが特殊学級に入ると同時に、親が手親会に入会するのが当たり前になっていった。

一九五六年、熱海市教育委員会は市内の母親から文章を募集し、『私たちの生活と意見　―熱海のお母さんの生活記録』を刊行した。このなかの「特殊学級の母」の章には一四人の母親たちが実名で投稿している。障害児を隠そうとする親が多かった当時としては、特筆すべきことであろう。四代目会長の並木まつ枝は、「熱海では自分の家に障害児がいるのを隠したいということはなかった。みんな平気でいた」と述べている（二〇一〇年一二月九日、筆者聞き取り)。観光地・熱海の開放的な土地柄が、人々の障害に対する寛容さをもたらしたのではないかと思われる。

三　県内各地における手親会の発展

静岡県手親会の結成　一九五四年に熱海市で生まれた手親会は、特殊学級の担任と母親たちの積極的な働きかけによって、隣接する市に広がっていった。翌年には三島市と吉原市(現富士市)、五六年には沼津市、五七年には御殿場市に会ができ、五六年には東部連合会も結成された。他方で、一九五五年には静岡市、五六年には清水市、島田市、磐田市にも会ができ、五七年には西部地区連合会、五九年には中部地区連合会が結成された。

さらに、会の代表たちは県組織設立を目指して県母子福祉課(のちに児童課)に協力・援助を要請し、県もまたこれに積極的に応えて、一九五九年一〇月、「静岡県手をつなぐ親の会」が成立した。会長には、静岡市の実業家で県ＰＴＡ連合会会長の松林弥助が就任し、事務局は県庁の母子福祉課に置かれた。以後、同課が中心となり県内各地に手親会がつくられていく。

自民党との連携　ところで、一九五九年は、全国手親会が政権与党・自民党との連携を強めた時期でもあった。もともと結成当初から社会党関係者の協力を得ていた会は、その後の運動で政府与党の理解・協力の有効性を体験し、一九五九年の福祉法制定運動では自民党との懇談を重ね、一方の自民党もこの時期、党内に精薄対策専門委員会を設置した。こうして一九六〇年、手親会念願の福祉法が成立したのである。当時の会と自民党との関係は、一九六〇年九月の『手をつなぐ親たち』（全国手親会発行の指導誌。以下、『親たち』と略）が「お世話になった国会議員」として名前を挙げた六三人のうち、五一人が自民党議員であったことにも表れていよう。以後、手親会は主として自民党と連携しながら運動を進めていくことになる。

市町村組織の拡大　表一にみられるように、静岡県では一九五四年から一九八二（昭和五七）年にかけて、七六の市町村組織が成立した。ここでは、主として静岡県手親会の『三十周年記念誌』（以下、『記念誌』と略）を用いて各地の会の特徴を検討したい。なお、とくに断りのない場合、この項での引用文は同書による。

表一によれば、県内の市町村組織の拡大過程は、①都市部を中心に漸増した一九五〇年代後半、②町村部を含めて急増した一九六〇年代、③増加が止まりほぼ横ばいの七〇年代以降、の三つの時期に分けられる。これを図一で特殊学級等の拡大過程と比較すると、会が、一九五〇年代半ば～六〇年代に特殊学級の普及と並行して増え、一九七〇年頃にはわずかな地域を残してほぼすべての市町村で成立したことが確認できる。

では、これらの会はどのようにして結成されたのか。表二では、各会の結成の契機を四つに分類して示した。分類は、各団体に関する短い紹介文を手がかりにしたため必ずしも厳密とは言えないが、全体の傾向を把握することは可能だと思われる。まず全時代を通した会結成の契機をみると、特殊学級を母体として成立したもの二〇、特殊学級設立運動を契機としたもの七、なんらかの形で行政の協力・指導を受けて成立したもの三二、不明一七であった。

一九五〇年代の手親会　これを前記の三つの時期ごとにみていくと、まず一九五〇年代に成立した会には、特殊学級を母体として結成されたものが多い。この時期、人口の多い都市部から特殊学級が設置され、手親会はいわば特殊学級のＰＴＡ（保護者会）として、担任と親たちの手で結成されていったのである。

〈表1〉静岡県内市町村組織の年次別設立状況

年	新設数	新設市町村名	総数
1954	1	熱海市	1
1955	3	三島市　吉原市　●静岡市	4
1956	4	沼津市　清水市　島田市　磐田市	7
1957	3	御殿場市　岡部町　●浜松市	10
1958	1	小笠町	12
1959	3	富士市　●下田市　引佐町	15
1960	3	富士宮市　藤枝市　●天竜市	18
1961	3	小山町　蒲原町　相良町	21
1962	5	裾野市　長泉町　焼津市　湖西市　三ケ日町	26
1963	5	伊東市　鷹岡町　●河津町　松崎町　菊川町	31
1964	3	伊豆長岡町　袋井市　浜北市	34
1965	5	東伊豆町　●富士川町　金谷町　●森町　可美村	39
1966	3	天城湯ヶ島町　川根町　新居町	42
1967	6	清水町　御前崎町　榛原町　吉田町　浜岡町　佐久間町	48
1968	4	土肥町　中川根町　竜洋町　雄踏町	52
1969	10	南伊豆町　大仁町　中伊豆町　大井川町　本川根町　大須賀町　春野町　浅羽町　豊岡村　水窪町	62
1970	3	西伊豆町　豊田町　舞阪町	65
1971	1	芝川町	66
1972	3	賀茂村　函南町　掛川市	69
1973	1	大東町	70
1974	1	細江町	71
1975	1	由比町	72
1976	1	修善寺町	73
1977	1	戸田村	74
1978	0		74
1979	1	福田町	75
1980	0		75
1981	0		75
1982	1	韮山町	76

(典拠)静岡県手をつなぐ親の会創立30周年記念誌編集委員会編『三十周年記念誌』静岡県手をつなぐ親の会、1988年、19～48頁より作成。

(注1)沼津市における設立年は、沼津市手をつなぐ育成会編『沼津市手をつなぐ育成会五五年のあゆみ』沼津市手をつなぐ育成会、2011年によった。

(注2)各組織設立の契機については次のように表示した。市町村名=特殊学級を母体として成立したもの、●=特殊学級設置運動を契機として成立したもの、市町村名=なんらかの形で行政の指導・協力を受けて成立したもの、無印=不明。

〈図１〉静岡県内の特殊学級設置校数と養護学校数、および「手をつなぐ親の会」数の推移

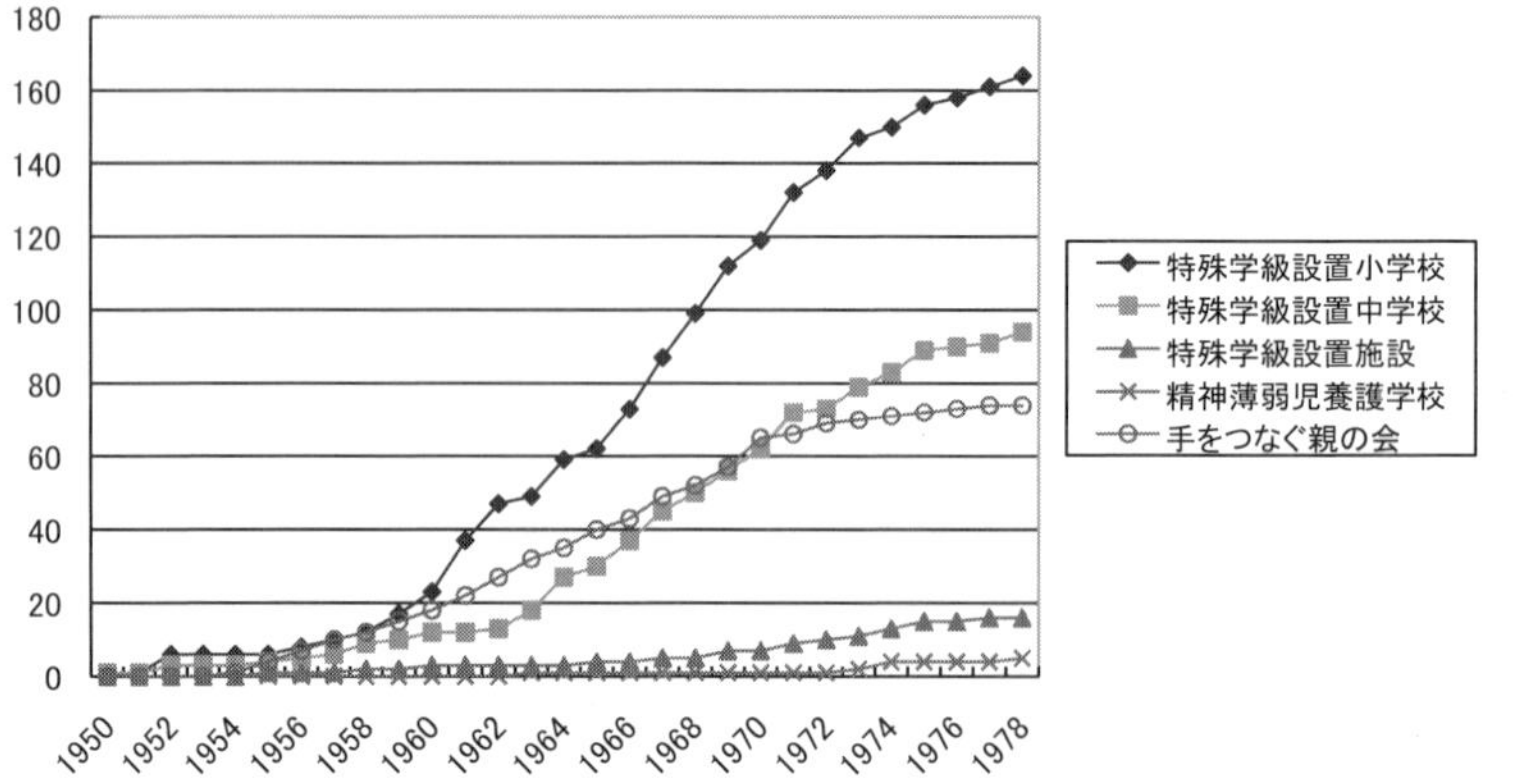

（典拠）特殊学級設置校（施設）数、養護学校数については、全日本特殊教育研究連盟編『日本の精神薄弱教育―戦後 30 年―　第５巻　地域史Ⅱ・中部日本』日本文化科学社、1979 年、139 ～ 142 頁より、「手をつなぐ親の会」数については、前掲『三十周年記念誌』19 ～ 48 頁より作成。

また少数ではあるが、この時期から一九六〇年代前半にかけて、特殊学級設立運動を契機に成立した会もある。たとえば静岡市では、一九五三～五四年から静岡児童相談所長の高橋清一郎を中心に親の有志や関係者が集まるようになり、一九五五年に会を結成。市長への陳情の末、一九五八年一一月に市立賤機南《しずはたみなみ》小学校で市内初の特殊学級が開設された。いずれにしろ、初期の手親会には現場の教師や親たちにより下から組織化されたものが多かったといえる。

そのような会の一例として、沼津市手親会（一九五六年結成）の活動をみてみよう。一九六一年当時の会則によると、会の目的は「精神薄弱児の保護と福祉の増進」、「特殊教育振興」とされ、会費は年額六〇〇円で、事務局は特殊学級設置校に置かれた。当時は、特殊学級の担任たちが役員として名を連ね、会の指導的立場に立っていた。同会では、一九六〇年に「会員の倍加運動、署名運動や請願・陳情を重ね、学級増・教員増・養護学校の設置などを要望」し、翌年には「沼津市ＰＴＡ連合会から児童生徒（一人当たり―引用者注）五円の補助金」を得て、「予算十数万円の事業が計画できるよ

うに」なったという（沼津市手をつなぐ育成会編『沼津市手をつなぐ育成会五五年のあゆみ』、二〇一一年）。このように、特殊学級を母体とした初期の手親会は、会費や補助金で児童生徒のための事業を行なう一方で、特殊学級、養護学校の設置運動を展開したのである。

一九六〇年代の手親会　一九六〇年代に入ると県内の手親会は急増した。なかでも一九六七～六九年はそのピークに当たり、六九年には県内一〇か所で新設された。この時期には、自主的な会の結成が困難な町村部においても、行政の協力・指導による上からの組織化が行われた。たとえば、一九六三年に組織化された松崎町では「町住民課の指導により結成され、一二名の会員で発足、当時は障害児をもつ親や家族自体が世間体を気にし……自主的活動は極めて困難で、役場福祉係の主導による企画行事等も従属的参加であった」という。行政主導で成立した会では、その後の活動も受動的・従属的なものになりがちだったようである。

またこの時期には、町ぐるみの組織化もみられるようになった。一九六六（昭和四一）年七月一八日付静岡新聞は「全町あげて暖かい手　天城湯ヶ島・狩野小特殊学級」という見出しで、同年四月の狩野小学校での特殊学級開設にともない、天城湯ヶ島町（現伊豆市）全体の六割に当たる一二〇〇戸が手親会の会員になったと報じた。このほか、蒲原町（現静岡市）、浜北市（現浜松市）でも、地域の全世帯が会員、賛助会員になった。行政主導で地域ぐるみの組織化が行なわれた例である。

一九七〇年代の手親会　こうした結果、一九七〇年頃にはほぼ県内全域で手親会が成立し、以後、会の新設はわずかとなった。一九七四（昭和四九）年設立の細江町（現浜松市）では、「自分の子どもが障害者だと家の中に隠していた時代で……なかなか入会してもらえなかったが、再三の役員の呼びかけでようやく一〇名で発足した」。また、一九八二年設立の韮山町（現伊豆の国市）では、「近隣町村では手をつなぐ親の会活動が行なわれている中……民生委員、家庭奉仕員の働きかけで……『韮山町手をつなぐ親の会』が結成された。また民生委員が賛助会員となって積極的な援助をいただいた」という。一九七〇年代になっても障害者を「家の中に隠していた」地域があり、そのような地域では地元関係者や行政の強力な働きかけで、ようやく会が結成されたことがわかる。

初代会長たち　それでは次に、『記念誌』に掲載された初代会長名を手がかりに、会の特徴を検討する。まず、初代会長の名前からその性別を推察すると、氏名がわかる七五人のうち女性と思われるのは一五人（全体の二割）であった。会活動の担い手はほとんどが母親だったにもかかわらず、会の重要ポストに就くのは主として男性だったといえる。

一九五〇年代半ばに始まる高度経済成長期は、勤労者世帯の増加にともない既婚女性の専業主婦化が進み、「夫が外で働き、妻が家事・育児に専念する」という性別役割分業が浸透した時代であった。育児に手がかかる障害児の家庭では、とくに母親の専業主婦化が進んだ。育児に専念する専業主婦の増加は、この時期に各地で手親会が誕生・発展する要因の一つになったと思われる。一方で、「男性が指導的立場に立ち、女性が末端の活動を担う」という形で、会のなかにも性別役割分業が持ち込まれたといえよう。

また、初代会長七六人のうち少なくとも一四人は、親以外の者であったと思われる。彼らは地域の有力者や福祉・教育関係者で、その内訳は、民生委員五人、ＰＴＡ会長三人、実業家二人、政治家二人、教育委員一人、教師一人であった。工業都市の清水市、浜松市では実業家の鈴木与平、西川熊三郎が、御殿場市では市教育委員の根上津奈子が長年会長を務め、藤枝市では市長の山口森三が初代会長に就任した。行政や地域社会に影響力をもつ地元有力者の会長就任は、地域の理解・協力を得る上で有効であった。しかしその反面、上意下達的な会運営に陥る傾向もあったと思われる。

それでは次に、具体的な運動の内容をみていこう。

四　特殊学級設置促進運動

特殊学級の増設　手親会の運動の重点目標は、会結成当初の会員の子どもたちの成長とともに変化していった。初期の運動の中心は特殊学級設置促進運動であった。母親たちの陳情により一九五一年に市立清水小学校、五三年に市立第三中学校に特殊学級ができた清水市では、一九五六年の手親会結成後も運動が続けられ、六五年までに小中学校合わせて一〇校に特殊学級ができた。一九五九年には県組織をあげての運動により、県内で小中学校合わせて一一学級が増設され計三五学級に、六二年には二二学級が増設され、計九三学級となった。以後、県内の特殊学級は急速に増加していった（図一）。

御殿場市立養護学校　一方で、特殊学級設置運動から施設、養護学校の設立運動へと発展した稀有な例として、御殿場市の運動があげられる。御殿場市では親たちの運動により市立高根小学校と市立御殿場小・中学校に特殊学級ができ、一九六〇年にはこれらを統合する形で市立御殿場学園が開園された。その後、手親会は募金活動による現金約五〇〇万円と品物、土地を市に寄付し、市はこれに市費約三〇〇万円を加えて校舎の拡張などを行った。同市に駐留する米軍からはカマボコ兵舎三棟が寄付され、陸上自衛隊員の労働奉仕も行われた。こうして同学園は一九六三年に公立養護学校として認可され、御殿場市立養護学校となった。資産家で地元有力者でもある根上津奈子が会長となり、全国組織とも緊密な連絡を取りながら行政や市の名士たちを動かしていった点が注目される。

国庫補助の開始　このような親や関係者の運動を背景に、一九五〇年代後半には障害児教育機関に対する国の財政的援助が開始された。一九五五、五七年に特殊学級への国庫補助が開始・拡充された。一九五六年には公立養護学校整備特別措置法の成立により、義務制未施行の養護学校に対する義務教育諸学校並の国庫補助が開始され、六〇年には設備費補助も始まった。このような制度・行政上の整備が、一九六〇年代の障害児教育発展の土台となった。

ところで、一九六〇年代における障害児教育発展の背景には、次のような側面もあった。高度経済成長が本格化する六〇年代初頭の日本では、将来の労働力不足が懸念され、経済成長に必要な労働力の育成（人的能力の開発）が重要な政策課題となった。そこで注目されたものの一つが障害者の労働力であった。一九六三（昭和三八）年の経済審議会答申が、障害児の職業能力に着目し、障害児教育を若年低賃金労働者確保策の一環として位置づけたことは、その端的な表れである。このことは、障害者を「働ける障害者」と「働けない障害者」とに分け、前者には職業自立を、後者には施設保護をという障害者施策の二重構造を生み出すことになる。

養護学校義務制の実施　一九七三年、政府は七九年から養護学校の義務制を実施するとの予告政令を出し、一九七九年四月、養護学校義務制が実施された。手親会結成以来の念願が実現したのである。ただし、この間、子どもを地域の普通学校で育てたいという障害児の親たちや身体障害者団体の一部がこれに反対し、「養護学校の義務化は、障害者を地域社会から排除することにつながる」とする障害者団体が激しい反対闘争を展開したことを付記しておきたい。

五　施設設立運動

施設設立運動の始まり　一九五〇年代なかば頃になると、全国の手親会では会員の子どもたちの一部が義務教育修了の時期を迎え、この頃から学校卒業後に就職できない子のための職業訓練施設や、学校に入れない子のための施設設立運動が盛んになった。その結果、一九五六年には精神薄弱児通園施設（現、児童発達支援センター）が制度化され、六〇年制定の福祉法では成人の精神薄弱者援護施設が制度化された。一方で、全国手親会は、自ら一九五八年に名張育成園を開設・経営し、この動きは燎原の火のごとく全国に広がっていった。

県内の施設設立運動　静岡県内で初めて職業訓練施設を開設したのは熱海市手親会であった。熱海では親たちが資金づくりに奔走し、決まりかけた建設予定地が地元ＰＴＡの反対にあい換地を求めるなどの苦労の末、一九五九年、財団法人・熱海職業補導センター（現、陽光の園）を開設した。当時、地方支部による施設開設は珍しく、先進的な熱海の例は全国から注目されたという。

清水市では一九六三年頃から施設作りの機運が高まった。六五年には県庁ＯＢの新井博（のちに県手親会会長）を事務局長に起用するとともに、地元有力者を役員とする精神薄弱施設設立推進委員会を結成して募金活動を開始した。六八年には市内宍原《しし》に土地を確保し、これを市に寄付して、翌年、県内初の精薄児通園施設・市立宍原学園が開設された。さらに一九七五年には精薄者更生施設(現、障害者支援施設)・宍原荘を開所した。

一方、浜松市では、浜松市手親会初代会長・西川熊三郎の尽力により、一九五九年に財団法人「遠州手をつなぐ親の会」が結成され、浜松市手親会などの活動を資金面で支えることになった。遠州手親会は、一九六七

〈図２〉静岡県内の精神薄弱（児）者施設数の推移

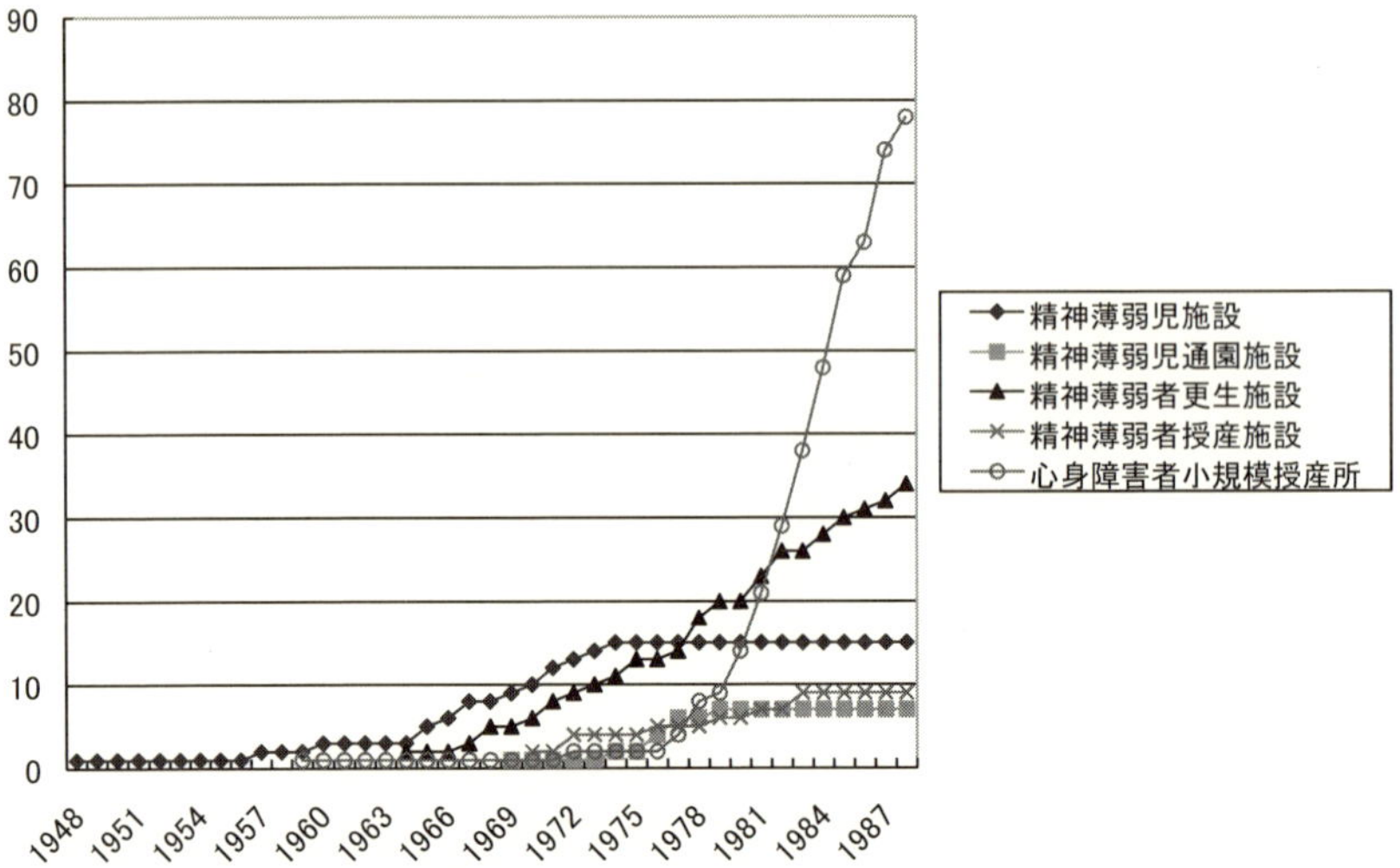

（典拠）前掲『三十周年記念誌』118 ～ 122 頁より作成。
（注１）心身障害者小規模授産所には、身体障害者、精神障害者を対象としたものも含まれる。
（注２）精神薄弱者通勤寮、心身障害者生活寮、心身障害児通園施設、重度障害児（者）生活訓練ホームについては省略した。

年頃から施設作りのため土地の取得と資金集めを開始し、七〇年、浜松市倉松町に精薄者授産施設（現、就労継続支援Ｂ型事業所）・恵学園を開設した。その際、同会は学園の経営主体として社会福祉法人・恵会を設立し、自らは発展的解消を遂げた。総工費三四六三万六〇〇〇円の内訳は、寄付金と設立者負担金一一六三万六〇〇〇円、日本自転車振興会補助金一〇六一万円、県補助金七三九万円、市補助金五〇〇万円であった。また、一九七九（昭和四四）年には同じ敷地に精薄者更生施設（現、生活介護事業所）・恵松学園が開設された。

このほかにも、各地の手親会の運動により数多くの施設が誕生した。こうして県内の精神薄弱（児）者施設は一九六五年頃から増加し、七五年には総数三五施設となった（図二）。

このような施設設立運動は、全国手親会の仲野好雄専務理事との緊密な連絡と指導の下に行なわれた。その際に強調されたのは、「親たちも責任を自覚して率先してここまではいたしましたが、これ以上は私たちの手にはおえませんから、政府や社会のお力でどうぞよろしく」という考え方であった（『親たち』一九六三年四月号）。「障害者の育児・扶養は親の責任」とする社会の規範にしたがい、ぎりぎりまで親の義務を果たしたうえで、できない部分を行政に「お願い」するというのが、手親会の姿勢だったのである。

小規模授産所設置運動　他方、一九七〇年代以降、各地の会が積極的に取り組んだのは、学校卒業後の生活の受け皿としての無認可小規模授産所の設置・経営であった。たとえば、静岡市手親会は一九七一年に作業所設置運動を始め、翌年、県家庭授産所の協力で作業を開始し、七三年より市の助成金を得るようになった。当初、作業は週三回で、指導員二人、作業員八人、保護者五人の構成であった。その後、たび重なる移転の末、会長の石川吉雄が私財を投じて一九七七年に「あおい作業所」を開設した。同会が二〇〇四年までに開設した授産所は一三か所に上った。

一九七七年に県単独事業として無認可小規模授産所への補助金交付が始まると、県内の授産所は急増し（図二）、小規模授産所の開設・経営は会の中心的事業となった。しかし、どこの授産所も財政運営は非常に厳しかった。小規模授産所運動は、親や関係者の多大な献身と負担のうえに成立した運動だったといえる。

六　重症児問題への取り組み

重症児問題の表面化　重度重複障害のため学校にも施設にも入れない重症児の存在は、一九五〇年代後半から関係者の間で問題となっていたが、六三年に障害児をもつ作家の水上勉が雑誌に「拝啓総理大臣殿」を書き重症児対策の不備を告発すると、たちまち大きな社会問題となった。翌年、「全国重症心身障害児を守る会」（以下、「守る会」と略）が結成され、六五年には厚生省内（現・厚生労働省）にコロニー懇談会が設置された。

「いこいの家」建設運動　このようななか、県内でも親たちの新しい動きが始まった。一九六五年、静岡市では在宅重症児の母親たちが市内の水落公園で「青空教室」を開始するとともに、守る会静岡県支部を結成した。この活動は大きな反響を呼び、行政の協力で一日保育が開始され、さらにすべての在宅児のための通園施設、「いこいの家」建設運動に発展した。六七年には守る会静岡県支部が静岡市手親会重症児部会となり、運動の中核を担うことになった。運動は、広く市民、ボランティアを巻き込んだ市民運動となり、七四年に市立民営の「いこいの家」が開設された。この運動では、「すべての在宅障害児・者が社会の一員として遇され、その発達を保障されるような社会を実現する」という地域福祉の理念が掲げられた点が注目される。

重症児対策の開始　一方で、一九六六年一月には藤枝市で父親が在宅障害児を殺害する事件が起き、社会に大きな衝撃を与えた。この年、静岡県は県児童課に障害児福祉係を新設し、重症児対策を策定した。そこで手親会は県の委託を受け、療育指導、特別保育、緊急一時保護などの在宅重症児援護事業を開始した。翌六七年には重症心身障害児施設が制度化され、国立静岡東病院内に県内初の重症児施設が開設された。こうして県内では、一九六〇年代後半から行政や民間の重症児対策が始まったのである。

七　全国のモデル県へ

委託事業の展開　全国の手親会では、これまで見てきたような施策推進のための運動と並行して、子どもの処遇（育成・保護）や親同士の啓発・親睦、社会啓発に関する諸事業を実施した。静岡県でも、一九六〇年度より県の委託金や共同募金の配分金を得て、夏期林間・臨海学校、地域懇談会、雇用促進懇談会などの事業が積極的に展開された。会の予算総額は、一九六〇年度八〇万円（うち県委託金五〇万円、共募配分金一八万円―以下同じ）、六三年度一〇三万円（六〇万円、二七・五万円）、六四年度一四〇万円（一〇〇万円、三〇万円）、六五年度一六〇万円（一〇〇万円、三〇万円）、六六年度二二六万円（一六四万円、三〇万円）と急増した。一九六三年度の予算規模は大阪府手親会に次ぐ全国二位であった。

静岡県では、一九六四年度に全国にさきがけて、親たち一五〇人を相談員とする県委託の相談事業が開始された。東京都に次いで全組織をあげて相談事業に取り組む姿は、「日本中の模範」と称賛された。同じく県の委託で在宅重症児援護事業を開始した一九六六年度には、県委託金が一挙に六〇万円あまり増額されている。

全国のモデル県へ　全国理事の仲野好雄はその発展ぶりを称賛したうえで、「かくのごとき隆盛をもたらした」要因はその「組織」にあるとし、斉藤寿夫知事夫人の名誉会長就任をはじめ、理事、参与、相談役に地元各界の有力者や政治家を「網羅」したことをあげている（『親たち』一九六一年六月号）。

高度経済成長期の静岡県では、首都圏と中京圏との中間という立地を生かして工業化が進み、一九七〇年度の県予算額（一般会計）は、六〇年度の約四・三倍、八〇年度は約一七・一倍へとふくらんだ。経済成長がもたらした潤沢な予算の一部が障害者施策の拡充に当てられたと思われる。「県庁はじめ各界の絶対的支持」を得て多彩で活発な活動を展開した静岡県手親会は、こうして全国が見習うべきモデル組織となったのである。

おわりに

静岡県内の手親会は、一九五四年の熱海市での結成を皮切りに、主として都市部の特殊学級を母体として増えていき、五九年に静岡県手親会が結成された。一九六〇年代には行政の指導・協力により町村部でも組織化が進み、七〇年頃にはほぼ県内全域で市町村組織が成立した。会は、各地で特殊学級設置促進運動、施設設立運動を進める一方で、県の委託などを受けさまざまな事業を展開し、その多彩で活発な活動により「全国の模範」と称賛された。

静岡県の運動の特徴は、地元有力者、政治家、行政と連携し、その多大な人的・財政的援助を得ることにより、知的障害施策の拡充を実現したことにある。高度経済成長期における同会の運動抜きに、戦後静岡県の知的障害施策の発展を語ることはできないであろう。

さて、このような運動の高揚期から三〇年以上が経過した現在、会は大きな転換期を迎えている（以下、会の現状と課題については現在の県手親会会長・小出隆司氏、沼津市手親会会長・湯浅優子氏、静岡市清水手親会会長・佐野可代子氏よりご教示を得た）。

今、各地の会が抱える最大の問題は、「若い会員の減少」と「障害者本人と親の高齢化」だという。知的障害施策が何もない頃、親たちは一致団結して一つ一つの目標を達成してきた。しかし最近では、親たちの価値観が多様化し力の結集はむずかしくなった。また、従来手親会が行なっていた事業の多くは公的機関によるサービスとなり、会員でなくても利用できるようになった。そのため、手親会の必要性を感じない若い親たちが増えている。夫婦共働きの家庭が増え、母親たちに時間的余裕がなくなったことも、若い会員減少の一因と思われる。一方で、障害者本人と親の高齢化が進み、高齢の親子で入れる施設・グループホームの設立や成年後見制度の充実などが、緊急の課題となっている。

知的障害（児）者に対する教育・福祉施策は、以前と比べ格段に充実してきた。しかしいまだに、在宅で孤立している障害者家族やわが子の障害の受容に悩む若い親たちなど、制度の狭間で悩み、孤立している障害者と親たちがいる。家族の機能が低下し、人と人とのつながりが希薄になったといわれる今日、改めて、親同士のつながりと助け合いが必要とされているのではないだろうか。

二一世紀に生きる知的障害（児）者と親たちの真のニーズを掘り起こし、新しい時代や家族のあり方にそくした目標と運動形態を模索していくことが、これからの静岡県手親会に求められているといえよう。

【主要参考文献】

清水市手をつなぐ親の会編『創立三〇周年記念誌』清水市手をつなぐ親の会、一九八六年
静岡県手をつなぐ親の会創立三〇周年記念誌編集委員会編『三十周年記念誌』静岡県手をつなぐ親の会、一九八八年
緒方直助編『手をつなぐ育成会（親の会）運動五〇年の歩み』全日本手をつなぐ育成会、二〇〇一年
静岡市静岡手をつなぐ育成会五〇周年記念誌編集委員会編『創立五〇周年記念誌』静岡市静岡手をつなぐ育成会、二〇〇四年
佐津川栄子『愛の絆―三つの介護―』世論時報社、二〇〇五年

第四部　地域経済のあゆみ

第一章　戦後県政と地域経済——経済・開発政策を中心に——

高柳友彦

本章の課題は、第二次大戦後から高度経済成長期における静岡県政と県経済の展開を当該期の経済・開発政策を実行する県行政の動向を注視しながら明らかにすることである。

静岡県は、明治維新後成立した足柄県、静岡県、浜松県が合併して誕生した県である。首都圏と中京圏の中間に位置し、古くから、交通の要所として栄え、今日では日本の大動脈ともいえる東海道線、東海道新幹線、東名高速道路が県内を縦断している。大消費地にも近いため、近世以降、織物業、豊富な木材を使用する和紙製造や木工品、漆器といった製造業が盛んで、近代以降には繊維産業、製紙業、食品産業も大きく発展した地域である。

では、第二次大戦前の静岡県の主要な工業製品を確認しておこう。一九三六（昭和十一）年における静岡県の生産額を他県と比較してみると、近世からの伝統的な製品であった漆器の生産額が七〇〇万円強（全国一位）、綿織物は約七〇〇〇万円（全国三位）であった。（静岡県総務部統計課、一九三八年）伝統的な産業の製品に加え、近代以降、豊富な農林水産資源を利用した新たな製品の生産も盛んになった。例えば、牛乳を原料とする練乳は生産額が三〇〇万円で北海道に次いで全国二位であった。明治以降、東京・横浜に近接した伊豆では酪農が盛んになり、森永など乳業会社が工場を設立したのである。また、焼津、清水で水揚げされる水産資源（マグロ・カツオ）や庵原郡等で栽培されたミカンを原料とした缶詰生産が一九二〇年代後半以降始まり、生産額は七〇〇万円（全国二位、北海道が一位）に達した。豊富な資源等を利用した産業の発展（清水の缶詰、浜松の木工製造など）の背景には、民間資本の動向だけでなく県行政の産業育成政策の成果が要因としてあげられる。事実、缶詰産業は県の水産試験場の技師がその製法を開発し、新設された県内の企業・工場に定期的に技術指導を行うことで多くの担い手を育成した。（高柳、二〇〇八年）同様に、ミカン栽培においても農業試験場等の役割や地域の行政機構による金融面での支え（財政資金の融通）などがみられた。

このように、県経済の中で重要な地位を占める産業の発展には、県行政が大きな役割を果たしていたのである。第二次大戦後、高度経済成長期に至る過程の中で、静岡県の主要産業は、自動車や電気機械といった機械工業へと変化していくこととなる。県の主要産業や経済構造の変化に県行政がどのような形で関わっていくのか。本章では、当該期の政治状況や県行政による開発政策のありようを踏まえたうえで、県経済の展開（特に工業生産の動向）を明らかにしていく。以下の節では、戦後復興期以降の静岡県政、特に県知事の政策や方針を基礎に『静岡県史』や同時代に作成された県の資料などを用いて紹介していく。

一　戦後復興期の県政と経済復興

知事公選制と小林知事の誕生　戦後復興期の県政、県経済はともに多くの課題に直面していた。戦前の国家体制の仕組みを、抜本的に変えるための戦後改革がＧＨＱによって進められていたこと、敗戦による経済混乱がその原因であった。ここで、敗戦直後の一九四五年から一九四七年の県財政の様相を『静岡県史』から確認しておこう。一九四五年の県財政の支出総額は臨時部も含め総額一億一千万円であった。翌四六年には二億八千万円、四七年には十二億六千万円にまで急増した。敗戦以降の激しいインフレ（一九四〇年を基準とした場合、卸売物価指数は一九四五年に四、一九四七年には四十四であった）の中で、復興を行う必要があり、厳しい財政運営を強いられていたのである。主な歳出項目では教育費が約四割を占める他、生活保護費などの厚生費やインフラ復興のための土木費が中心であった。一方で、復興の経済活動に関わる勧業費の割合は一割程度であり、復興期の財政支出の多くは、教育、福祉政策関係の支出に割かれていた。また、収入面では、一九四六年に県民税が創設されたものの、国への依存が高いままであった。（『静岡県史』、一九九七年）

復興期の混乱の中で、民主化を目的とする地方自治制度改革が行われ、県政の担い手である県知事を県民自らが選択する時代が到来することとなる。一九四七（昭和二十二）年五月三日、日本国憲法施行と同時に地方自治法が制定された。この法律は、憲法の趣旨（地方自治の章）に基づいて定められた法律であった。都道府県を市町村と同格の地方団体にすることで、戦前の内務省主導の中央政府の官僚統制を廃する目的を持っていた。その表れとして、住民自治を拡充するため、都道府県知事、市町村長の公選や地方議会の権限の拡大が盛り込まれたのである。地方自治法制定以前の県知事は、中央官庁（主に内務省）が直接任命する官選知事であり、静岡県では、終戦後の一九四七年まで延べ三六人の知事がその職務についていた。

この知事の公選制については、新憲法制定の決定以降、静岡県内でも様々な議論が行われるようになった。では、静岡市で県政や市政に関する記事を掲載し毎月発行していた『静岡公論』の論考から知事公選制への意見を一部紹介しておこう。

一九四六年十一月号からの『静岡公論』には、「封建的県政へ終止符」と題した論考が連載された。この論考は、元県会議員であった村本喜代作氏が戦前の県会における知事と議員の様々な問題を暴露すると同時に、今後の県政への期待を述べた論考であった。また同号には、翌年に迫った県知事選挙の弊害や問題が述べられ、例えば、「立派な人物であっても選挙費用が伴はぬ場合には、結果において人物無きに等しいこととなる（中略）知事に二百万円、市長に五十万円以上の選挙費用が必要であり、それ以下では当選おぼつかないと言ふ噂である」と指摘されていた。（「知事市長の公選問題」）実際、選挙直前の一九四七年四月号には、「今回の選挙は初の公選制に依り県行政の最高責任者を選ぶのであるから、極めて慎重にその投票を貴重ならしむる様心がく《ママ》べきであろう（中略）金で須てが解決出来るといった旧式な選挙観は一掃しなくてはならぬ。（中略）金で当選した知事に公平な行政の行へる筈がない」（『静岡公論』一九四七年四月）と主張する論考もあった。カネがかかる知事選に対して、県民が政治に関心を持ち、人物本位で選ぶ必要性を強調していたのである。新たな地方自治制度の始まり（＝民主的な政治の実現）に多くの期待を抱いていた一方、旧来の古い体質が残存するのではないかという不安も存在していたのである。

第一回の県知事選挙は、一九四七（昭和二十二）年四月五日に実施され、一ヶ月前まで官選知事を務めていた小林武治氏が、福島義一氏と中村兼文氏を破り、初の民選知事（県民が選ぶ意味で公選と同義）に就任した。投票率は七割を超え、県民の関心の高さがうかがえる。小林氏は、元内務省官僚で戦後、自治省から官選知事として静岡県に派遣され知事を務めていたという経歴の持ち主であった。県知事選挙と同時に行われた県議会議員選挙では、定員六十三名に対して百五十九人が立候補した。公職追放の影響で、ほとんどの県議が新人であり、「前県議の肩書をもつものは、三上陽三（庵原郡・自由党）、田辺寿之助（三島・無所属）、片山七兵衛（焼津・自由党）、原田喜久司（浜名郡・自由党）」の四名のみであった。（『静岡県政の百年』一九七〇年）前年に行われた衆議院議員選挙で、一人当選した女性議員は、今回の県議会議員選挙では当選できなかった。（県議会議員で初めて当選するのは、一九六三（昭和三十八）年の市川とよであった）。ただ、市町村議会選挙では、県全体で三十一名の女性議員が誕生した。県議会選挙における各政党別の人数は、保守勢力である自由党二十九人、民主党九人、国民協同党七人で革新勢力は社会党の九人。保守勢力の強さがうかがわれる。

民選知事のもとで再スタートした県政は当初から多難な船出となった。小林知事の政治姿勢や方針、副知事二人制の提案とその人選などをめぐって県議会が紛糾したからであった。では、地方制度改革の過渡期であった当時、議会ではどのような問題が議論されていたのだろうか。新しい議会が始まって一年後の一九四八年四月に『静岡公論』の誌上で行われた議員の座談会の記録からその様相を見てみよう。この座談会は、県議会議員八名と静岡公論側二名の計一〇名の参加者によって行われた。座談会では県政の課題が議論された他、議員の人物評や議長、副議長等役員の改選など議員一年目の感想が述べられた。県政に関する議論の中心的な議題は、財政問題と中小商工業・農村工業問題であった。当時の日本経済は、ＧＨＱの方針から軽工業中心の復興が目標とされており、静岡県では、農業または中小工業どちらに復興の重点を置くのかが議論されていた。

農業復興については、農村物の増産に限らず、過剰人口が大量に滞留する農村での農産物加工（＝農村工業）の必要性が強調されていた。後に来るとされた農業不況に対する対応策として副業による収入増がその目的であった。また、厳しい財政運営が求められ復興に向けた様々な資金が必要となる中、県内の諸産業を発達させることで税収を確保し、少しでも県民の税負担を軽減しようと模索していたこともうかがわれる。県民生活をいかに安定したものに導いていくのか、地域経済の復興と逼迫する県財政の立て直しが大きな課題であった。

（『静岡公論』一九四八年）

では、財政状況が厳しい中での、小林知事就任以降の県財政の展開についてみていこう。

一九四九年以降、インフレの収束を目的としたドッジラインと呼ばれる緊縮政策の結果、物価上昇は鎮静化した。その後発表されたシャウプ勧告では、恒久的な税制確立を目的とする税制改革が行われ、市町村税源の強化と徴税および行政責任の明確化、地方財政平衡交付金（地方交付税交付金）の創設など新たな地方税財政制度がつくられた。一九四八年から一九五一年までの静岡県財政の様相を支出面から確認すると、総額では三十四億円から八十二億円へと二倍以上増加している。内訳を見ると、教育費が約四割で高い割合を示しているほか、土木費が約二割から三割を占め、インフラ整備が急速に行われていることがうかがわれる。また、以前まで高い割合を示していた保健衛生費（厚生費関連）等の伸びはほとんどなくなっている。一方で、経済復興に関係する産業経済費は約二割に増加していた。歳入面では、国庫支出金や新たに創設された地方財政平衡交付金など国からの資金で全体の約四割を占めていた。県税はシャウプ勧告の前後で大きく減少したものの、全体の三割から四割を占める重要な収入であったのである。このように、土木費や産業経済費の割合が高まるなど、新たな知事の下、県経済の復興を企図した様々な政策が打ち出されるようになった。（『静岡県史』、一九九七年）

地域経済の実態と開発計画　以下では戦後復興期、小林県政下における県の経済活動の実態を一九五〇（昭和二十五）年に発行された『県勢概要』等、当時の資料から確認していこう。

敗戦直後の県経済の課題は食料問題と戦災復興の二点であった。静岡県では県内消費の約三分の一にあたる七〇万石のコメが不足し移入する必要があった。加えて、農林水産資源が豊富な地域であったにも関わらず、東京・名古屋から買出しに来る人々が殺到したため、産地での食料価格が上昇し、地元住民の口に入らない状況が生じていた。復興期の食糧問題は、その後のインフレ悪化の影響もあって解決されるまで数年かかることとなった。戦災復興については、工業の本格的な生産回復への懸念や生産活動が停止した軍需工場の転換問題、外地からの復員兵の増加といった失業者増加への対応が重要な課題となった。また、戦前の主要産業であった木工、織物、製紙等の産業は戦時期の企業整備や戦災によって、多くの設備が被害を受けていた。原材料の入手も困難であったため、これら産業の本格的な再建は、一九四六年以降、織物は綿の輸入が本格化する一九四七年以降であった。一方で、諸産業が生産回復を目指す中で、その機械需要が高まり、県内では、金属機械工業がもっとも早く生産を回復していくこととなった。

一九四七年四月以降、民選知事となった小林知事の下、新たな開発計画を含む産業振興と民生安定を目的とした開拓三大事業計画（①三方ヶ原用水計画②南富士地帯開発計画③大井川用水促進計画）が提案された。また、財政難克服の手段として県営の飼料工場や冷凍事業も計画された。翌四八年には、県産業復興五か年計画と井川ダム建設に関わる大井川総合開発計画を発表し、残された諸問題（食糧確保、貿易振興）を解決しながら、県経済復興の道筋をつけたのである。

では、敗戦から一九五〇年に至る戦後復興期の県内の工業生産の展開について、戦前から主要産業であった織物、缶詰、木工・製紙といち早く生産回復を実現した金属機械の例にとってみていこう。

静岡県の織物業は、綿スフ織物、絹人絹織物、別珍（ビロード）、コール天、メリヤスなど、浜松周辺を中心とする西部地方に産地が集中していた。「遠州織物」として名が知られていたこれら織物業は戦前期に、輸出総額の十三％、綿織物輸出の約三割を占めていた。戦時期の企業整備や軍需工場への転換のため一時は再起不能とまで言われたものの、戦後急速に生産を回復させた。一九四九（昭和二十四）年当時、設備は往年の四割ほど回復し、国内のみならず、アメリカ、カナダ、インドといった諸外国にも輸出していた。静岡県の生産額は、繊維産業の全体では全国六位、綿織物に限れば大阪、愛知に次いで三位であった。

織物業は政府の統制の中で復興を遂げ、日本経済復興を支える輸出品の一つだった。しかし、一九四九年四月の単一為替レート（一ドル＝三六〇円）の設定によって、一部の業界以外では国際市場との競争にさらされた。加えて、繊維業界に対する統制が解除され、ドッジライン以降の需要減など中小企業の経営難が表面化することで、中小企業の合理化の必要性が高まった。この事態に対して県行政は、中小企業庁との連携を図る他、中小工業対策として業界の共同利用工場建設への助成などを行った。加えて、一九五〇年三月には、知事を会長に、有識者などを委員とする静岡県織物振興対策委員会を設置し、市場調査、研究、共同事業、合理化支援等の支援を行うことで、繊維産業の中小企業の経営を支えた。

戦前期に輸出産業として全国二位の地位を誇っていた缶詰産業も戦時期の統制によって生産は滞り、終戦時には最盛期の四〇分の一程度の生産量に落ち込んだ。静岡で盛んだったマグロ缶詰やミカン缶詰は一九四七年頃から生産を再開し、一九四九年にはマグロ缶詰は戦前の水準を回復した。織物・缶詰は重要な輸出品であったことから、当該期の県経済だけでなく日本経済の復興（＝外貨獲得）に貢献したのである。

次に木工品（木漆竹工業）・製紙工業の展開をみていこう。漆器、楽器、木製玩具、竹製品といった木工品は戦前から海外へ輸出されていた。復興期には、生産量が戦前期の六割から八割ほどに回復しており、生産額は全体で三十億円程度であった。県西部の浜松市周辺では、ピアノやオルガンといった楽器製造が約二〇工場で展開されその生産量は戦前の七割程度で、主に輸出向けに製造していた。

静岡市では、全市の工業生産の約四割を木漆竹関係で占め、家内工業の分業体制が構築されていた。戦前期に全国シェア八割を占めていた静岡市の下駄製造は、戦前の約六割（年間六千万足）に回復していた。一方、全国一の生産を誇った静岡市の漆器生産は、戦災によって家内工業の担い手が離散したため、一九五〇年当時、復旧に向けて努力する最中であったのである。

機械濾製紙を中心に近代産業として発展をとげた製紙業は、県東部の富士川沿いに発展していた。終戦直後、洋紙の需要が増加し、生活必需品の塵紙も不足する事態となり、製紙工場が乱立した。ただ、一九四八年以降、紙の景気が下向いたため、多くの業者は休業を余儀なくされた。一九四九年の静岡県の全国シェアに占める生産量は、パルプ十八％、用紙十二％、板紙二十七％であった。

金属機械工業は、戦時期に軍需生産への転換や大企業の進出によって、県内の生産設備や工場数が急増した産業であった。戦後、家庭用必需物資が不足したため、転換可能であった中小企業は生産を再開し好況を迎えた。ただ、好況は一時に過ぎず、製品の過剰による生産の低下、統制の強化による資材調達難など、県内の中小企業は苦境に陥り、中には大企業の下請となる工場も現れた。戦後復興期における各地区の製品の特徴は、遠州地区（織機、繊維機械、ミシン）、志太榛原地区（木工機、漁網機）、静岡地区（木工機、建築金物、家庭用品）、清水地区（アルミニウム、鉱山機械）、富士地区（製紙機、自動車）沼津三島地区（電気機器）であった。県内の金属機械工業は、賠償指定施設の多さやドッジラインによる国内市場の減退によって、経営難に陥る工場が増えた。実際、従業員一〇〇人以下の事業場二二五件が整理され、その原因の九割は事業不振と資金難であった。県行政では、こうした中小の機械工場を支えるため、工場の組織化や商品の販路拡充の施策で対応した。また、技術の向上と設備改善にも支援を行うことで、不況下の金属機械工業を支えたのである。

このように、戦後復興期の静岡県の工業は、第二次大戦の戦災による被害と日本経済が置かれていた厳しい経済状況から、復興への道のりは厳しいものであった。こうした状況下において、中小工場が多い県内の主要産業に対して、県行政が一定の支援を行うことで、復興への下支えとなったのである。

二　高度経済成長期の県政

齋藤県政の開始と展開　二期目をめざしていた小林知事であったが、一九五一（昭和二十六）年初頭から再選への雲行きが怪しくなった。発端は、知事が県の経済部長を罷免したことで、県議会が知事を批判する一方、その経済部長への感謝決議をするといった事態を招いたためであった。また、知事と議会との対立の背景として、小林知事の性格や行動面の問題の他、小林氏が長野県出身であったことから、地元出身の県知事誕生の要望が高まっていた点も指摘できる。そこで、静岡県出身の県総務部長であった齋藤寿夫氏が小林氏の対抗馬として浮上し、県庁や小林氏の所属政党であった自由党を二分する対立に発展した。自由党の公認を齋藤氏に奪われた小林氏も無所属で立候補するなど、県知事選は混乱を極めた。中央政界も巻き込んだ両者の県知事選をめぐる戦いは、自由党幹事長であった佐藤栄作氏らが小林氏を説得することで告示一週間後に決着した。小林氏は県知事選立候補をとりやめ、後に衆議院議員選挙に鞍替えし、衆議院議員として活躍することとなる。（『戦後県政の総決算』）

激しい立候補合戦が行われた直後の一九五一（昭和二十六）年四月、二度目の静岡県知事選挙が行われた。小林氏に代わり自由党の公認を受けた前県総務部長であった齋藤寿夫氏が当選した。以後四期一六年におよぶ長期の県政運営を行い、高度経済成長期の静岡経済発展の礎を築いていくことになる。齋藤氏は、静岡出身の元内務省官僚であり、戦後自治省に属する中で静岡県の総務部長などを歴任するなど行政運営にたけた人物であり、地元出身の初の民選知事誕生となった。

一九五〇年代、一期から二期における（一九五一年〜五八年）齋藤県政の主要課題は、町村合併等の行政機構の再編と県経済の礎を整備するための開発計画策定の二点であった。

まずは、静岡県の行政機構改革と町村合併についてみていこう。行政機構改革として、市町村を指導するため戦時中に設けられた県庁の出先機関（地方事務所）がすべて廃止された。また、機構改革にも着手し、本庁の課の統廃合、総合開発局の設置や、自治体警察、地区警察の県警察への一本化などを実行した。

一九五三（昭和二十八）年九月に町村合併促進法が制定されたことを受け、翌十月に静岡県でも条例が制定され町村合併事業が始まった。合併促進の方針は、人口八千人未満の町村、二一七町村の九十五％を合併させることであった。一九五三年に十二市五十町二一九村であった市町村数は、五五年には約四分の一の十六市五十町五十四村となった。ただ、合併過程では多くの町村で合併を巡る紛争や対立が生じ、事実、駿東郡原町、安倍郡有度村、駿東郡北郷村、磐田郡田原村といった一部の町村では、行政訴訟や刑事事件にまで発展した。特に大きな問題となったのは、熱海市からの分離を主張した熱海市泉区分離問題であった。神奈川県との県境に位置する泉地区は、経済、文化面でも神奈川県側（湯河原町）との関係が深く、町村合併事業の際に熱海市からの分離と神奈川への編入を求めていた。結局、この紛争は静岡県、神奈川県、熱海市、湯河原町の関係四団体の間での調停に発展し、最終的には、一九六一（昭和三十六）年に総理大臣の裁定によって現状維持が決定した。このように多くの困難の中、行政機構改革は実行されたのである。

また、齋藤県政では、小林県政時につくられた県産業復興五か年計画等の政策を受けつぎ新たな開発計画を策定した。そして、一九五〇年に制定された「国土総合開発法」に基づいて、第一次総合計画と天竜東三河特定地域開発計画が作られた（その後、総合計画は一九五七年までに第五次計画まで改定されている）。これら開発計画は、電源開発、食糧増産、国土保全の目標を掲げ、天竜川中流での大規模ダム建設によって、大型発電所と農業・工業用水の確保を企図していた。（『静岡県史』、一九九七年）実際、一九五六年には高さ一一〇mの佐久間ダム、六十二年には井川ダムが完成している。ただ、天竜川流域の開発、周辺住民の生活環境の悪化や自然破壊といった負の側面が生じたのに加え、つくられた電力の多くが静岡県外へ送電されているという問題もあった。

最後に、町村合併が進められていた一九五〇年代後半の地方財政の様相を確認してみよう。当該期における県財政の歳出の特徴は、教育費の高さ（約三割）と、土木費の割合の上昇であった。行政機構改革によって県庁費と教育費が抑制される一方、土木費が約二割を占める水準にまで上昇したのである。そして、歳入面では国庫支出金や地方交付金の割合が高い状態が続いた。

県経済の進展と開発政策の展開　齋藤知事の下、静岡県は高度経済成長期を迎え、首都圏と中京圏の中間という立地を生かし、多くの工業活動や商業活動が活発になった。以下では、一九五〇年代から六〇年代の県経済の進展と開発政策の展開についてみていこう。

まず、齋藤県政の二期目が終了する一九五〇年代後半の工業の展開について、一九六〇（昭和三十五）年に発行された『県経済のすがた』から確認してみよう。

一九五六年の工業生産額で静岡県は四大工業地帯に属していた六都府県（東京、大阪、愛知、兵庫、神奈川、福岡）に次ぎ、第七位の生産額であった。一九三五年時の全国シェア二・六％から三・六％へ上昇していることからも、戦後の静岡県の工業生産の地位は着実に上昇していたことが確認できる。一九五八年の出荷額の内訳をみると、全工業生産額三八〇〇億円中、食料品工業が約二割、製紙パルプ工業約一七%、繊維工業一三%、輸送用機械器具一二%木材及び木製品七%であった。静岡県は、金属、化学工業の構成比が低く、一方で軽工業である食料品、繊維工業の構成比の高さが特徴であった。他の地域よりも重化学工業のウエイトが低かったものの、一九五五年から五八年にかけての生産出荷額、従業員数の伸びを確認すると、重化学工業の伸びが著しく上昇していた。高度経済成長期以降、静岡県は、製紙、食料品、楽器といった独自に発達する産業に加え、特に県西部、浜松市を中心とする地域での機械産業や東部での金属工業など重化学工業の進展がみられるようになったのである。(『県経済のすがた』)

齋藤県政の三期目以降、こうした工業の発展に寄与するための新たな開発計画として第六次総合計画が立案された。以下でその計画の内容について県民向けに頒布された『総合開発の歩み』から紹介していこう。

第六次総合開発計画では、「新しい県づくり」を標榜し、「生産拡大のための基盤整備、そこから生まれる新しい生活圏の確立」が目的であった。そして、県内を五つの地域に分け、それぞれの地域の特徴をいかした地域開発の目標が定められていた。例えば、天竜・大井川山手地区は、森林資源、地下水資源開発が主目的で林道整備による林業発展と観光開発が目標とされた。浜松を中心とする遠州灘地区では、国道一号線バイパス、飯田浜松線といった道路網整備が重視された。富士を中心とする東駿河湾地区は、重化学工業を支えるインフラとして清水、田子などの港湾施設と工業用地の整備、遠州灘、東駿河湾をつなぐ西駿河湾地区においても、港湾と道路整備が重点とされている。伊豆地区は、唯一、工業開発に関係がなく、主に観光客誘致のための鉄道、道路整備が行われていた。このように、一九六〇年代以降の開発計画は、工業発展の基盤となる港湾や道路といった交通インフラ中心で、本格的な自動車時代の幕開けに対応していた。実際、一九六〇年代の静岡県の財政支出の内約二割から三割は土木費に利用され、また、事業目的別でみた県下の行政投資の割合でも、道路、港湾といった生活基盤関係が約六割を占めていた。県行政は、工業生産の基盤整備に多くの資金を投入することで、地域の工業生産を支えようとしていたのである。

では、一連の開発政策の中で高度経済成長後半期、県内の工業生産はどのような変化をとげていくのだろうか。一九六〇年代を通しての動向を確認しよう。

当該期の県内の工業生産の特徴は、一九五〇年代後半から始まった重化学工業化の進展であった。先に紹介したように、食料品、繊維、製紙パルプといった軽工業が生産額の五〇％を占めていた一九五〇年代とは異なり、金属、機械工業が大きな割合を占めるようになった。

戦後復興期から県の中心的な産業であった食料品産業と繊維産業は、出荷額をそれぞれ倍増させていたものの比重を大きく低下させた。（一九六〇年から一九七〇年にかけて食料品は一三％→八％へ、繊維産業は一一％→五％へ）紙・パルプといった製紙工業は若干減少したものの、一〇～一五％ほどの割合を維持していた。高度経済成長期後半の県内工業において中心的な位置を占めるようになったのは、機械器具と輸送用機械であった。前者では、県内に三菱電機、松下電器などの工場が立地し、テレビ、冷蔵庫といった家庭用電化製品の生産増加がその要因であった。加えて、戦前期から盛んであった楽器製造（主にピアノ）は、日本楽器製造会社と河合楽器が、それぞれピアノ教室を展開しながら大量生産を実現した。後者の輸送用機械では、本田技研工業、日本楽器製造会社、鈴木自動車工業が二輪車事業に進出し、国内のモータリゼーションを背景に生産を増加させていた。東部では、製紙、金属産業、県西部（浜松を中心とした）では、機械、自動車産業が展開し、静岡県は、太平洋ベルト地帯を中心とした工業発展をとげ、工業県としての地位を確立することとなった。県行政は中小企業支援だけでなく、産業基盤整備に力点をおくことで、高度経済成長期以降の機械工業の発展を間接的に支えたのである。ただ、一連の工業地域の開発や新たな企業進出は地域経済や中小企業経営にとってプラス面のみではなかった。公害や賃金上昇、企業誘致のための税金投入といった負の側面があることも指摘しておきたい。(『静岡県史』、一九九七年)

竹山県政への転換　一九六七(昭和四二)年の県知事選挙は、五選目となる齋藤知事が選挙に出馬するのかが大きな関心事となった。四選目の選挙の際に、四選反対運動を経験した齋藤氏は、知事選候補者に関して、自民党静岡県連に一任する対応した。ただ、五選に批判的な国会議員と知事擁立派が多い県議との間で対立を生み、自民党県連を舞台に候補者選定が難航した。最終的には県内の有力国会議員であった竹山祐太郎氏が候補者として選任されたものの、一部の県議や齋藤知事自身自民党を離党する結果を招いた。一九六七年一月に行われた選挙で、竹山祐太郎氏が戦後三人目の静岡県知事になった。一九六七年から二期静岡県知事を務めた竹山氏は、戦後静岡県から衆議院議員選挙に立候補し、衆議院議員を九期務め、自民党の重鎮として建設大臣などを務めた人物であった。

竹山県政では、基本的に、齋藤県政からの積極的な財政運営路線が継続された。そして、県内の道路整備等の事業を県自らが用地を先行取得するといった独自の方法で進めた。また、県内の水資源問題を重視し、「水資源会議」といった知事の諮問機関を設置するなど、農業用水・工業用水の確保にも尽力した。ただ、一九六〇年代後半以降、インフラ整備等の開発によって経済活動が活発になる一方、開発・工業発展の弊害が全国的に大きな社会問題となった。水俣病や四日市ぜんそくなど四大公害病や東京・大阪での大気汚染の広がりは、安心して暮らせる生活環境の維持と工場への環境規制への動きとなった。一九六七年に制定された公害対策基本法はその現われであった。静岡県でも一九六四年から、沼津・三島地区での石油コンビナート反対運動や六五年以降、田子の浦港のヘドロ問題が表面化し、全国的にも注視されるようになった。これら、公害問題は、竹山県政時代には訴訟となり知事が被告となった他、富士市や清水市での火力発電所反対運動が起こった。（沼尻論文を参照）このような開発による弊害に対して、新たな第八次総合開発計画では、「①人間問題の重視、②量的拡大より質的な充実、③環境の重視」を謳うことで、これまでの開発一辺倒の方針を転換し、新たな静岡県づくりが始まることとなった。ただ、竹山県政期において、重要な決断があった。それは彼自身が資源・エネルギー問題に関心があったこともあり、一九六〇年代後半から県内（浜岡町、現御前崎市）での原子力発電所の設置が検討されたことであった。一九七一年、地元の漁民による反対運動の中で、安全協定が結ばれ、県と地元三町による発電所内への立ち入り権を認めるなど、他の地域にはない協定内容であった。「静岡方式」とよばれる、県が原発の安全対策に責任を持つ内容の協定は、竹山自身、非常に優れた方法と自負していた。（竹山祐太郎、一九七六年）その後も浜岡原発には四号機まで原子炉が増設されるが、安全性の問題は重要な課題であり続けている。

おわりに

戦後の静岡県は、約三〇年間、小林氏、齋藤氏、竹山氏の行政運営にたけた三人の知事によって、様々な開発政策が行われてきた。戦後復興期の県経済をいかにたて直していくのか、小林氏は「復興」への道筋を作り出した。齋藤氏は、高度経済成長にうまく対応するための地域開発を行うことで、静岡県を東京、大阪といった大都市圏に次ぐ工業県に押し上げることに成功した。竹山氏は開発の弊害や公害に対応することで、県民生活の維持、安定を目指した。それぞれが異なる理念の下で、県民生活の安定や地域の発展を目標に地域開発を進めることで実現したのである。ただ、一九七〇年代まで進められてきた開発は、公害問題を引き起こすなど、県政、県経済のありようは大きく転換することとなった。今後は、一九八〇年代以降のリゾート開発やテクノポリス構想など、その後の県政、県経済のありようについて、歴史的な検討を進めていく必要があるだろう。

参考文献

静岡県総務部統計課『統計上ヨリ見タル静岡県ノ地位』一九三八年
『静岡公論』静岡公論社、一九四六年〜一九四八年
静岡県『県政概要』一九五〇年
静岡商工会議所『静岡県の産業』一九五四年
静岡県『県経済のすがた―その地域的特性―』一九六〇年
『静岡県総合開発の歩み』開発タイムス社、一九六二年
竹山祐太郎『自立　竹山祐太郎自伝』一九七六年
上原信博編著『地域開発と産業構造』御茶の水書房、一九七八年
『静岡県政の百年―その歩みと群像』静岡新聞社、一九七八年
柴田武夫『戦後県政の総決算―検証・静岡県戦後県政史―』静岡新聞出版局、一九九五年
静岡県『静岡県史通史編6近現代二』一九九七年
高柳友彦「缶詰産業の企業化と生産地域の展開―静岡県を事例に―」加瀬和俊編『戦前日本の食品産業』東京大学社会科学研究所、二〇〇九年

第二章　川根茶業の歩みと現状
―高度成長期以降の中川根町（川根本町）を事例として―

高木敬雄

国際化、グローバル化が急速にすすむ現代、茶業はきびしい状況にある。茶園、生産量、茶農家などの減少だけでなく、茶業をとりまく環境、構造が大きく変化している。なかでも中山間地帯を多く抱える静岡県の茶業は、構造的課題が露呈する「静岡茶クライシス（危機）」だといわれる（静岡県農業再編農協対策本部、静岡県農業協同組合中央会『茶業・革新』、二〇〇一年）。本章は、低迷する茶業について、中川根町（現川根本町、二〇〇五年に中川根町と本川根町が合併）に事例を求め、高度成長期からの歩みを跡づけながら、現在の状況を明らかにしようとするものである。古来銘茶の産地で有名な中川根町（川根本町）は、傾斜地の多い山間地域で、かつ高齢化がもっとも進んだ地域でもあり、本県茶業の課題を知るうえで絶好の地域といえよう。生産面を中心に川根茶業の現状を検証していきたい。

一　高度成長と川根茶業―躍進の中心は自園自製―

川根茶の生産構造　川根地域にとって茶は江戸時代から代表的産物であった。明治以降も茶園を拡大し、手摘み手揉みを基本とする良質なお茶作りを続け、高級茶産地としての位置を確固なものとした。その姿勢は戦後へと受け継がれ、これから見る高度成長期の茶業にもそれが色濃く反映していた。次の文からもそれがよく分かろう（中部農業改良普及所農技支所、中川根町技術者連絡協議会「川根茶の生産構造と将来方向」、一九七四年）。

　中川根町は東海道線金谷駅の北方三二㎞にあって大井川中上流部に位置し、大井川両岸の河岸段丘及び山腹に拓けた農山村地域である。年間平均気温一五・七度C、降雨量二七七四㎜（町立中央小学校観測）で、自然条件にめぐまれ、古くから川根銘茶の産地として知られている。経営規模は零細で農家数の七〇％が五〇アール以下の兼業農家でしめられ、七〇アール以上の専業農家は一一％に過ぎない。茶を基幹作物とし、自園自製（三八八戸）を中心に　手摘みによる労働集約的な上級茶生産が行われ、土地生産性は極めて高い。なお一九七〇（昭和四五）年の統計によれば町全体の八五％が山林で耕地率は三・七％、その限られた耕地四二一ヘクタールの七七％が茶園で、農業粗生産額に占める茶の割合は七八％となる。

　この「川根茶の生産構造と将来方向」には茶農家三〇戸のデータが収載されており、茶業経営の実態を分析できる。町内ではやや上位に位置する「代表的茶農家」を四つの類型に分けているが、その平均値を表1に示した。表に登場する「自園自製小売」とは自園自製のうち再製加工して上級川根茶として自家の銘柄による小売販売を行う形態、「自園自製」とは茶栽培農家が生葉生産から荒茶生産までを一貫して行う形態、「委託加工」とは荒茶加工施設を持たない小規模農家が自園自製農家に委託して加工し荒茶販売を行う形態、「共同加工」とは自己で荒茶加工施設を持ちえない規模の小さい農家が施設の共同利用による荒茶加工を行う形態という意味である。

茶園所有でみると、「自園自製小売」と「自園自製」の規模が大きく、「委託加工」「共同加工」は規模がやや小さくなる。茶園の地形では平坦地が三六％、緩傾斜が四四％、急傾斜が二〇％となり、傾斜地合計では六〇％を超える。とくに規模の小さな「共同加工」に急傾斜地が顕著である。山間地の茶業経営は平坦地と比べて生産基盤は脆弱で、生葉生産費や労働時間、生葉収量などにおいて不利とされる。

茶園の品種率では、「自園自製小売」、「自園自製」、「委託加工」とも七〇～八〇％、やぶきたに限定すると自園自製系で六〇～七〇％となる。やぶきたは、「樹姿直立、生長力は甚だ強く…収量が多い…香味に特色があり、滋味は優雅で甘味に富み、内需用煎茶としては極めて優良」とされ、一九五五年に県の奨励品種となった（静岡県経済部農産課「茶の奨励品種」一九六八年）。県や茶業関係団体は、茶生産改善のために改植・品種茶導入を積極的に奨励した。三〇戸の茶農家による優良品種（やぶきた）の導入は、一九五〇（昭和二五）年代にはじまり、在来園の改植は品種の有利性が立証された六二、六三年頃から盛んとなった。その結果、町内のやぶきた面積は、五八年の二六ヘクタール（一〇・八％）から六五年に一一六ヘクタール（四二％）、七三年には二四八ヘクタール（六五％）へと拡大していった。県平均でみれば七六年でも四〇％にとどまっており、中川根町の先進性が際立っていよう。「自園自製」の成園率が低いのは、この時期に茶園の拡大と品種茶の導入が積極的に行われた結果であろう。また品質向上のための被覆（コモ掛け）技術導入は、かぶせ茶としての品質の向上をねらうとともに、摘採期の延長、調節、防霜を目的としたもので、六五年以降は被覆資材、施設の改良（鉄骨、カンレイシャ）で急速に普及しはじめた。

自園自製の優位　摘採は、一番茶を手摘みすることが多く、なかにはすべて手摘みしている茶農家もある。栽培面積でみると、すべて手摘みが三五％、一番茶で手摘み二番茶ではさみ摘みが一二％、すべてはさみ摘みが五三％となる。規模の大きな茶農家、番茶を収穫する茶農家においてはさみ摘みの割合が高くなっている。はさみ摘みが登場するのは、労力不足が叫ばれはじめた六〇～六三年頃からであり、動力摘採機はそれにつづく六四～六七年頃に導入がはじまった。町内の事例では、一日当たり摘採能率平均は手摘み二〇kg、はさみ一〇〇kg、動力摘採一五〇～一八〇kgとあり、はさみは手摘みの約五倍、動力は約七～八倍の作業量となる（小柳津勤・増沢武雄「静岡県山間地域における共同製茶工場の経営実態と課題」『静岡県茶業試験場研究報告第一三号』、一九八七年）。川根地域では、伝統的に手摘み手揉みを基本としており、多くの季節労力を町外から雇用してきたが、農業の後退や労賃などの上昇などにより摘み子や茶師が不足する状況が生み出された。川根茶など上級茶の産地でも六〇年代半ば以降、手摘みを残しながらも、雇用労力の減少や規模拡大への対応策としてはさみ摘みや動力摘採への切り換え、製茶機械の大型化といった省力化・機械化体系が本格化していった。

荒茶製造では、四つの類型とも一番、二番茶中心で、「自園自製」の一部のみが三番茶に取り組む。六〇年代後半は一番茶の価格が二、三番茶を大きく上回ることから一番茶の収量を多くしようとする意識が強く、三、四番茶の摘採をやめ肥培を行う農家が多くなった結果であろう。番茶は多くの農家で取り組んでいるが、生産額に占める割合は小さい。荒茶価格は、一番茶で三〇〇〇円近く、二番茶で一五〇〇円前後となり、静岡県の一番茶一一六二円、二番茶七一〇円と比較すると、きわめて高かった。個々の茶農家の単価をみても一番茶で四〇〇〇円を超えている事例もあり、玉露かぶせ茶（一番茶）の三二五二円に相当するものとなろう。自園自製系の一七～三四％が被覆施設を備えており、かぶせ茶など高級茶が指向されていた証左となろう。

収入面をみると、「自園自製小売」は荒茶製造だけでなく受託加工と再製小売による収入が大きな割合を占めている。所得率では自園自製系、「共同加工」が高く、「委託加工」では加工費が半分近くを占め、経営の不利な状況を示している。一〇アール当たり収益率では、「自園自製小売」、「自園自製」が「委託加工」、「共同加工」を圧倒している。将来目標でみると、「自園自製小売」、「自園自製」では規模拡大や投資の意欲は高く、将来とも自園自製を希望し、「共同加工」と「委託加工」は現状を維持しつつ、将来も共同製茶を希望している。こうした状況から町内の製茶工場は、自園自製系の個人工場が増加しつつあった。一九六五年の三二七工場が七三年には三六九工場へと増加した。

このように高度成長期の中川根町の茶業は、川根茶業の特色である小規模で労働集約を基本とする自園自製茶農家を中心として、立地条件の不利、労力不足といった課題を抱えながらも、好調な茶価に後押しされ、水田、普通畑を収益性の高い茶園に転換させ、やぶきたなどの優良品種を導入することにより、上級茶としての川根茶をさらに発展させる方向へと進んでいた。自園自製の周囲には規模の小さな兼業農家が多数存在し、委託や共同という形態により荒茶製造を行い、特色ある山間地の茶業を支えていた。

二　低成長期の川根茶業―個人から共同へ―

高度成長の終焉と茶業　一九七四（昭和四九）年の石油危機を契機として経済成長は消滅し、いわゆる低成長へと移行した。茶業を取り巻く環境も変化しはじめ、生産過剰への心配、高品質を求める声や嗜好の多様化、産地間競争の激化などといった新たな課題が登場し、茶業関係者の危機意識が強まった。確かにそれまでのように生産すれば売れた時代は終わり、輸入緑茶の影響もあって八〇年代以降の荒茶価格は低迷した。生葉生産の収益係数（魅力ある収益を確保できる水準）も経済成長期には高い数値を示していたが、七〇年代後半から低下し、八〇年代半ばにはきびしい収益状況となった（静岡県農業再編農協対策本部、静岡県農業協同組合中央会『茶業・革新』）。

銘茶生産地としての名声を高めるうえで大きく貢献したのが自園自製農家であったが、ここに来て利益を上げることが難しくなってきた。隣りの川根町（現島田市）で行われた自園自製農家のアンケート結果によれば、荒茶単価が低く、収入があがらない苦しい経営の中で、製茶機械や建物が古くても、資金がなくて更新できないという実態が報告され、自園自製の見直しと協業化推進の必要性が指摘されている。前節でみたような山間地の茶単価が高いという傾向はなくなり、一番茶では平地の早場地帯に逆転されるケースも見られた。こうして小規模農家において個人で製茶工場を持つことが不可能となり、共同工場に参加する傾向が強まった。川根町の事例では、一九七〇年の三七〇の個人工場は八二年に二五一に減少し、逆に共同工場は二六が四一へと増加した（志太榛原農林事務所「産地の顔が見える商品づくり　産地名川根茶」、一九八九年）。

これらに対し静岡県は、一九八二年の「静岡県農業振興の基本方向」において茶生産コストの低減と技術開発による生産性向上を掲げ、自立経営農家の育成、土地基盤、生産施設および茶工場の整備、特色ある産地づくりなどの具体的対策を示した。なかでも荒茶工場の再編整備では、機能型、地域型の共同工場を育成し、山間部などの自園自製農家の合理化をすすめること、再製仕上げおよび冷蔵庫などの共同利用施設の設置などの推進を強く求めた。

中川根町茶業の動き　一九七〇年以降、中川根町の戸数、総人口、農家数とも低減していった。離農者が増加し、村民や農業従事者の高齢化が進んだ。しかし町にとって茶業は基幹産業であり、茶園面積の拡大は鈍化したものの耕地に占める割合は九一％にまで高まり、農業粗生産額に占める茶の割合も八三％におよぶなど、茶業への依存度は一段と強まった（一九八〇年）。しかも六〇～七〇年に追求された養豚や養鶏も、八〇年代に入ると急速に衰頽しており、折からの後継者不足とあいまって茶一辺倒への不安感が町民のなかに強まった。農業や茶業の低迷は、川根銘茶の産地たる同町をゆさぶり、茶業の近代化、合理化を求める動きが本格化した。

きびしさをます茶業に対応して水川地区の自園自製農家は、生産コスト削減のため農道や排水路、共同防除施設など生産基盤の整備をすすめ、やぶきただけでなく早生、中晩生種の導入によって労力を確保し、はさみ摘みによる品質低下を防ぐために仕立技術、摘採方法、樹勢を弱めない土づくりや肥培方法など、きめこまかな技術改善をめざした。

他方、製茶工場の共同化、大型化も大きく進んだ。「個人加工から共同加工への転換」を求める声が大きくなったとして各地で共同荒茶加工施設の新設が進められた。第二期山村振興では下長尾(長)製茶共同組合、田野口第一製茶共同組合、瀬平西製茶共同組合が六〇キロ機を、第三期山村振興対策事業では下泉製茶共同組合、藤川製茶共同組合が六〇キロ機を、農村地域農業構造改善計画では(共)原山製茶共同組合、小井平製茶共同組合、三津間製茶共同組合、(共)原山製茶共同組合、梅高製茶組合、水川製茶組合が六〇キロ～九〇キロ機といった最新式製茶機械を導入して工場を建設した。また一九八六年に北榛原農協の中川根茶再製工場が設立され、川根地方の荒茶を集荷し再製加工のうえ加工業者に販売することとなった。

三　国際化時代と川根茶業の現状

農政の転回　一九八〇年代に入ると、経済の国際化、グローバル化が急速に進展し、世界的潮流となった「新自由主義（市場原理主義）」にもとづく自由化政策のもとで、各国経済は市場メカニズムの作用を強く受け、経済構造の編成替えを余儀なくされた。ＧＡＴＴ東京ラウンドからＧＡＴＴウルグアイ・ラウンド、そしてＷＴＯ（世界貿易機関）の設立への流れは、農産物を含む貿易と投資の自由化を加速させるとともに、各国の国内政策に影響をおよぼし、各種の農業保護政策の見直し（撤廃・後退・再編）を迫ることになった。こうして九〇年代の長期不況とＷＴＯ体制下の農産物輸入の急増のもとで、安い海外農産物が無・低関税で輸入され、その供給圧力のもとで農産物価格は低迷し、日本農業と農村の「危機」が深刻化した。なかでも生産条件の不利な中山間地域では、過疎化と高齢化の急進、農地や山林の荒廃、集落機能の崩壊など、深刻な事態に陥った。

一九八六（昭和六一）年、農政審議会は、市場原理と自由貿易体制強化、国際化に対応して産業として自立しうる農業の確立を内容とする答申を行い、二一世紀にむけ新自由主義を基調とした農政の基本方針を示した。ついで九二年には「良い食料・農業・農村政策の方向」（新政策）、九四年には「新たな国際環境に対応した農政の展開方向」が示され、それにもとづき食管法廃止と食糧法制定、九九（平成一一）年米の自由化（米の関税化）が実施されるなど、日本農業はいっさいの非関税障壁をとりはらう総自由化段階に入った。九九年、新しい食料・農業・農村基本法が制定され、農産物価格を市場メカニズムにゆだね、価格変動の影響には経営安定対策で対処するという直接支払い政策、そして効率的かつ安定的経営が農業生産の相当部分を担う農業構造の確立をめざすこととなった（以上、暉峻衆三『日本農業一五〇年』有斐閣、二〇〇三年、田代洋一『新版農業問題入門』大月書店、二〇〇五年、『「戦後農政の総決算」の構図新基本計画批判』筑波書房、二〇〇五年）。

ビジネス経営体　国際情勢および農政の変化は茶業にも深刻な打撃を与えた。輸入茶の増加や生活スタイルの変化による茶離れだけでなく、鹿児島県などの基盤整備、乗用型機械化、低コスト・省力化などを柱とする効率的な茶業経営の躍進による追い上げをうけ、静岡茶は高齢化、担い手不足、茶園の零細分散錯圃、急傾斜な立地条件などの構造的課題が露呈してきた。静岡県や農協の茶業関係者は、これらの状況を「静岡茶クライシス（危機）」と呼び、打開の方向性を地域の担い手の立ち上がりによる「地域茶業の革新」に求めた。担い手の中核には「地域茶業を将来にわたって担えるビジネス経営体」を位置づけた。このビジネス経営体とは、販売金額五〇〇〇万円以上の農業法人（法人形態によって農業を営む）のことであり、農業法人は会社法人と農事組合法人とに分けられ、農地を利用するかしないかによって農業生産法人とその他の農業法人とに区分される。そして茶工場についても、戦後の零細な自園自製工場＝第一ステージから製茶の共同化を図った第二ステージを経て、今後は新たな第三ステージの時代だとし、法人化によるビジネス経営体の樹立、分業・専門化、茶園の共同管理、機械の共同利用などの取り組みを強調した。また条件不利な中山間地域については、茶園の共同管理、外部雇用の徹底を計ることで、すばらしい環境や産物に恵まれた中山間地域の美しさと個性を引き出せるとした（静岡県農業再編農協対策本部、静岡県農業協同組合中央会『茶業・革新』）。

こうした認識は二〇〇一年の「静岡県茶業振興基本計画」でも力強い茶業経営体を育成するため、①担い手への茶園集積、②機械化と土地基盤整備、③地域の実情に即した茶園再編整備、④新たな茶園管理運営システムの構築、⑤機能的な荒茶加工システム、⑥環境にやさしい茶業、などに具体化された。中山間地域の脆弱化、やぶきた偏重に対しては、①特色ある茶産地の形成＝独特の栽培・加工、産地のファンづくり、②個性を育てる戦略的茶品種導入を求めている。

後退する中川根町の茶業　二〇世紀末、中川根町の農業は大きく後退していった。戸数、人口の減少が続く中、二〇〇〇年には農家数が六一五戸にまで落ち込んだ。しかし耕地に対する割合は九一％を維持し、農業粗生産額に占める茶の割合は九四%にまで高まった。農業は茶に特化していったが、茶は冬場の農作業が少なく年間を通して農業で生計を立てることは難しく、兼業化と農業従事者の減少が進み、さらに高齢化と後継者不足も深刻化した。労力不足を補うために機械化が必要となるが、傾斜地が多く所有農地が各所に散在することが機械導入の足かせとなった。乗用型摘採機やレール式茶園管理装置が使用できる川根本町の茶園は、約六〇〇㌶のうち約一〇〇㌶に過ぎない。

農家の経営規模別割合の推移をグラフ1に示した。〇・三～一・〇㌶クラスが落ち込み、逆に一・〇㌶以上と〇・三㌶未満のクラスが増えており、「専業と茶の自給的農家が残り、茶業収入をある程度期待してきた兼業農家が減少」する二極化が進行した。町内農家の五〇%が経営面積〇・三㌶以下の状況では、六〇%を占める老朽茶園の改植もなかなか進まなかった。荒茶生産量は、茶価の下落により二番茶、三番茶の摘採が中止されたこともあり大きく減少し、一九七〇年代に一〇〇〇㌧あったものが、二〇〇九年には六〇〇㌧となり、平均一〇年で約一〇〇㌧を減らしてきたことになる。茶園も耕作放棄地の増加により減少を続けているが、〇八年度の耕作放棄地は二五㌶と町内の耕地面積の三・五%を占めるに至った。

荒茶加工では、小規模個人工場から共同工場への動きが進んだ。県内では七五%を占める個人工場(経営体)の経営面積は三割前後に過ぎず、大型の製茶工場が荒茶加工の大半を担っており、川根本町の例でも荒茶生産の六〇%を大型工場が占めるところまできている。製茶工場は大型化、FA化し、少人数での稼働で大量生産、品質の安定化を実現した。しかし反面、品質の画一化により個性がなくなったという指摘もある。

旧中川根町域に限定すると、製茶工場数は一一二、うち自園工場は九〇、共同は二二を数える。しかし多くの施設や機械において老朽化が進んでおり、資金不足もあり十分な更新がなされていない。いわば経営体質は弱く、品質低下と処理量の減少、ひいては製品単価や生産額全体に大きな影響を与えかねない。また肥料、消毒、重油の値上がりなどにより生産コストが増加し、家族労働費の占める割合も高くなってきた。一〇アールあたりの粗生産額でみると一九七五年当時は、平坦地に比べ収量が少ないにもかかわらず良質茶として比較的高い単価で生葉・荒茶が取引されていた。そのため平坦地とあまり差のない粗生産額をあげ重要な産業として地域経済に大きく寄与してきた。しかし近年は生葉収量の減少と単価の伸び悩みから粗生産額が減少している（以上、川根本町役場産業課提供資料「現状と課題4」、二〇一〇年）。

　こうした事態に対し川根本町は、二〇〇九年、「農業振興計画」のなかで川根型茶業経営スタイルの構築という指針を示した。それは、地域の主幹作物である茶への物心両面での依存度は非常に高く、今後もお茶を核とする農業経営を継続したいという農家が多い。しかし兼業農家、高齢農家に依存した生産構造のもと、過半数の農家が共同工場参加、三分の一が生葉販売農家という現状では、国の示すビジネス経営体や認定農業者への農地集積により自立的農業経営体を育成するには限界があった。反面、製茶工場を経由してはじめて商品価値が付与されるという茶生産の特殊性を考慮すれば、個への農地集積だけでなく、共同製茶工場等の共同組織の拡充を含めた地域を面としてとらえた対応が求められるとして、茶工場の再編による共同製茶工場組織の再構築や農業生産法人化にむけた取り組みの必要性が強調された。

四　農事組合法人と自園自製の動き

中川根はちなか園　行政の働きかけによって製茶工場の大型化、とくに法人化への動きが具体化した。町内における法人化した共同製茶は表2の通り六工場を数えるが、多くは名称にも表記されているように地域・地区に立脚したものであった。ただ二〇〇八年創立のかわね山処苑は、川根町九名、島田市一名、川根本町一〇名に組合員が分布するなど、行政域を超えた広がりを持っている。有機栽培への指向が強く、高地を中心として四㌶ほどの栽培を行い、有機認定証明証を取得した製茶工場で仕上げをしている。

　ここでは、これら法人化した共同製茶から農事組合法人中川根はちなか園（以下、はちなか園と略す）を取り上げてみよう。はちなか園が設立された八中地区は、川根本町上長尾（旧中川根町）にあり浜松市春野地区と接している。耕地面積の九四％を占める茶園（二〇・三㌶）は山腹傾斜地にあり、そこで自園自製茶工場一四工場と生葉売り農家六戸がお茶作りに取り組んでいた。これまでは農業生産基盤や農村環境の整備を行ってきたが、一九九六年、農業組織の集団化、協業化を推進するという方針のもと八中地区協業化推進委員会を組織し、茶工場の協業化をめざした。この結果、地区内の自園自製茶工場九工場と生葉売り農家四戸を中心に、地区外の四工場と四戸の参加をえて、計二一戸の茶農家（茶園面積一四㌶）が荒茶加工施設を新設し、新技術の導入により農業生産意欲を高め、良質茶生産および茶業経営の維持発展を図り、地域茶業の活性化を実現しようとした。これが一九九七年一〇月に設立されたはちなか園である。二一戸の組合員（正準）の茶園規模と年齢層は表3に示した。

　製茶工場は、国からの経済的支援のもと生葉自動コンテナ二台と一二〇㌔機を導入、コンピュータ制御（FA化）という最新式の設備を採用し、九九年から本格的な事業をスタートさせた。茶園管理は基本的に組合員に任せられたが、「年間を通し茶栽培の情報交換を行い良質茶の品質向上」が目指された。そのために「肥料は組合統一コース」を設定するなど生産の安定に努め、毎年の事業計画には「施肥、防除、整枝等の茶園管理指導を徹底し、生葉の品質向上、均一化を図」ることが明記された。合葉をする関係から生葉の均質化が求められたといえよう。製造された荒茶は、はちなか園として加入している大井川農業協同組合に主に販売された(五割〜六割前後)。そのため肥料購入先や荒茶販売先である農協の事業に対する影響力は大きかった。

はちなか園では、生産開始から一〇年間は順調に生葉量、荒茶量の増加を実現させていった（グラフ2）。しかし子細にみると茶価の低落化という深刻な事態が進行していた(グラフ3)。静岡県の荒茶価格は一番茶、二番茶とも低下傾向にあったが、はちなか園の場合は一番茶において一時的に上昇した年もあるが基本的には低落傾向を示し、二番茶においても一貫して低落傾向がつづいている。とくに注目すべきは、はちなか園の一番茶は県平均を大きく上回っているが、二番茶になるとほぼ同じ価格で推移し、二〇一〇年には県平均を下回る価格となったことである。川根茶はもともと一番茶の価格が二番茶に比べて高かったが、ここに来て二番茶の価格低迷により一番茶と二番茶の価格差はさらに拡がっていった。茶期別荒茶代金を比較すると一番茶の割合が非常に大きなものとなっている（創業当初は七〇%後半、二〇一〇年には八八%）。そのため二番茶では生産割れを引き起こし、摘採を取りやめざるをえない事態となった。はちなか園では、組合員の一番茶・二番茶は買い取るが、生葉農家からは一番茶のみに制限するなどの対策をとった。経営面からだけではなく構成農家にとっても事態は悪化している。

経営と改善計画　経営面をみると、創業当初は、営業利益、営業外利益も順調で、法人税などの優遇措置もあり、各種積立金などを行いながら当期利益を記録しており、二〇〇三年（第六年度）には特別配当を行った。ところが〇六年は「減収減益」「茶況の厳しい年」となった。その後も茶況は「厳しい年」が続き、〇九年と一一年には「減収減益」を記録し、とくに一一年は「茶況は前年以上に厳しい」と記された。このため法定準備金、特別積立金などは〇六年までは計上されたが、それ以降では充分な準備金、積立金は行われなくなった。経常利益や当期純利益も低迷し、ついに〇九年には欠損を出すことになった。他方、〇八年には組合員三名が脱退した。家庭事情などを理由とするものであったが、出資金は他の組合員で持ち合い、茶園も組合員が乗用型機械を利用して現状維持を図っている。

このようにはちなか園の事業も、荒茶価格の低迷などにより二〇〇〇年代末に経営状況の行きづまりをみせはじめた。はちなか園は、二〇〇九年事業計画において昨今の茶価停滞や世界規模の景気低迷が茶況に及ぼす影響が懸念されるとして「経営改善計画」を立てた。それは、①荒茶価格維持、②労務費も含めた農業所得維持、③計画的効率的生葉の受け入れ、④計画的な製茶機械更新の四点であった。詳細はさけるが、細部にわたり事業の見直しと出来るところでの改善計画であったといえよう。立て直しへ向けた行動計画であったため、「この経営改善計画に参加出来ない場合、組合員から準組合員へ」という厳しい文言も用意されていた。いわば高齢化にともなう労務確保の困難と茶価下落による経営悪化という事態を乗り切るための生産合理化であり、荒茶をできるだけ高く売るための設備改善がめざされた。

ついで二〇一〇年頃になると当初二一戸で始まった事業も、組合員の変遷や茶園拡大もあり、正準組合員一五戸に生葉農家二〇戸を加えた計三五戸となり、茶園面積も組合員一五㌶、生葉農家五㌶、合計二〇㌶へと広がった。これは、はちなか園が「中山間地において良質な川根茶を生産しながら、地域の生葉生産者を含めた茶園を守る方針」に従った結果であろう。これらメンバーの経営規模と年齢層は表2に示した。明らかに小規模な生葉農家の拡大と高齢化が進行していた。このため「一〇年以内に耕作不能」となる茶園増加が予想され、かつ規模の小さな準組合員や生葉農家の中にはお茶作りを止めたいという声も出はじめていた。

こうした事態に対応するため、二〇一一年、ふたたび本格的な「産地構造改革計画」を立てた。①乗用型等機械による管理可能な茶園を創出し、工場主導で耕作不能茶園を作業受託可能な担い手に集積する茶園管理システムを構築、②販売先のＪＡ川根茶業センター（二〇〇六年操業開始）との連携を強化しつつ、良質茶を製造販売、③茶園管理～摘採出荷もそれまでの個人管理に任せるのでなく一部共同化管理、④山の特徴を生かした高品質茶として「天空の茶産地」「釜炒茶」などによるはちなか園ブランド創出などを掲げた。まさに茶園管理の一部共同化にむけた「構造改革」であり、地域ブランド創出計画であった。そのため一二〇〇万円を投資し製茶工場機械の蒸し行程の更新を行った。「天空の茶産地」とは、川根茶全体のＰＲを推進する品種として、標高おおむね五〇〇ｍ以上の茶園を指定し、澄んだ緑色の「黒ラベル奥光」、金色透明の「赤ラベル奥光」を商品化したものであった（「天空の茶産地を創る推進会議」はＪＡ・町・経済連・県他で〇七年に創設）。

このように見てくると、行き詰まりを見せていた自園自製個人工場などが結集して大型共同工場を設立し（法人化＝はちなか園）、そのことによって生産性向上と所得維持を実現し、茶業経営の安定および地域茶業の活性化を図ろうという創立当初の目的は、最初の一〇年間においては、ある程度達成されつつあった。しかしここに来て茶価の下落、高齢化の進行が一段とすすみ、経営基盤をゆり動かした。その上、生葉会員の加入により零細な兼業農家も増え、老朽化した茶園問題も浮上してきた。製茶工場を中心に地域茶業の維持を図っていこうとすれば、周辺の高齢化した兼業や生葉農家の参入は必然となり、そのことによって新たな課題を抱えることにもなり、人手不足や後継者問題などは今後いっそう切迫した状況が予想される。乗用型機械などが入る茶園を広げていくことや、茶園管理の共同化や耕作不能茶園を担い手に集積しようとする計画も、そのような意味において理解できよう。ただ機械化には山間地の制約もあり、どこまでカバーできるかが課題となろう。

創業以来一四年、山積する問題に対し、「経営改善」から「構造改革」へと本格的な対応が求められるはちなか園の現状である（以上、「農業生産体制強化総合推進対策実施計画書」、農事組合法人中川根はちなか園「事業報告書綴」一九九七年～二〇一一年、「産地構造改革計画　天空からの良質茶を消費者に」二〇一一年）。

自園自製の動向　一方、伝統的な自園自製にこだわり、上級川根茶として自家の銘柄による小売販売の拡大を図りながら、良質なお茶作りに取り組む動きや、消費者の多様な需要を掘り起こすため煎茶だけでなく紅茶や釜炒り茶などの製造を手がけ、かつ有機栽培や農薬を使わない安心安全な栽培を試みる事例もみられる。さらに積極的に各種品評会に出品し、川根茶の優良性を全国に知らしめる役割を果たす茶農家もある。とくに二〇一一年の第六五回全国茶品評会では、産地賞として普通煎茶一〇kgの部一位に川根本町が選出されたが、別に農林水産大臣賞として普通煎茶一〇キロの部一位につちや園（土屋鉄郎）、第二位に丹野園（丹野浩之）、第三位に高田園（高田智祥）が入賞した。上位を独占した三農園とも川根本町を代表する自園自製茶農家であり、川根茶の質の高さを示す結果となった。彼らの茶作りにかける思いや特色を紹介してみよう（「お茶を究める」『茶』静岡県茶業会議所二〇一一年一〇月号　、「農林水産大臣賞受賞おめでとうございます」『茶』二〇一一年一一月号、および各農園ホームページ参照）。

つちや農園は、町内でもひときわ高い標高六〇〇mにある「おろくぼ」地区で茶栽培に取り組む。若いときから水川農事研究会に所属、先輩から受けた指導、仲間と切磋琢磨した経験とを基礎に、自然を生かした茶作りに徹し、自然が産む「香り高くうまい茶作り」を目指す。急傾斜の厳しい立地のなかで、自然に従い、茶樹の声に耳を傾けることで農薬を最小限にし、有機質肥料を中心とした自然に優しいお茶作りにつとめている。丹野園は、平地や山間などに茶園を所有し、「美しい」と喜んでいただける香りとうまみのあるお茶作りに励む。

川根茶については、良質で豊かな大井川の水、水はけの良い傾斜地を利用して栽培されるなど自然環境に恵まれていることに加え、全国一熱心で元気な茶農家の日々の労力が、さわやかな香気と美しい水色をともなったおいしいお茶を作り出している。

高田農園は、地の利、天の恵みをいかした栽培製造にこだわり、品質の高い茶作りをめざす。山の恵まれた条件、自然（適度な日照時間、寒暖の差もあり朝霧）と土壌のよさによって香り豊かなお茶作り、良質なお茶作りが可能とし、肥培管理についても安心安全を最優先に考え、施肥設計も有機主体とし、病害虫には農薬に頼らないＥＭ菌で対応し、遜色ない健全な茶園を維持している。また新しいものへのチャレンジを忘れず、やぶきた以外に山の息吹、香駿、べにふうき、おくひかりなどを栽培し、これらを活用した紅茶や釜炒り茶なども製造する。同園は、二〇一〇年の世界緑茶コンテストにおいて川根産包種茶で最高金賞を受賞した。

ここには一般的に不利とされる山間地の自然条件こそ「地の利、天の恵み」ととらえ、そこに長年にわたる努力と研鑽、そして情熱が加わることで、香り高い良質な川根茶が生まれたと共通の認識が示されている。そのような個性あるお茶作りを継承・発展させようとの意気込みがみてとれよう。また有機栽培や無農薬といった消費者の安心安全へのこだわりにも配慮した方向性や、多様な種類のお茶作りへの試みは、健康ブームやエコなど消費者の幅広い要望に応え、新たな需要を掘り起そうとする動きといえよう。

おわりに

かつて中川根町史で担当した茶業史を、新たな資料や聞き取りによって再構成・書き改めた。本章で見たように高度成長期以降における内外の変動によって農業は大きく変貌し、茶業を取り巻く環境もきわめて深刻なものとなってきた。銘茶の産地たる中川根町（川根本町）といえども例外ではなく、逆に山間地茶業のもつ構造的課題は深刻化しつつある。そうした状況下、伝統的な自園自製茶農家の中には、先進的で多様な取り組みや良質なお茶作りに向けた動きが見られた。他方、高齢化した零細な生産茶農家が多くを占める川根本町の茶業にとって、大型共同工場の果たす役割も欠かせないものとなった。山間地茶業の地域的課題を共同化によってカバーしていくとすれば、大型共同工場の機能をさらに効率化し、茶園管理の共同化など「地域を面」としてとらえた対応や協力体制が欠かせないものとなっている。いずれにしても香り高い川根茶を守り維持していくために、歴史的に形成された特色を踏まえつつ、現代的要請たる安全・安心・環境に配慮したお茶作りこそが求められていよう。

参考文献

中部農業改良普及所農技支所、中川根町技術者連絡協議会「川根茶の生産構造と将来方向」、一九七四年
静岡県茶業会議所『静岡県茶業史』第五編（一九八九年）、第六編（二〇一一年）
静岡県農業再編農協対策本部、静岡県農業協同組合中央会『茶業・革新』、二〇〇一年
静岡県経済産業部「静岡県茶業振興基本計画」、二〇一一年
静岡県経済産業部農林業局茶業農産課『静岡県茶業の現状』、二〇一一年
暉峻衆三『日本農業一五〇年』有斐閣、二〇〇三年
田代洋一『新版　農業問題入門』大月書店、二〇〇五年
中川根町史編さん委員会『図説中川根の歴史』、『中川根町史』資料編・通史編　二〇〇二年〜〇六年

表１　経営概況

	農家数	自家労働力		雇用力（延）	経営耕地				品種別面積			成園率	地形別面積			摘採方式別面積			被覆面積	
		農業従事者数	農業従事日数		茶	水田	素畑	計	やぶきた	その他	在来	%	平坦	緩傾斜	急傾斜	①②手	①手②はさみ	①②はさみ	併設	簡易
	戸	人	人	人	a	a	a	a	%	%	%	%	%	%	%	%	%	%	%	%
自園自製小売	6	3	557	209	103	0	1	104	66.4	6.3	27.3	66.0	56.2	32.6	11.2	47.4	11.0	41.6	11.9	21.8
自園自製	15	3	544	143	87	3	4	94	60.9	10.5	28.5	46.7	34.4	47.5	18.1	24.6	11.3	64.1	11.6	5.6
委託加工	5	2	492	90	61	14	1	77	69.5	17.4	13.1	64.2	17.2	54.6	28.2	51.8	16.4	31.8	4.9	0.0
共同加工	4	3	326	57	45	10	5	60	68.4	2.8	28.8	50.5	4.6	40.8	54.6	34.5	10.0	55.5	15.6	0.0
平均		2.8	479.6	124.6	74.2	6.8	2.8	83.9	64.0	9.7	26.3	56.9	35.7	44.3	20.0	34.9	11.7	53.4	11.6	6.8

注：数値は農家数の平均である　出典：「川根茶の生産構造と将来方向」

表２　川根本町共同製茶連絡協議会名簿（法人関係）

農事組合法人　中川根はちなか園
農事組合法人　あすなろ
農事組合法人　わらやま
農事組合法人丸改地名製茶組合
くのわき茶農業協同組合
農事組合法人　かわね山処苑

出典：川根本町産業課資料

表３

経営規模別（正準組合員＋生葉会員）　　人

	30a 以下	30 ～ 50	50 ～ 70	70 ～ 100	100 ～ 150	150 ～	計
1997 年	5(1)	4(2)	3(2)	4(3)	3(2)	2(2)	21(12)
2012 年	16	5	4(2)	3(2)	5(2)	3(3)	36(9)

注：(　) は正組合員数

年齢別　　%

	30 代	40 代	50 代	60 代	70 代以上
1997 年	10.0	29.0	23.0	38.0	
2012 年			28.6	28.6	42.9

出典:「農業生産体制強化総合推進対策事業実施計画書」「産地構造改革計画」

グラフ1　川根本町の経営規模別農家割合の推移

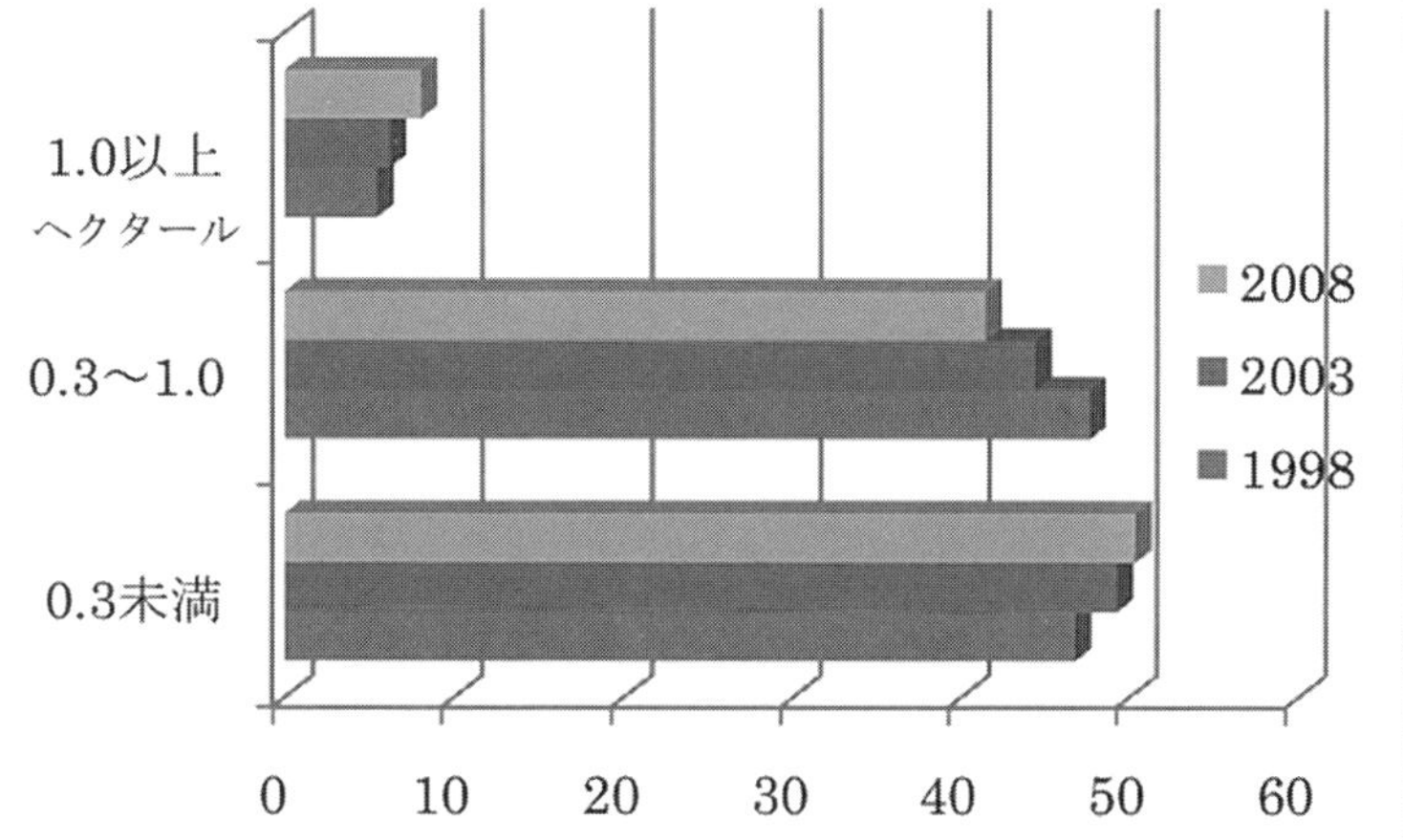

グラフ２　はちなか園生葉荒茶産額の変遷

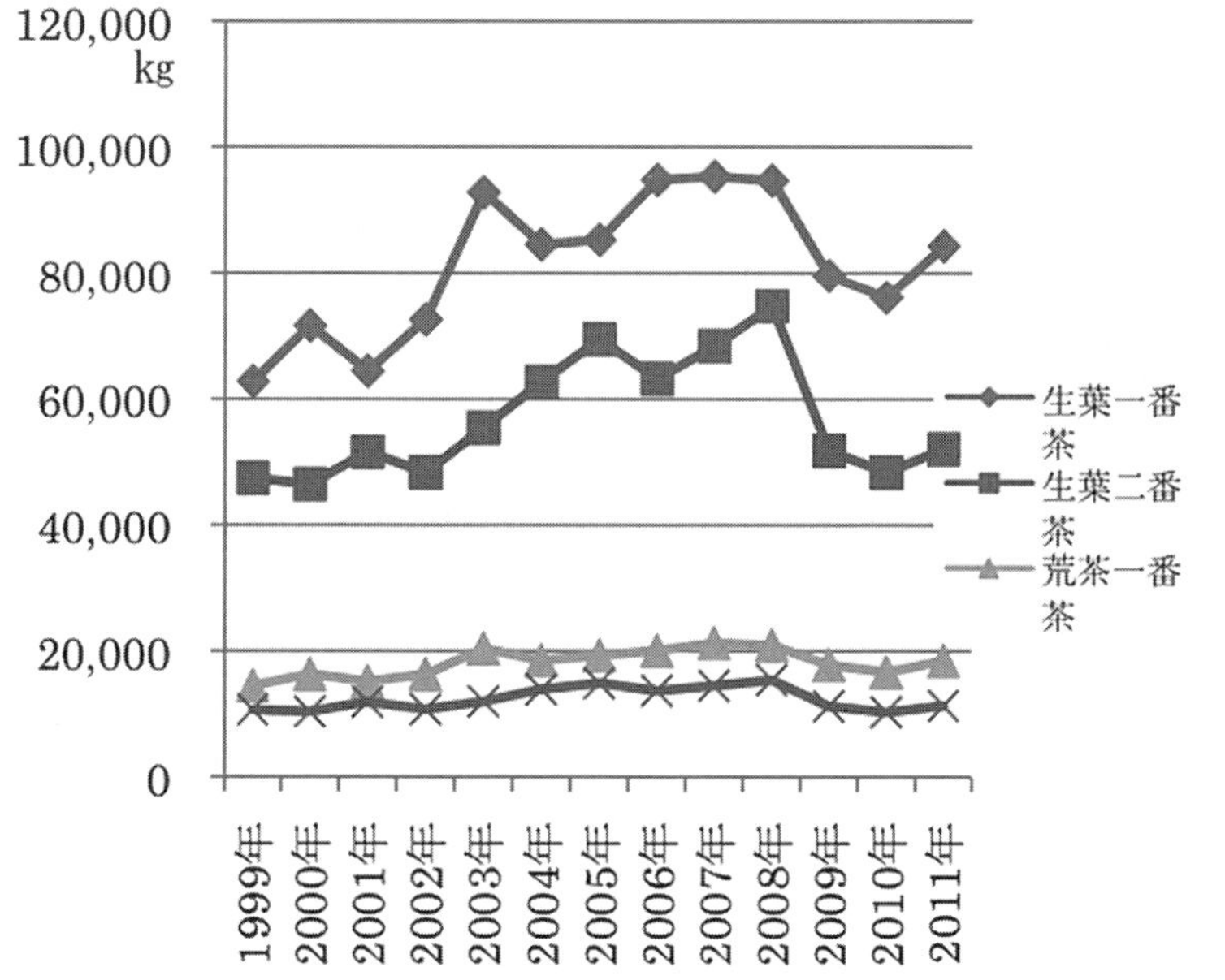

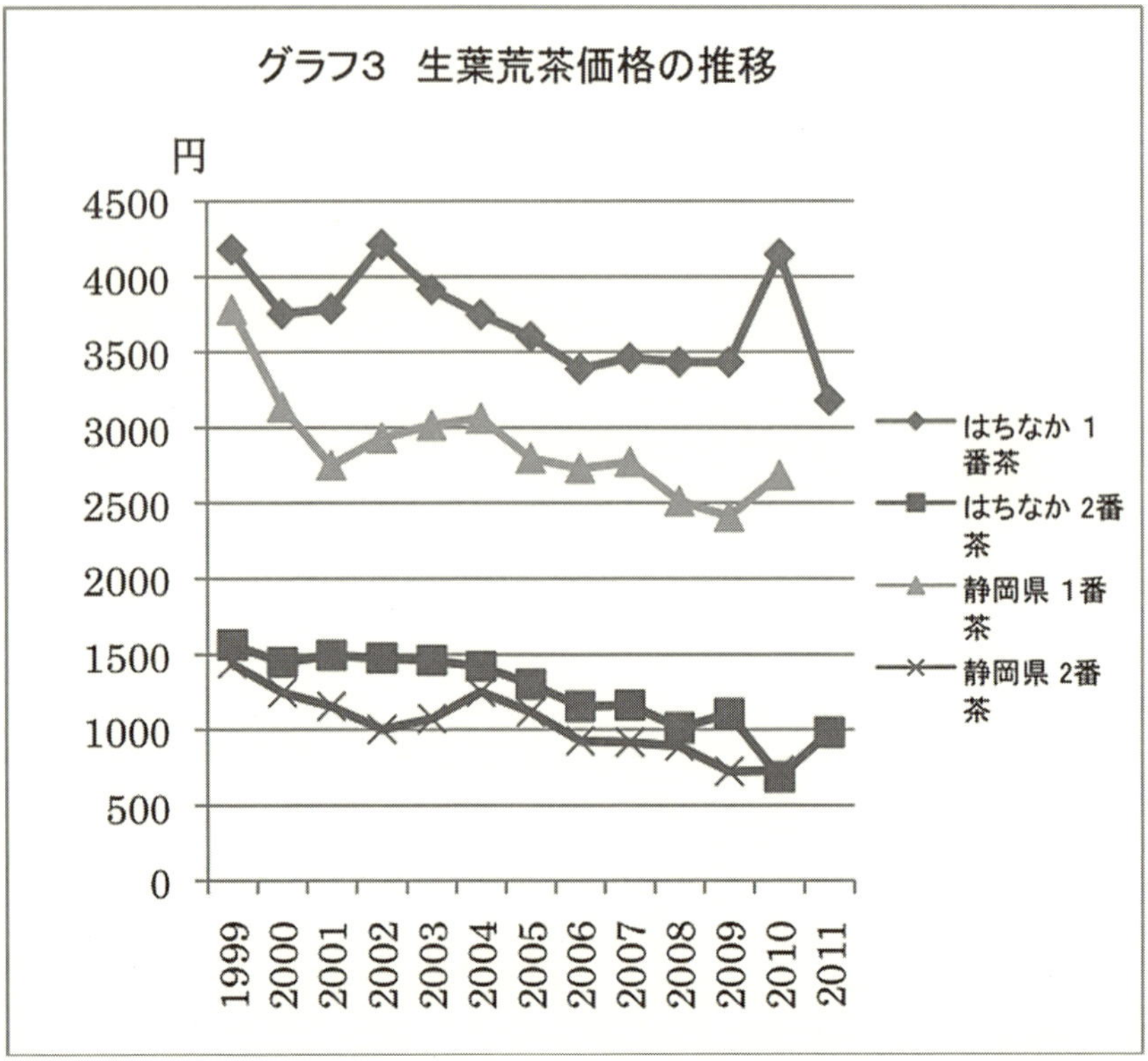
グラフ3　生葉荒茶価格の推移
円
4500
4000
3500
3000
2500
2000
1500
1000
500
0
1999
2000
2001
2002
2003
2004
2005
2006
2007
2008
2009
2010
2011
はちなか 1番茶
はちなか 2番茶
静岡県 1番茶
静岡県 2番茶

第三章　温泉観光地の発展と地域変容―伊豆半島を事例に―

高柳友彦

本章では、今日日本を代表する温泉観光地となった伊豆半島の温泉地が第二次大戦以降どのような発展を遂げたのか、高度経済成長期前後の東伊豆の温泉地を対象に明らかにしていこう。

わが国の温泉観光地利用客数は、一九二〇年の一七〇〇万人から、一九七〇（昭和四五）年一億人に増加した。この背景には、交通網の整備にともなう移動時間の短縮や費用の低減、日本交通公社など旅行代理店の発達といった要因があげられる（高柳友彦「温泉観光地の形成と発展」二〇〇七）。一九三〇年代における関東近辺の温泉地利用客数は、トップの熱海が四七万人。以下、日光湯元、伊東、草津、湯河原、伊豆長岡、伊香保と続き、利用客数はそれぞれ約二〇万から三〇万人程度であった。

第二次大戦後は、生活水準の向上に伴い、温泉旅行を楽しむことが一般的となった。とくに一九六〇年代以降、企業の社員旅行や慰安旅行といった団体旅行が急速に普及した。表一は、一九六九年の利用客数ランキングを表したものである。いずれの温泉地も利用客数が一〇〇万人を超え、とくに上位五つの温泉地では収容人員が一万人を超える規模を有していた。温泉地の利用客の約半数が団体客であったため、団体旅行の普及は、観光地、温泉地の宿泊施設等の大型化を促した。熱海の利用客数が五〇万人弱から三〇〇万人強へ増加したように、第二次大戦後から高度経済成長期にかけての約二〇年間で温泉地の規模が急拡大したのである。

伊豆半島はいうまでもなく農林水産資源、温泉資源、観光資源に恵まれ、東京や横浜といった首都圏との近接性をいかし、日本を代表する温泉観光地に発展した地域である。熱海（表一で三位）、伊東（同五位）など巨大な温泉地を抱えていた伊豆は、第二次大戦以前の農漁村的な性格を脱し、観光産業を基盤とした地域へと変貌を遂げることとなった。そこで以下の節では、高度経済成長期以降、温泉地として飛躍をとげる熱海・伊東、東伊豆の温泉地の展開と地域変容のありようについてみていこう。

表１　温泉地利用客数ランキング（1969 年）

	温泉地	所在	人数	収容定員
1	別府	大分	5,389,034	36,352
2	箱根	神奈川	4,284,000	29,512
3	熱海	静岡	3,708,000	25,000
4	白浜	和歌山	2,455,000	15,000
5	伊東	静岡	2,114,000	12,000
6	鬼怒川	栃木	1,752,955	8,920
7	有馬	兵庫	1,615,788	3,981
8	諏訪	長野	1,513,000	3,200
9	湯河原	神奈川	1,219,000	9,900
10	登別	北海道	1,164,716	4,571
参考	山鹿	熊本	193,000	1,288
参考	城崎	兵庫	554,290	3,762
参考	道後	愛媛	950,790	7,220

単位　人

出典　平岡千明「全国温泉利用状況一覧」『温泉工学会誌』第８巻１～３号、第９巻１号より作成
箱根は、箱根町にある温泉地（16ケ所）の合計
熱海、伊東（静岡県）の数字は、４桁であったが、収容人員との関係でも３桁少ないと判断し、数字を加えた。
収容人員は、一般客を対象としていると考えられるので、単に365倍した数字よりも宿泊実績は多くなる。

一　第二次大戦直後の伊豆の温泉地

前史　第二次大戦前の伊豆半島の温泉地の展開についてその前史を紹介しておこう。伊豆半島は熱海、伊東を抱える相模湾に面した東伊豆、修善寺、天城を抱える中伊豆、駿河湾に面した西伊豆、下田周辺の南伊豆に大別することができる。伊豆の温泉地において、近世からの歴史を有していたのは、東伊豆の熱海、伊東、中伊

豆の修善寺、古奈、吉奈といった温泉地であった。一九二〇年代以降、交通網の進展（一九二五年熱海線開通、一九三四年丹那トンネル開通）に伴い、伊豆半島各地では温泉開発が進展した。中伊豆では、現在の伊豆長岡温泉や土肥、畑毛など、南部では下賀茂などの温泉地が形成された。一九三五（昭和一〇年）年発行の『温泉大鑑』は、各地の温泉地の泉質、名所、旅館名などを鉄道沿線ごとに取り上げ、伊豆半島では、東伊豆四ヶ所（伊豆山、熱海、伊東、熱川）、中伊豆十ヶ所（畑毛、古奈、長岡、修善寺、吉奈、船原、湯ヶ島、湯ケ野、河内、蓮台寺）西伊豆一ヶ所（土肥）南伊豆三ヶ所（今井浜、谷津、下賀茂）が紹介された。半島内の多くの地域で温泉地が開発・形成されたものの、第二次大戦前の伊豆では、交通の便が良く、古い歴史を有する温泉地（熱海、伊東、修善寺、下田街道沿いの温泉地）が中心的な位置を占めていた。（高柳友彦「温泉観光地の形成と発展」二〇〇七）

戦後復興期の伊豆の温泉地　戦後復興期における伊豆の温泉地は、占領軍による慰安施設の整備等、占領政策と大きく関わっていた。（平井論文を参照）宿泊客数が回復する本格的な復興は一九五〇年代以降実現した。

伊豆の玄関口であった熱海温泉は、一九五〇（昭和二五）年四月一三日に中心市街地のほとんどを焼失する大火を経験した。被災世帯一四六五世帯、罹災者五七四五名、損害金五五億円に達し、市の約四分の一が焼失してしまった。甚大な被害を受けた熱海であったが、大火後の同年四月末の連休時には、東京からの行楽客が増加した。その様子は「熱海温泉は大火以来泊り客がさっぱりなく旅館街は悲鳴をあげていたが、二九日朝から上下列車で搬出されるお客は開駅以来のレコードを破る有様で百有余の大小旅館は数日前からの予約で早くもいっぱい久しぶりでフリの客はおことわりという超満員」（『読売新聞』一九五〇年四月三〇日夕刊）と伝えられた。大火によって大きな被害を受けたものの、宿泊客が殺到し、にぎわいを回復させたのであった。翌一九五一年には、国際観光温泉文化都市の指定を受け、区画整理、生活インフラの基盤整備が行われた。加えて、伊東、修善寺への直通の準急列車が登場するなど首都圏と伊豆との結びつきは強まった。熱海温泉の旅館数は、大火の影響があったにも関わらず、一九四七年一〇七軒から一九五一年には一九一軒にまで増加し、利用客の増加に対応したのである。当該期の旅館数の増加は、熱海に限らず伊東でもみられ、一九四七年七六軒から一九五一年九二軒、翌一九五三年一一四軒へ増加した。熱海、伊東といった伊豆を代表する温泉地は、着実に復興を実現していったのである。

次に、東伊豆の温泉地の展開についてみていこう。東伊豆は海岸線が入り組んでいるため、鉄道、道路整備が遅れた地域であった。半島南部の下田に行くには、三島から修善寺、天城を下る下田街道を利用するのが一般的であった。交通不便な東伊豆のインフラ整備が本格化するようになったのは、一九三〇年代以降であった。一九三八（昭和一三）年に伊東まで伊東線が開通し、東京伊東間に直通列車が運行され、伊東を訪れる観光客が増加した。観光客の増加にあわせて、地元でバス路線を運行していた東海自動車は、東伊豆、北伊豆、西伊豆それぞれをバス路線で結んだ。バス路線の開通によって、いくつもの温泉地や観光地を周遊することが可能となり、伊豆半島の周遊ルートの形成に重要な役割を果たした。こうした周遊ルートの形成は、温泉開発や利用客増加に影響を与え、新たな旅館業の開業を促したのである。

表二は、東伊豆の主要な温泉地の旅館一覧である。第二次大戦以前から存在していた温泉地として熱川と片瀬が確認できる。熱川温泉は、江戸時代から続く奈良本地区の共同場で利用していた源泉を引用し、明治期の終わり頃から旅館建設が始まった。その後バス路線の開通によって利用客が増加し、九軒の旅館（収容人員三八〇名）が温泉街を形成していた。また、熱川の南に位置した片瀬温泉は、東豆館の主人加藤新蔵が片瀬海岸

表２　東伊豆の旅館の創業年次

	熱川温泉	片瀬温泉	北川温泉	稲取温泉	大川温泉
戦前期	ホテルつちや（1904） ホテル福島屋（1908） 玉翠館（1914） みどり館（1935） 熱川館（1936） 偕楽園（1936） 大東館（1939） 三興閣（1941） 海南荘（1942）	東豆館（1929） 海浜館（1936） えびや（1937） 小磯館（1939） 片瀬館（1939） 長楽（1939）	なし	なし	なし
1945年～1955年	熱川大和館（1950） 一柳閣（1950） ホテルオグラ（1950） くろしお（1951） 旅館中西（1953） 熱川温泉ホテル（1954）	松涛園（1947） なぎさ荘（1950） 清美荘（1950） 南海ホテル(1953)	なし	従来から旅館を経営 古屋旅館 朝陽館 やまだ荘 南国山下荘 萬屋旅館	なし
1956年～1965年	甲子苑（1957） 熱川ニュープリンスホテル(1959) 熱川第一ホテル（1960） 熱川グランドホテル（1962） 山路（1964） ホテルしなよし（1964） 南望ホテル（1965）	かにや（1958） いづや（1959） 山海荘（1960） 福松荘（1963） 松泉閣（1963）	つるや北川支店(1957) ホテル望水（1958） 北川温泉ホテル(1960) ホテルゆうき荘(1960) ホテル船松（1965） ホテル本間（1965）	いなとり荘（1956） 銀水荘（1957） 白雲閣（1958） 稲取観光ホテル(1959) 三幸園（1959） ホテル福美（1959） 稲取赤尾ホテル(1963) ホテル糀屋（1963） ホテル東伊豆（1964） ホテルたなか（1964） 稲取東海ホテル(1965) うえじま旅館（1965）	大川グランドホテル(1961) きむら旅館（1963） 泰山荘（1965） 晴美荘（1965） 大川荘（1965）

出典　『東伊豆町誌』p 53 ～ 63
（　）内は開業年

で源泉開発に成功したのをきっかけに開かれた温泉地で六軒の旅館が営業を行っていた。戦後、熱海や伊東の発展に影響を受け熱川でも一九五〇年代前半に六軒、片瀬では終戦から一九五四年までに四軒の旅館が開業した。一九五〇年発行の『温泉案内』では、東伊豆の温泉地は両温泉地のみが記載され、「閑静な湯治場」「閑静の別境」と称されていた。その後開発される稲取、北川、大川には温泉旅館はなく、一九五〇年代前半の伊東以南の温泉地の展開は戦前と同様に、熱川、片瀬など一部の地域に限られていたのである。

二　高度経済成長期の温泉地の発展

温泉地の大規模化　戦前の経済水準を回復した一九五五（昭和三〇）年、伊豆半島一帯は、富士箱根国立公園に編入された。伊豆が温泉地だけでなく、観光地としても高く評価された結果であった。同年から始まる高度経済成長は、約二〇年間に及ぶ経済成長を実現し、温泉地の利用客数の増加をもたらした。各地の温泉地では、大量の利用客に対応するため、旅館建設など大規模化が進展していくこととなる。その代表的な温泉地の一つである熱海温泉の発展の様相をみていこう。

熱海温泉の宿泊客数は一九五七年二七〇万人から一九六四年には五〇〇万人に増加した。特急こだま号の熱海停車や一九六四年に開通した東海道新幹線の駅の設置といった交通網整備が大きな要因であった。新幹線の乗降客数ランキングでも、東京、新大阪、名古屋、京都に次いで熱海は五番目に名を連ねていた。

一九五〇年代後半以降、利用客の大半を占める団体客が増加したことを受け、旅館内の施設が改築されるようになった。一〇〇畳以上の大広間を持つ旅館は一九五七年には一五軒ほどであったが、二年後の一九五九年には四三軒にまで増加した。なかでも、二〇〇畳以上の巨大な大広間を持つ旅館は、二軒から一三軒へと急増し、旅館規模が急拡大していたことがうかがわれる。表三は、高度経済成長期の熱海温泉における旅館規模の変遷を表したものである。収容人員が五〇人以下の小規模の旅館はあまり変化がない一方、収容人員二〇〇人以上の旅館が増加していることが確認できる。実際、熱海では三〇〇人以上を収容できるホテルとして、来宮ホテル（一九五九年創業）、西熱海ホテル（一九六〇年創業）、収容人員が一〇〇〇名を超えるニューフジヤホテル（一九六四年創業）が建設された。こうした大規模施設の建設は、東京の企業や経営者らを中心に行われていた。戦前に少数であった他所からの流入者は、高度経済成長期以降急増し、熱海温泉の旅館経営者の大半が東京、横浜といった首都圏からの流入者によって占められたのである。加えて、熱海では保養所、寮といった自治体・企業関連の宿泊施設が増加し、一九六〇年代には一〇〇軒を数えた。こうした旅館の大規模化や寮・保養所の設置によって、熱海温泉の部屋数・収容人員は、一九五〇年一七〇〇室、収容人員七〇〇〇人から、一〇年後の一九六〇年には四〇〇〇室、二〇〇〇〇人の規模に拡大し、日本有数の温泉地としての地位を確立した。

表3　熱海温泉における旅館規模の変遷

収容人員	1957年	1959年	1962年	1972年
500人以上	0	0	4	7
300～499人	3	6	8	7
200～299人	2	7	14	15
150～199人	8	10	12	10
100～149人	14	19	25	19
50～99人	66	67	51	51
20～49人	79	72	59	56
20人未満	36	37	25	37
計	208	218	198	202

各年度　熱海市観光課『宿泊ガイド』より作成
単位　軒
項目の収容人員、最低人員を集計
熱海、伊豆山、泉、南熱海の内、熱海のみを集計

伊豆での交通網の進展　首都圏との交通網整備によって、大規模化を実現した熱海、伊東に加え、伊東以南の東伊豆や南伊豆の観光地・温泉地への注目が増すようになった。観光地開発において中心的な

役割を果たしたのが東急電鉄グループを率いた五島慶太であった。五島は早くから伊豆の観光地としての価値に注目し、伊豆半島の観光開発を計画していた。一九五五年には東京から伊豆半島まで二時間で結ぶことが可能な自動車専用道路の建設計画を発表した。翌一九五六（昭和三一）年には、五島が影響力を持つ伊豆下田電気鉄道（その後、伊豆急行に商号変更）が伊東下田間の地方鉄道敷設免許を申請した。敷設免許を一九五九年に取得した後、二年という短期間の工事によって、一九六一（昭和三六）年一二月九日、伊東下田間約四八kmの伊豆急行が開通した。東京との直通列車を含む一日二七本の列車が運行され、伊東下田間を五五分で結んだ。伊豆を循環する鉄道計画が政府で決定してから約四〇年、地元住民の悲願であった鉄道開通がようやく実現したのである。（伊豆急行株式会社『伊豆とともに生きる―伊豆急三〇年史』一九九一年）

開通した翌日の全国紙の朝刊には、伊豆急行の全面広告が掲載された。「東京―下田直通二時間五〇分、伊豆半島に夜明けのハワイアンブルーの快速電車は走る」という見出しがおどり、「世界のレジャーランド伊豆がぐんと近くなりました」など、伊豆への日帰り旅行が可能になったことを強調する内容だった。（『読売新聞』一九六一年一二月一〇日朝刊）。鉄道建設が計画された一九五五年当時、東京下田間は伊東からバスを利用して、最短五時間一七分かかっていた。首都圏から伊豆半島南部との日帰りは、実際困難であった。伊豆急行の開通によって、東京からの所要時間が約半分に短縮され、利用客増加が見込まれるなど伊東以南の観光地・温泉地にとって大きな画期となったのである。

伊豆急行は、伊東以南の沿線住民だけでなく、多くの観光客の足としても利用された。一九六二年三九二万人であった乗降人員は、一九六五年には五六五万人、一九七〇年には七九一万人になった。中でも観光の拠点となった伊豆稲取駅の乗降客数は、一八万人（六二年）から三一万人（六五年）、四一万人（七〇年）へと増加した。伊豆急下田でも八九万人（六二年）から一一五万人（六五年）、一五三万人（七〇年）へと飛躍的な増加を実現し、鉄道開通の効果を示すこととなった。

また、同時期の伊豆半島では、伊豆急行による鉄道開通の他に、自動車道路整備も進展した。一九五五年当時、小田原と下田を結ぶ東伊豆沿岸の国道は、総延長八七㎞中約三割しか舗装されておらず道路改良は遅れていた。その後、急速に整備が進められ、伊東から下田を結ぶ伊豆東海岸道路が一九六七年に全通し、伊東下田間が最大二〇分短縮された。伊豆の道路整備は、鉄道開通による観光客増加との相乗効果もあって、伊東以南での定期観光バスといったバス事業の発展に大きく寄与した。実際、一九六七年三月二八日には一四〇〇組の新婚旅行のカップルが定期観光バスに乗車し、三つある観光コースに延べ九十九台のバスが利用された記録も残されている。（東海自動車、一九八八年）加えて、伊東市内での調査では、一九五二年に一日三六〇〇台であった自動車交通量は、道路開通以後の一九六七年には朝八時半から夕方一七時半までで六二〇〇台（一日換算では一万台）に増加したことが報告されている。地域住民の利用に加え、首都圏からマイカーで訪れる観光客も増加したのだろう。東伊豆は不十分であった交通網の整備に伴い、多くの観光客を受け入れる基盤が形成されたのであった。

新興温泉地の形成と発展　一九六〇年代以降の交通網の進展によって東伊豆の温泉地も新たな旅館建設や規模拡大がすすめられることとなった。なかでも、伊東市の南に位置する東伊豆町（一九五五年に熱川が属する城東村と稲取村が合併して誕生した）がその中心であった。では、同町における温泉地の展開をみていこう。

戦前から温泉街を形成していた熱川と片瀬の両温泉地の旅館建設のありようを前掲表二から確認すると、熱川温泉では、一九七〇年代初頭までに一五軒程度の旅館が創業した。熱川温泉では、一九五八年に福島屋主人

表４　東伊豆温泉地利用客数推移

	大川	北川	熱川	片瀬	白田	稲取	合計
1960		19,830	244,997	49,306	483	54,713	369,329
1961		29,899	318,007	52,058	5,784	78,463	484,211
1962		42,516	383,963	60,446	6,716	121,696	615,337
1963		54,888	460,242	64,252	7,139	186,918	773,439
1964	637	66,588	493,309	65,478	13,411	205,315	844,738
1965	2,508	81,083	538,512	73,262	15,006	239,218	949,589
1966	3,587	86,077	571,008	68,023	13,932	305,300	1,047,927
1967	12,463	118,739	612,911	72,793	14,913	338,182	1,170,001
1968	13,941	133,445	641,626	85,696	16,769	475,309	1,366,786
1969	28,226	150,635	683,972	118,572	27,134	531,540	1,540,079
1970	35,791	131,326	711,269	125,215	28,187	580,112	1,611,900
1971	36,954	145,144	744,457	124,665	39,299	615,668	1,706,187

出典　白坂蕃「伊豆半島における温泉観光集落の発達－東伊豆町の場合－」『東京学芸大学紀要　第３部門社会科学』第26集、1974年

の弟であった木村亘氏が、熱帯植物とワニを組み合わせた動植物園である熱川バナナワニ園を開業し、また積極的な集客活動によって利用客数を伸ばした。表四は一九六〇年代の東伊豆の温泉地の利用客数を表したものである。熱川は、一九六〇年二四万人から一九七〇年には七〇万人へと利用客数を増加させた。こうした利用客の急増に対して、熱川でも熱海、伊東と同様に旅館の増改築がすすめられた。一九五六年に熱川館が鉄筋づくりにしたのを皮切りに、一九五九年には大東館が五階建て延べ面積三〇〇〇㎡の鉄筋建築へ、福島屋も翌六〇年に増改築を行った。鉄道開通による利用客の増加に対応した設備拡張がうまくいったのである。実際、一九六五年発行のガイドブックでは、熱川温泉の旅館一六軒のうち、一〇〇名以上収容の旅館が八軒、二〇〇名以上収容可能な旅館は三軒あった（渡辺正臣『ブルーガイドブックス伊豆』一九六五）熱川は、東伊豆だけでなく、下田も含めた伊東以南では最大規模の温泉地となったのである。

一方、熱川と同様に東伊豆では古い歴史を持つ片瀬温泉では、一九六〇年代に五軒の旅館が開業した。ただ、熱川と異な

り田園情緒を残していた片瀬は、家族向けのひなびた温泉地としての性格が強く、利用客数では熱川の五分の一程度であった。増改築を行う旅館はいずれも小規模で一九六五年時点では、一〇軒中、収容人員が一〇〇人以上の旅館は二軒しかなく、多くが五〇〜七〇名程度の規模であった。(渡辺正臣『ブルーガイドブックス伊豆』一九六五)一九五〇年代まで同様な性格を有していた熱川、片瀬の両温泉地は各旅館の経営のありようや観光施設の有無によって、温泉地の規模や性格を大きく変えていったのである。

伊豆急行開通を前後して、熱川・片瀬温泉以外の温泉地も開発がすすみ、東伊豆観光の拠点形成に寄与することとなった。その代表が稲取温泉であった。稲取はもともと東伊豆の中心的な漁港として発展した町だった。戦前からいくつかの温泉が試掘されていたものの旅館街を形成するには至らなかった。第二次大戦以降、稲取の旅館主らは、町民から募集して集めた一口五〇円の出資金と町からの補助金を利用して源泉開発を行った。高温で湯量豊富な源泉が湧出したのをきっかけにして、五六年にいなとり荘、翌年以降にホテル銀水荘、稲取観光ホテルが開業した。なかでも一九五七年に開業したホテル銀水荘は、当初六〇名収容程度の規模を二年後に一二〇名収容に改築し、伊豆急行開通後の一九六二年には三〇〇名収容の規模にまで増築した。背景には、銀水荘自らの源泉開発による湧出量の増加と静岡銀行のバックアップによる増築資金融資の存在があげられる。この銀水荘の改築は、東伊豆全体に増改築のブームをもたらした。その後、温泉地としての注目を浴びた稲取は、一九六八年までに旅館数二十一軒にまで増加した。一九六四年には利用客数二〇万人を突破し、熱川に次ぐ東伊豆第二の温泉地の地位を確立したのである。

伊豆高原と熱川の間に位置する北川温泉は、稲取同様、第二次大戦後に本格的に開発が行われた温泉地であった。昭和の初めには地元住民の手によって温泉が開発されていたものの、交通不便な土地であったため、湧出する温泉はそのまま海に流されていた。北川の本格的な開発は、熱海でつるやホテルを経営し戦後、衆議院議員を務めた畠山鶴吉の手によって行われた。畠山は五島と同様に、伊豆の観光地としての可能性にいち早く気づき、伊豆半島の開発に尽力をつくした人物であった。一九五〇年代半ば以降、北川温泉周辺の二万坪の土地を購入して、別荘地分譲や新たな温泉開発を行った。一九五七年にはつるやホテル北川支店を開業させたほか、積極的に温泉旅館の誘致を行った結果、一〇年間で一〇軒の旅館が開業した。ただ、一九六一年に開通した伊豆急行は北川に駅を設置しなかったため、当初不便を強いられた。旅館や地域住民が会社に要請を行った結果、一九六四年に伊豆北川駅が開業し、東京伊豆北川間は、新幹線を利用すれば二時間の所要時間となった。その後、北川温泉はつるやホテルを中心に利用客数を伸ばし、一九七〇年には十五万人を集客した。（北川温泉開発小史刊行会『北川温泉開発小史』、一九七七年）このほか、東伊豆町では白田温泉、大川温泉があり、六〇年代以降、新たな旅館が開業している。

温泉地ごとに異なった展開がみられる中で、温泉地の売り上げの変化を伊豆急行開通前後で比較してみよう。温泉地別の旅館売り上げで一九六一年と一九六九年とを比較すると、東・南伊豆の温泉地全体では六倍強の伸びを示していた。実際、東伊豆町の温泉地を訪れた利用客数は、一九六〇年の四〇万人弱から一九七〇年の一六〇万人と四倍に増加し、南伊豆の下田でも二〇万人から七十五万人に増加していた。温泉地別の売上額を比較すると、十年間で熱川は約四倍、北川は八倍、稲取は十五倍増加させていた。中でも、稲取は、旅館一室当たりの平均売上額でも約三二万円と熱川の二五万、下田の二〇万（一九六九年の数字）を大きく引き離していた。（静岡県賀茂支庁、一九七〇年）稲取はホテル銀水荘の成功など、単価が高い温泉地として、東伊豆の中では人気の温泉地になったのだろう。

このように、伊豆急行の開業、道路整備は、熱海、伊東に偏っていた利用客を東伊豆、南伊豆に呼び込むことに成功し、東伊豆の温泉地の拡大・発展に寄与したといえる。

三　観光地開発に伴う地域変容

伊豆半島の人口動態　第二次大戦後の伊豆における温泉地開発の進展は、伊豆半島の経済基盤を変化させただけでなく、人口動態にも大きく影響を及ぼすこととなった。表五は、当該期の東伊豆の市町村ごとの人口をあらわしたものである。静岡県全体では一九五〇年に約二五〇万人であった人口が一九六〇年に二八〇万人、一九七〇年には三一〇万人に増加した。東伊豆では、一九五〇年代後半から熱海、伊東で人口が増加し、とくに熱海では、一九五五年から五年間で一万二〇〇〇人も増加し内女性が約八〇〇〇人占めていた。熱海に流入した女性の多くは若年層であった。一九五五年における熱海市の一五歳から三〇歳までの女性人口は、合計八三〇四人で、一九六〇年には一万七一九人へと増加した(一九六五年は一万四五五人でほぼ変わらない)。大火後、観光客が増加した熱海では、旅館業だけでなく、土産物店などの商店や飲食店など関連産業も拡大し、その分野での労働力が大量に必要となった。旅館の仲居や土産物店、飲食店等で働くのは、もっぱら女性であったため、若年の女性人口が増加したのである。熱海の流入者全体の七割が一五歳から二十四歳までの若年層で占められており、内約二割が静岡県内（賀茂郡や田方郡)、約三割が東北・北海道からの流入者であった。熱海は伊豆半島の労働力を大量に吸収する場であったが、他産業との競争から、伊豆で労働力を確保することが困難となった。そのため、早い段階から東北、北海道から集団就職として多くの女性を受け入れていたのである。

表5　東伊豆各市町村の人口

人口総数

年	熱海市	伊東市	東伊豆町	河津町	下田町	南伊豆町
1955	39,812	50,169	13,669	10,464	27,369	16,377
1960	52,164	54,564	15,246	10,547	27,387	14,547
1965	54,540	59,404	15,797	10,100	28,645	13,013
1970	51,281	63,003	16,220	9,624	30,318	12,219
1975	51,437	68,073	17,324	9,772	32,700	12,017
1980	50,082	69,638	17,030	9,509	31,007	11,722

男性

年	熱海市	伊東市	東伊豆町	河津町	下田町	南伊豆町
1955	17,295	23,653	6,623	5,145	13,011	7,812
1960	23,190	26,032	7,864	5,285	13,136	6,957
1965	24,391	28,064	7,621	4,832	13,575	6,179
1970	23,182	29,817	7,606	4,589	14,297	5,784
1975	23,449	32,265	8,225	4,642	15,140	5,799
1980	22,825	32,852	8,148	4,560	14,799	5,666

女性

年	熱海市	伊東市	東伊豆町	河津町	下田町	南伊豆町
1955	22,517	26,516	7,046	5,319	14,358	8,565
1960	28,974	28,532	7,382	5,262	14,251	7,590
1965	30,149	31,340	8,176	5,268	15,070	6,834
1970	28,099	33,186	8,614	5,035	16,021	6,435
1975	27,988	35,808	9,099	5,130	16,560	6,218
1980	27,257	36,786	8,882	4,949	16,208	6,056

単位　人
出典　各年度『静岡県統計年鑑』

一九六〇年代後半以降、東伊豆の観光地、温泉地開発の進展や熱海温泉の拡大が停滞する中で、熱海市の一九七〇年の一五歳から三〇歳までの女性人口は七九四三人に急減することとなった。

東伊豆町、下田町については、表五から、一九六〇年代以降、人口が増加していることが確認できる。東伊豆町の女性人口は一九六〇年から一九七五年にかけて急増している。伊豆急行開通を前後して、一九六〇年に一八六〇人だった一五歳から三〇歳の女性人口は、一九六五年には、二三五一人へと増加した。一方、河津町、南伊豆町はともに人口減少傾向となっていた。町内に主要な温泉地や観光地がないことがその要因であったと思われる。このように、伊豆半島の人口動態は一九六〇年代に大きな画期を迎えていたのである。

温泉地の展開と地域変容　伊豆急行開通、道路整備による温泉地開発の進展は地域にどのような影響を与えたのだろう。一九六四年に静岡県賀茂支庁が作成した『伊豆の夜明け』を中心にその様相を明らかにしていこう。この『伊豆の夜明け』は、南伊豆地域の総合開発計画策定の基本資料として作成され、急激に変化する地域の産業や住民生活の実態を把握するための統計（主に一九六〇年と伊豆急行開通後の一九六三年が比較されている）がまとめられている。統計の範囲は、東伊豆町、河津町、下田町、南伊豆町、松崎町、賀茂村であった。当該地域は農林水産業が中心であり、一九六〇年の生産所得の内、第三次産業の割合は三七％であった（県内平均よりも低い）。しかし、一九七〇年までにこの割合が六〇％、加えて就業構造においても、第三次産業の割合が五三％（一九六〇年は三四％）に増加することが予測されていた。伊豆急行の開通による観光地開発の進展が地域に大きな影響を与えると想定されていたのである。一九六〇年の新規学卒者（中学生）一六二六名の内、県外就職が三一一名、県内（他郡）就職が二二九名と、郡外に出ていく学生が三分の一を占めていた。加えて、高校でも約四割の学生が郡外へ就職していた。詳しい統計はないが、観光地開発の進展が新規学卒者の郡内や町内での就業機会を提供するきっかけとなったと考えられる。事実、一九六一年時の温泉旅館の従業員数は二〇〇〇名程度であったが、一九六九年には五二〇〇名まで増加した。先に示したように東伊豆町では若年人口が増加していることからも、温泉旅館の増加・規模拡大はそこで働く従業員を大量に必要としたことがうかがわれる。

また、利用客の増加に伴う観光地開発は地域の商業活動や運輸交通業など関連分野へも大きな影響を与えた。東伊豆町では、一九六〇年と六二年では商店数が六％増加し、インフレの影響がありつつも販売額は約二倍になった。運輸交通業に目を向けると、観光客の増加によって、下田を基点とするタクシーは一九六〇年の一七台から一九六四年には一〇三台へと六倍増加した。加えて、東海岸沿いを結ぶ（伊東―稲取―下田）東海バスの利用客数は四〇％増加し、石廊崎と下田を結ぶ路線では二倍になった。観光客の増加は、関連産業にもプラスの方向に働いたのである。

このように、一九六〇年代の伊豆、特に東伊豆、南伊豆の温泉地、観光地は利用客数の増加に伴う観光産業の発展によって大きく経済構造や人々の就業のありようなどを変化させた。ただ、一九七〇年代以降、高度経済成長が終焉することで、大規模化した温泉地の旅館の多くで経営が悪化した。熱海、伊東の停滞だけでなく東伊豆でも同様の事態が生じていたのである。加えて、一九七四年には、伊豆半島南部を震源とする伊豆半島沖地震、一九七八年には伊豆大島近海地震が起き、伊豆半島全体で大きな被害を受けた。景気後退と震災による被害によって伊豆の観光地、温泉地を訪れる利用客は減少してしまった。東伊豆町の温泉地が、一九七〇年前後の水準を回復するのは、リゾート開発が進展した一九八〇年代以降のことであった。伊豆が高度経済成長期のように再び活気づくには、多くの困難があったのである。

おわりに

伊豆半島は第二次大戦後、一九五〇年代から首都圏との関わりを強めながら日本を代表する温泉地・観光地として発展を続けてきた。当初、熱海、伊東など戦前期からの温泉地を中心に大規模化を実現した。高度経済成長期以降、伊豆急行など交通網整備によって、伊東以南の温泉地開発が進展し、稲取や北川温泉など新興温泉地が誕生した。新たな旅館建設や増改築など東伊豆の温泉地も熱海、伊東同様に大きく変貌を遂げたのである。伊豆半島全体に及ぶ観光地、温泉地開発の進展は、経済構造だけでなく、人々の就業や生活のあり様を大きく変化させたのであった。

参考文献

熱海市『熱海市史』一九六八年
伊豆急行株式会社『伊豆とともに生きる―伊豆急三〇年史』一九九一年
伊東市『伊東市史』一九七三年
高柳友彦「温泉観光地の形成と発展―戦間期の静岡県を事例に―」『東西交流の地域史―列島の境目・静岡』雄山閣、二〇〇七年
東伊豆町『東伊豆町誌』一九八八年
藤曲万寿男「熱海温泉旅館街の現状について」『人文地理』第一三巻四号、一九六一年
山村順次『日本の温泉地（新版）』日本温泉協会、一九九八年
白坂蕃「伊豆半島における温泉観光集落の発達―東伊豆町の場合―」『東京学芸大学紀要第3部門社会科学』第二六集、一九七四年
運輸省観光部『温泉案内』毎日新聞社、一九五〇年
渡辺正臣『ブルーガイドブックス伊豆』実業之日本社、一九六五年
武田尚子・文貞實『温泉リゾート・スタディーズ―箱根・熱海の癒し空間とサービスワーク』青弓社、二〇一〇年

静岡県賀茂支庁税務課『県税から見た南伊豆』昭和四四年度版
静岡県賀茂支庁『伊豆の夜明け』昭和三九年度版
北川温泉開発小史刊行会『北川温泉開発小史』一九七七年
東海自動車株式会社『東海自動車七〇年のあゆみ』一九八八年

第四章　高度成長期における住民生活と水利用
―三島市を事例として―

沼尻晃伸

高度成長期は、私たちの生活スタイルを大きく変化させた時期であった。家電製品の普及やモータリゼーションは、地域的な差異をともないつつも、物的な豊かさを私たちにもたらした。それでは、都市部に住む人々の近くを流れる河川や、森・雑木林など、人びとの生活を支えていた空間は、この時期どのように変化したのであろうか？

近年、「環境史」と呼ばれる研究領域の進展が著しい。しかし、高度成長期の都市部における身近な生活環境の変化に関しては、当該期の公害との関係で論じられることはあっても、水や林野の利用自体の変化を明らかにした研究は、多いとはいえない（この点詳しくは、沼尻晃伸「地方自治体の渇水対策と企業・農民・住民」二〇一二年を参照）。高度成長が始まる前の段階において、都市住民の〝水や水辺と生活とのかかわり〟とはどのような内容をもつものであったのか。それらは、何を契機にどのように変化したのか。戦後七〇年がまもなく経過し、高度成長期に関する日常の生活が次第に忘れ去られていき、高度成長期以後に生まれた人が増加している現在において、高度成長期の生活環境の変化をつぶさに明らかにする必要性が高まっている。そのことを通じて、21世紀の現在、様々な意味で問い直されている私達の生活を、戦後の歴史に位置づけて見つめ直すことが可能となるのではないか。

本章では、三島市を対象として、市中心部を流れる河川の水と水辺の利用が高度成長期にどのように変化したのかを明らかにする。三島市は富士山のふもとに位置し、三島溶岩流と呼ばれる地下水流とそこからの湧水で知られ、「水郷三島」と呼ばれていた時期もあった。同市では、一九六三年に静岡県が発表した石油化学コンビナート建設計画に反対する激しい住民運動がおき、沼津市・清水町とともに自治体としてこれに反対し、県の計画を中止させたことでも知られている。その一方で、一九五〇年代以降、市中心部を流れる河川の汚濁や湧水の減少が顕著となり、このことが市政上の大きな問題となった。このような市内河川や地下水の変化に対する住民の動向と自治体の政策に注目し、このことがコンビナート反対運動に与えた意味に言及しつつ、高度成長後半期である一九六〇年代後半から一九七〇年代初頭にかけての住民生活と水・水辺利用との関係についても検討する。

分析にあたっては留意したいことは、なるべく多様な住民を描くという点である。高度成長期に、三島市では人口が急増した。それ以前から三島市に居住していた住民にとっての〝水や水辺と生活とのかかわり〟は、新たに三島市に転居してきた住民と同様のものとは限らない。大人と子どもとでは、水と水辺との関係は異なるであろうし、家事や育児と結びつく水・水辺利用は、ジェンダー的視点からの検討も必要となろう。史料と紙幅の制約から、本章全体をこれらの視点に基づいて動態的に描くことが十分にできていない点をあらかじめお断りしなければならないが、可能な限り具体的に掘り下げた分析を試みたい。

三島市は、三島町と錦田村とが合併して、一九四一年に市制を施行した。市制施行に前後して、一九三五年に北上村が三島町に編入され、一九五四年には中郷村が三島市に編入された。旧三島町を中心に考えれば、その北部に旧北上村域、東部に旧錦田村域、南部に旧中郷村域が位置する。戦後間もないころの住民の水利用を水脈別に大まかに区分すれば、旧三島町域（市街地）と旧中郷村域の一部が富士山系の地下水脈からの水を用い、旧北上村・旧錦田村と旧中郷村の一部が箱根山系の地下水脈からの水を用いていた（三島市教育委員会編『三島用水誌』三島市教育委員会、一九八七年）。この章では、富士山系の地下水を利用する旧三島町域と旧中郷村域に対象を限定し、特に都市部――すなわち旧三島町域のなかの市街地に居住する住民における水利用・水辺利用の変化を中心に、その歴史をひもといていきたい。

一　高度成長前段階における水・水辺利用

三島市は、一九四八年に三島駅付近に位置する旧陸軍の軍用水道施設の無償貸付を受けて、翌年から水道の給水を始めた。この水道は、給水範囲が市街地の一部に限られていたため、一九五〇年代～六〇年代にかけて、市は数次の水道拡張事業が試みた。（『三島用水誌』）。一九五七年における市営上水道の給水状況をみると、一二月において給水戸数四四八四戸、給水人口二万五八九三人であった。同年一二月末における旧三島町域内の世帯数は八五七三、人口三万八八二五人であったから、市営上水道の使用率は、世帯ベースで約52％、人口ベースで約67％となる（『三島の統計』一九五八年版）。

市営水道が戦後設置されたのに対して、戦前からの歴史をもつのが組合営の簡易水道と私有の井戸であった。簡易水道については、一九四五年の段階で、旧三島町域内には少なくとも一〇の組合が設立されており、そのうち五組合は一九六〇年においても施設が確認される（『三島用水誌』）。

飲料用以外の洗濯や食器洗い、子どもの遊び場などに用いられていたのが、カワバタ（川端）であった。もともと三島では、市内小河川に沿って住宅を建てることや、川の水を敷地内に引き込むことが行われており、さらに川沿いの住宅の多くが岸辺に張り出し（＝カワバタ）を設置した。カワバタは私有のものと、共同のカワバタとが存在しており、一九六〇年前後の時期までこれらは日常的に使われていた。共同のカワバタは、住民の「社交場」としての機能を果たしていたという（『水と生活』三島市教育委員会、一九九一年）。しかし、後述するように、高度成長期にカワバタの利用は大きく変化することになる。

このように、高度成長が始まる一九五〇年代半ばにおいて、住民の水利用は、市が供給する水道水の利用に一元化されていなかった。組合営の簡易水道やカワバタの利用など、多様な水・水辺の利用がみられた。

二　河川の汚濁と水辺利用の見直し

市の水道事業が急速に普及する重要な契機が、都市化・工業化に伴う河川の汚濁であった。河川の汚濁は、一九五〇年代から問題として浮上した。三島のローカル紙である『三島民報』（一九五四年一二月五日）は、「汚れた水郷」との見出しを付けて、「水の三島随一の見せ場所の水上の清流は写真のように水草の伸びるにまかせ、その上にゴミがたまっている姿は目を覆いたくなる」と報じた。同年七月には清掃法が施行され、下水道又は河川、運河、湖沼その他の公共水源にゴミ又はふん尿を捨てること（終末処理場のある下水道にふん尿を捨てる場合を除く）が禁止された。しかし、当時の三島市は下水道が未整備で、清掃事業においても一九五七年の収集世帯数（七三六四世帯）は同年末の旧三島町域内の世帯数（八五七三世帯）よりも少なく、全世帯を対象としたゴミ収集が進んでいない状況であった。

このようななかで、水辺利用の見直しが始まった。三島市厚生課は、一九五八年に河川清掃を実施し、川にゴミを捨てる人を取り締まるようになった（『三島民報』一九五八年六月一〇日）、同時に批判的にみなされるようになったのが、共同のカワバタでの洗濯であった。同年、桜川沿いに観光用の遊歩道を市が建設しようとした際に、洗濯の便を図るため道路を三か所掘り下げ洗濯場を設けて欲しいとの陳情が地元住民から出された。市は、「困ったこと」（小山土木課長）、「清掃法第一一条に汚物投棄禁止の条項もあり、法でもはっきりきまっていることで洗濯となればオシメも含まれ、上流でもあるので伝染病防止のためにも衛生上からも感心できない」（二宮厚生課長）という談話からわかるように、カワバタの設置に消極的であった。しかし、地元の陳情に押され、市は道路の三か所を掘り下げた。（『三島民報』一九五八年九月二五日）。観光対策や清掃法施行の理由からから、市行政は市中心部の共同のカワバタでの洗濯を問題視し始めたこと、とはいえ住民による水辺利用は続いており、市もこれに配慮せざるをえなかったことがわかる。

水辺利用の見直しを加速したのが、一九六一（昭和三六）年の三島市長選挙における、長谷川泰三の当選であった。長谷川は当時三〇代後半と若く、保守系の一部と革新勢力の支持を得て当選した。長谷川は市長に当選した年の五月に町内会、婦人会、商工会議所、小中学校など市内諸団体の関係者を交えて三島市美化運動推進委員会を結成し、「美化運動」を進める方針を打ち出した。その具体的な内容は、市内河川の清掃であった。この際に、市中心部の湧水地の一つである白滝公園での洗濯を禁止する立て札が立てられた（『三島民報』一九六一年五月三〇日）。

美化面・衛生面から水辺の利用を規制しようとする動きのなかに、女性団体の活動もみられた。地域婦人会の連合団体である三島市婦人連盟は、一九五六年一二月に市議会に小学校へのプール増設の陳情を提出した。これは、子どもが「危険な場所やばい菌の多い川で泳ぎ、怪俄をしたり結膜炎を起したりするものが多」い問題が生じていることを指摘したものであった(『昭和三二年　決議書綴』)。先に述べた「美化運動」においても、婦人会は食事の際の余りものの処分対策について協議した。

市内河川の美化の担い手としての「婦人の役割」を市民に報じたのが、地元新聞であった。図1は、「汚れゆく水上」と題して『三島民報』に掲載された写真である。キャプションには「右の婦人は遊歩道のほこりおさえに朝晩バケツで水をまく一人。左の婦人は同じバケツをもっていても、これから水泉園あたりで洗濯しようという一人らしい。まことに対照的ではある」とあり、暗に水辺での洗濯を批判している。左側の女性がかっぽう着にモンペ姿であるのに対し、右側の女性の姿は、不鮮明であるが、都市的な新しい服装のように見える。〝川で洗濯をする女性〟を批判しつつ、〝美化と衛生を担う都市の女性〟というイメージをともなった報道が、地元新聞によってなされたのである。

図1　記事「汚れゆく水上」に掲載された写真
(『三島民報』1960年5月10日)

後述するように、市が先導した「美化運動」自体は長続きしなかったことに留意する必要があるが、三島市における一九六〇年代初頭は、市内を流れる河川の汚濁に対し、上下水道を整備していなかった自治体が、婦人会や地元新聞の協力を得て共同のカワバタでの洗濯に代表されるような戦前来の水辺利用の一部を抑制していこうとした時期であった。

三　渇水問題の発生

一九五〇年代以来の市内河川の汚濁に次いで、新たに発生した水問題が渇水問題であった。市内各所の湧水量が著しく減少し、市内の湧水地として知られる市立公園楽寿園内にある小浜池でも、一九六一年頃から水位が下がり、一九六二年三月には池が完全に枯渇した（三島自然を守る会編集委員会編『どこに消えたか三島の湧水』三島自然を守る会編集委員会、二〇〇六年）。

三島市では、一九五〇年代から工場誘致に取り組んでいた。そのなかで、もっとも規模の大きい工場が、三島市と駿東郡長泉村にまたがる一〇万坪を超える敷地に立地した東洋レーヨン株式会社（以下、東レと略）三島工場であった。三島市は、長泉村とともに一九五八年に東レと結んだ契約書で、地下水三〇個（一個＝毎秒一立方尺。三〇個は一日に換算すると約七万二一〇〇立方メートル）までの採水を認めた。この採水量は静岡県と東レとの交渉で事前に確約されていたもので、市議会に契約締結直前になって公表されたため、当時から東レによる採水を懸念する意見が出されていた。そのため、渇水問題発生後、小浜池からの湧水を農業用水に用いていた中郷地区農民のなかには、東レに対し採水の一時中止を求める動きまで生じていた。

その後、湧水が徐々に生じたこと、市が東レの協力のもと同工場の排水（冷却水）の一部を中郷用水に流しこむ応急工事を行ったことから、中郷地区農民が田植えを実施できなくなるという最悪の事態は回避された。他方、市当局は県に対して渇水の原因の一つと考えられた東レの採水に対し規制を要請したが、地下水は土地に付随しており法的に規制することは法制局の承認が得られないと県は返答した（「地方自治体の渇水対策と企業・農民・住民」）。

湧水の減少は、市街地住民の生活にも影響を及ぼした。一九六三年の渇水は六二年以上に深刻で、市内高台の地点（芝町五丁目、六丁目など）では市営水道の断水が発生した。市中心部に位置する水源地である水泉園でも大部分が乾いてしまい、五月に入ってようやく湧水が流れ出したと『三島民報』（一九六三年五月一五日）は報じ、渇水で水量の減った市内河川と、流れ出した湧水を利用して洗濯する女性たちの写真を掲載した。この記事では川での洗濯は、川を汚す行為としては報じておらず、むしろ渇水問題によって影響を受けている住民生活の一こまとして取上げられた。

四　渇水対策に向けての諸運動

このような状況のもとで、都市住民のなかから、三島の湧水を保護しようとする運動が登場した。その一つが、三島湧水を守る会の結成である。同会は「太古より伝承されてきた三島湧水には、市民生活に直結した種々の権益があるので、いろいろな工場ができても、そのためにこの湧水をなくすようなことがあってはなりません」との趣意に基づき、医師の窪田精四郎らが結成した。一九六三年六月五日の研究会は、市大会議室で市議会議員や三島大社、中郷用水、消防各関係者など約三〇名が集まり、窪田の研究成果が発表され、種々の議論が交わされた（『三島民報』一九六三年六月一〇日）。窪田はもともと陸軍の軍医で、一九六七年の三島市議会議員選挙に立候補して当選し、市議会では保守系の会派に属した。窪田は自ら地下水利の研究を進める一方で、湧水の保存のために会を立ち上げたのである。

これとは別に、湧水を守るために市内で署名活動を行ったのが、三島の水を守る会であった。同会の中心的人物である大沼倶夫は郵便局勤務で、当時労働運動や青年運動にかかわっており、一九六三年の市議選では、共産党の角田不二雄を支持していた。大沼は、一九六二年ころから市内の湧水の減少に気づき、運動で交流のあった同世代の青年らと請願書をつくり、商店街や川筋の家々から約三〇〇名の署名を集めた。大沼らの運動は、窪田とは異なって青年層を中心とした運動であった点、署名活動を進めた点に特徴がある。

このように、政治的性格は大きく異なる両団体であったが、同時に共通する点もみられた。それは、湧水を守る理由として湧水と生活との関連を挙げている点である。三島湧水を守る会においては、先に述べたように湧水には市民生活と直結する種々の権益があるとしているし、三島の水を守る会においても、「私たち三島市民は、豊富な湧水で生活してきました」という点を強調した。水辺の利用のみならず、三島市営水道の水も三島溶岩流から取水されていてしかも断水が発生していた当時の状況のもとでは、市民生活と湧水との関連を強調する両団体の主張は、多くの市民に受け入れられやすかったものと考えられよう（両団体については、沼尻晃伸「高度経済成長前半期の水利用と住民・企業・自治体」二〇〇九年）。

両団体は、一九六三年六月に市議会に対して、水不足対策を求める内容の請願を各々提出した。市議会においても、この請願を審議するための特別委員会が設置され、このような動きに呼応し、長谷川市長も河中二講静岡大学助教授らに三島市とその周辺の水資源調査を委嘱した。渇水問題に対する住民らの要求は、研究会や署名活動、市議会への請願・陳情、地元メディアの報道などを媒介として、地域社会における政治課題として認識されるようになり、自治体の政策にも積極的に位置づけられるようになった。

五　コンビナート反対運動との関連

渇水問題のさなかに発表されたのが、静岡県による石油化学コンビナート進出計画であった。静岡県は第六次総合開発計画に基づいて一九六一（昭和三六）年から東駿河湾地区に石油化学コンビナート建設計画をたてたが、漁民の反対や企業側の事情から計画は頓挫した。それから約一年半後、一九六三年一二月一四日に、県は住友化学、アラビア石油、東京電力の三社による石油化学コンビナート建設計画案を再び発表した（星野重雄ほか『石油コンビナート阻止』技術と人間、一九九三年）。

県の計画に対する三島市の諸団体の反応は早かった。コンビナート計画発表翌日の一二月一五日夜、三島市民懇談会が開催され、社会党、共産党のほか、地区労、愛市連盟、三島湧水を守る会、三島母親の会などが懇談会に参加した。ここで重要なことは、三島湧水を守る会が市民懇談会に参加していることに示されるように、第二次コンビナート計画が発表される以前から、湧水枯渇問題との関連で結成された住民組織が、懇談会に参加していた点である。そのため、この日の懇談会では、今後の活動に関して石油コンビナート誘致のための二市一町合併に反対する点だけでなく、水資源を守る運動を含めることが確認された。計画発表前からの湧水を守ろうとする動きが、コンビナート反対運動に連なることとなった（酒井郁造『見えない公害との闘い』「見えない公害との闘い」編集委員会、一九八四年）。

一二月一五日の市民懇談会に参加していたもう一つの住民組織である三島母親の会は、一九五五年における日本母親大会開催の前に作られた組織で、平和運動や狩野川台風の際の救援活動にかかわったほか、日常的には内職の場を作る活動を行っていた。一二月一五日の会合には、同会メンバーの一人であった四條悦子が参加していた。四條は地元出身であったが、同会には、三島市外から転居してきた女性も加わった。その一人である松村美與子は、夫・松村清二が国立遺伝学研究所で勤務することとなり三島に転居し、母親の会に加わった。松村もコンビナート計画が公表された後、一二月中に、児童文学作家小出正吾が会長であった三島文化協会に関わっていた人びととともに、コンビナート建設反対を要請しに直接市長室に赴いた。松村は、「私はコンビナート計画には最初のときから反対でした。海水浴場を取り上げるなんて、子どもたちがかわいそうじゃないですか。夏休みに泳げなくなる。（中略）まだ環境ということをぜんぜん考えていなかった」と当時を回想している。松村は、世界母親大会の翌年（一九五六年）にルーマニアで開かれた母親会議に日本代表として参加しており、日本子どもを守る会にも協力していた。（詳しくは、沼尻晃伸「松村美與子氏聞き取り調査の記録」二〇〇七年を参照）。このように三島母親の会は、地元出身者と市外からの来住者が一緒になって活動を行っていた。そのメンバーのなかで、松村のように、開発よりも子どもが利用する水辺を保護することを重視する意見を持ち、コンビナート計画反対の意思表示を市長に対して行う者も現れた。五〇年代に河川の汚濁を前提にプール設置の請願を行った地域婦人会とは異なる女性の動きとして、注目されよう。

三島市民懇談会が翌一九六四年一月に新聞折り込みで配布したチラシには、「私たちは数年前、大工場の進出が原因だといわれる『水不足』で苦い経験をしています。ですから一つでも疑問があるかぎり、百年の計を誤らないためにも、石油化学コンビナートの進出には反対です」と記されていた。三島市の住民にとっての渇水問題の持つ意味の大きさが読み取れよう。コンビナート反対運動が住民のなかでひろがり、自治体としての意思決定に至った経緯については本章では省略する（三島市、沼津市、清水町二市一町石油化学コンビナート反対運動について、詳しくは、『石油コンビナート阻止』、宮本憲一『沼津住民運動の歩み』日本放送出版協会、一九七九年、『見えない公害との闘い』などを参照)。しかし、三島市住民が二市一町のなかで最も早く運動に立ち上がった理由としては、市内湧水の枯渇問題に住民が直面していた点、そして、種々の住民団体が、市議会や市長への請願・陳情などを媒介に、水問題を自治体の政治課題に埋め込むことがすでに行われていた点に注目する必要があろう。

六　湧水復元要求と渇水被害の深刻化

石油化学コンビナート計画は、三島市、沼津市、清水町二市一町の反対により、県も断念することとなった。同時に、三島市では、東レによる大量採水を規制し、湧水を元に戻そうとする動きが再燃し始めた。地元新聞には「市民の声　東レの大量揚水を中止させよう」と題して、「貴紙はじめ市民大多数の良識により、石油化学コンビナート進出阻止に一応成功したことはまことに御同慶にたえません。私は次に、この余勢をかって、水の三島の面目を取り戻すべきだと思います。即ち東レの大量揚水（協定以上の）を中止させるべき運動を、全市一丸となって行うことです」という投書が掲載された（『三島民報』一九六四年六月二〇日）。一九六五年一月四日には、三島地区生活用水確保住民大会が楽寿園ハヤの瀬で約六〇〇名を集めて開催され、東レに対し三島の水を東レ誘致当時の状況に戻すよう努めることを求めるとともに、水不足に困っている市民の物質的、精神的損失の補償を要求した（『三島民報』一九六五年一月一〇日）。三島湧水を守る会においても、一九六五年に静岡県議会に対して三島湧水復元を求める請願を行った。

市も、長谷川市長自ら会長となって、一九六四年一二月に水資源対策協議会を結成した。同協議会には、市議会、商工会議所、農業委員会、町内会連合会、婦人連盟、三島湧水を守る会、消防団、中郷用水組合など市内主要団体が加わり、静岡県や周辺市町、企業等と、水資源確保のための交渉を進めた。コンビナート建設阻止を実現した後、住民サイドと市行政双方で渇水問題への取り組みを進めていった様子がうかがえる。

この時期生産量が増加の一途を辿っていた東レも、渇水問題に配慮して県が計画していた柿田川工業用水道からの用水供給の希望を一九六四年一二月に表明した。しかし、同工業用水道の開通は六九年、東レが同用水の水を購入し始めたのは七〇年で、東レは地下水の採水自体をやめることはなかった。加えて、新たに東邦ベスロン（長泉町、一九六三年操業開始）、三菱レイノルズ（裾野町、一九六四年操業開始）などの地下水を採水する工場が、三島市街地からみて地下水の上流部に立地した。このため三島市では、住民や自治体の動きとは裏腹に、一九六五年も深刻な渇水問題に見舞われ、市内では断水が相次ぎ、三島市当局が「水不足非常事態宣言」を発する状況となった。水道水の断水は、第二次水道拡張事業に基づく新水源地と旧水源地とを結合する工事が六五年四月末に完了したため、五月以降解消された。しかし、楽寿園など三島市街地における湧水の減少した状況に変化はなかった（「地方自治体の渇水対策と企業・農民・住民」）。

七　水辺と水道をめぐる市議会での議論

一九六四年一二月から一九六五年三月にかけての市議会では、渇水問題に関しての質疑が集中したが、水利用に関する以下の二つの質問が出された点で注目される。

その一つが、住宅街を流れる小河川に関するものである。市議会議員の田代菊蔵は、一九六四年一二月一七日の市議会で「宮さんの川の問題は、数年前より冬期の枯渇状態が特にひどく、最近に至っては一年の大半が下水路のような状態を呈しています。この原因はどこにあるにせよ、これでは都市の美観をそこない、環境衛生都市宣言をした三島市の面目にもかかわるばかりでなく、市民の健康をも害するおそれがありますので、この沿岸住民の多くはこの川にふたをすることを要望しております。もしこれが実現すれば下水路然としている水面を隠《(ママ)》され、衛生的になり、これによって現在道路の巾員は倍加されますので、交通緩和ともなるものと考えられます」と述べた（『三島市議会会議録』一九六四年一二月一七日）。下水路のようになった河川に蓋をすることを要望する意見であった。このような主張は過去にもみられたが、その後新聞の投書欄にも掲載されるなど（『三島民報』一九六七年十一月三〇日）六〇年代後半に多くみられるようになった。市街地近在の〝水辺〟を否定的に捉える意見が、住民側に増加したのである。

もう一つが、水道に関するものである。断水が断続的に生じたこの時期、水道に関する質問は多く出されているが、ここで注目したいのは、想定される水道の利用者に関してである。角田不二雄は、一九六五年三月一六日市議会で以下のような意見を述べた。「ここでもうすでに三日、四日、何千戸が断水しておる。私の知っておるある若夫婦につい二十日ばかり前に子供が生まれた。アパートの二階にすんでおる。そうするとまだ産じょくの中で、夜中に起きてもおむつの洗濯の水を確保しなければならない。朝五時に起きてこれを何とかしなければならない。こういうしゅうとのいない二階住まいの若夫婦といういような中でのこの水の出なさということは、これは実に悲惨そのもの、大きな負担が彼女にかけられる。こういう中で、産じょく熱でも出したらという心配がそれを知っておる友だちから私は言われた」(『三島市議会会議録』一九六五年三月一六日)。アパート住まいの核家族の育児を想定しての質問といえよう。お産した女性自身がおむつを洗濯する話として紹介されているが、身近に育児の手助けをしてくれる人がいない核家族を想定して自治体による水供給の必要性・緊急性を説く主張も、これまでにはみられないものであった。この質問をした角田不二雄は、前述した三島の水を守る会の請願の紹介議員であった。角田は、水道敷設に関して東レの費用負担を求めるなどの主張を展開していたが、水道の整備自体には異論を唱えておらず、ここでは「カワバタ」を有する有産者とは異なる、アパート住まいの夫婦の立場から質問をしていた。

これらの質問に対し、長谷川泰三市長も、「上水道の問題あるいは農業用水の問題を確保しながら、その上に立っての今後の水確保ということを考えて参らなければならない」(『三島市議会会議録』一九六五年三月一六日)というように、上水道の整備と農業用水の整備を第一に考え、次いで市中心部の湧水確保を検討するという順序で、政策に取り組む姿勢を明らかにした。渇水対策を講じる上で、水供給(水道の整備)と水辺利用(涸渇した市内湧水地や河川等の復元)とが切り離されて議論されるようになったのである。

八　水道整備への傾斜

一九六四年～六五年にかけて、住民のなかでひろがった湧水を元に戻そうとする運動は、その後、どうなっていったのか。

一九六五年七月一五日に、市当局ほか東レ、東洋ベスロン、三菱レイノルズなど地下水の採水をおこなっている企業と中郷地区農民をまじえての協議会が開催された。この場で、長谷川市長は三島湧水激減の解決策として、地下水汲み上げの規制と柿田川工業用水道利用の二点を指摘した、しかし、企業側は自社の採水と渇水との因果関係を認めなかったため、議論は平行線をたどった（『三島民報』一九六五年七月二〇日）。

三島湧水を守る会が県議会に提出した三島湧水復元に関する請願に関しては、一九六五年一二月に審議結果の報告があるとの情報から、市議会、商工会議所、町内会、婦人連盟、老人会代表などが県議会を傍聴した。しかし請願は、継続審議となった。その理由は、渇水の原因は現在調査中である点、採水規制に関する条例は法的に無理である点などを挙げた（『三島民報』一九六五年一二月一〇日）。このため三島湧水を守る会は、一九六六年三月に一旦請願を撤回して、改めて請願を提出した。その内容は、湧水復元の方策として工場の採水規制などに言及せず、工業用水道の早期整備を求める内容であった。そのため県議会はこの請願を採択した。

以上のように、一九六五年段階では、住民や農民、市当局は、東レなどの企業の採水を、法的にあるいは個別協議で規制する方策を模索していた。しかし、いずれも困難なため、結局は工業用水道建設に望みを託すようになった。市が設置した水資源対策協議会も、一九六六年には二回開かれるにとどまった。市営水道の第二次拡張事業によって安定した水道水の供給が当分の間は可能となったことも、湧水復元への関心が弱まった理由の一つであった。

三島市議会では、三島湧水を守る会の窪田精四郎が一九六七年市議会議員選挙で当選したため、窪田からたびたび市長に対して湧水復元の要求は出された。ただし、窪田においても、湧水復元を要求する根拠が変容した点に注目する必要がある。一九六七年一〇月三日の市議会で、窪田は以下のように述べた。「三島のような湧水というのはあまりない。日本でもほとんどない。……この辺に近いところで湧き出ているこの湧水、これは富士山があればこそです。これは世界的にもまれなことだと言われている。……（楽寿園は）名勝、天然記念物に指定されておる。これをなくさないようにしようと、私はそれを言っている」（『三島市議会会議録』一九六七年一〇月三日、カッコ内は引用者）。湧水は貴重な景観であることを理由に、復元の要求をしている。湧水と生活との結びつきを強調した発会当初の趣旨文とは内容を異にしている。

このような主張は、市当局の見解とも重なっていた。長谷川市長は、一九六八年三月の水道事業第三次拡張計画の説明の中で、「今日の社会生活の上に立って水がいかに必要であるかということは、もちろん私たちにはながめる湧水も必要でしょうけれども、人間生活にとって一番大事なのは、私は飲料水だと思うんです」（『三島市議会会議録』一九六八年三月一五日）と発言した。長谷川は、三島湧水を「ながめる」存在と位置づけた。

湧水の位置づけの変化は、「カワバタ」で洗濯するのではなく、水道を利用する、しかも電気洗濯機を利用して洗濯する一九六〇年代における生活様式の変化を反映したものであった。そのような変化は市議会の議論からうかがえる。窪田精四郎からの湧水復元に対する市の政策への批判に対して、長谷川市長は以下のように述べた。「おまえはうまいこと言いながら逆に湧水の復元を阻止しているじゃないかと――私はそうでなくて、一番大事なものから片づけていくということを言ってるわけです。それには市民の水を守る。私は、飲料水といいますけれども、飲む水を何もガブガブ飲ませるでなくて、洗濯にでもふろにでも（笑声）何にでも水は使うじゃないですか。川の水を使えますか。洗たくやふろ場に」（『三島市議会会議録』一九六八年三月十五日）。汚れた川の水と安全な水道水とを対比して説明している。カワバタでの洗濯が一九六〇年代初頭まで確認できる点に鑑みれば、一九六八年三月市議会での市長の発言は、六〇年代の後半における水利用に関する人びとの意識の変化を示した内容と位置づけられよう。

九　プールの設置

長谷川市長は、窪田への答弁の続きで、プールの重要性にも言及した。「あるいは三島市にプールをたくさんつくれと言っても、プールへ入るにも水は必要だ。子供たちに精一ぱい泳がせるのにも水は必要なんだ。われわれの生活に何もかも水は必要なんだから、その水を十分安く供給したいという、それが私の姿勢が逆姿勢だとおっしゃるのですか。私は市民の生活を守るという中において申し上げておるわけです」（『三島市議会会議録』一九六八年三月一五日）。子どもが泳ぐためのプールにも水道水が必要で、それは「市民の生活を守る」ことの一つである点を述べた。小学校へのプール設置は一九五〇年代に婦人会から陳情が出された点、開発を優先しその代替としてプールを設置することに反対する三島母親の会の松村のような意見も登場していた点については先に述べたが、市が実際に取った政策は、小学校へのプールの設置であった。一九六二〜六五年の間に旧三島町域内の小学校にプールが設置され、一九六〇年代後半に旧村部の小学校にプールが設置された（『三島民報』一九六八年一二月一五日)。一九六〇年代末から一九七〇年代初頭にかけて、小学校以外に、市営の児童用プールや市民プールが建設された。川での遊泳や水遊びができなくなるなかで「市民の生活を守る意味から」、〃人工の水場〃をつくることが自治体行財政のなかに組み込まれていったのである。

地元新聞においても、市内の小学校で最後にプールが設置された徳倉小学校のプール開きの写真が掲載された(図2)、キャプションには「海のない子どもたちにとって川は大事な遊び場だったが、その川は工場汚水で死んだ。何年も前に――だが――きょう、子どもたちにようやく笑い声がもどった。子どもたちのプールができたのだ。さあ泳ごう。みんなで泳ごう。元気に！元気に!!」(『三島民報』一九七〇年七月一〇日)と記された。この新聞記事が発表される約一〇年前、市内河川の「美化運動」の担い手として〃美化と衛生を担う女性〃というイメージを同紙が報じたのに対し、この記事では「川は工場汚水で死んだ」と言い切り、水辺と住民生活との関連を否定的に描いている。

図2　徳倉小学校のプール開きを報じる写真(『三島民報』1970年7月10日)

三島市内の小河川で、洗濯や水遊びなどがいつごろまで続けられたのかという点の実態については、今後さらに検討される必要がある。しかし、住民生活と水利用との関係に自治体としての三島市が深くコミットしていく場合、それはそれまでの住民の水利用(市内湧水の利用)を継承する形ではなく、水道やプールなどの新たな公共的施設を創出し代替する方式が取られた。このことは、水辺や井戸の所有の有無にかかわらず水利用が可能となるという意味で平等化が図られることを意味した。同時に、住民が直接市内河川の水や水辺を利用する契機を弱めることにもなった。

おわりに

湧水が豊富なことで知られていた三島市では、一九五〇年代においてはまだ市営水道が市域全体に普及していなかった。簡易水道組合によって水が供給されている地区が市街地には残り、カワバタで洗濯が行われ、河川は子どもの遊び場にもなっていた。カワバタは、もともと、その所有の有無によって住民間で利用の内容に違いがあったが、一九五〇年代における三島市では、市内河川の水・水辺利用と住民生活との間に直接的な関係性が存在していた。

その一方、この時期の都市化・工業化の過程で、市街地での湧水利用は、いくつかの問題をかかえ始めた。各種排水の影響で河川の汚濁が進行した。工場による地下水採水により湧水自体も減少し、そのことが、河川の汚濁に拍車をかけた。これに対し、市は「美化運動」を実施して、公園など共同のカワバタでの洗濯を禁止し、地元メディアは、河川の美化という課題を女性の新たな役割として報じるようになった。市行政は、住民に対して水利用・水辺利用自体の見直しを迫り、婦人会や地元メディアがこれに呼応したのである。

しかし、一九六〇年代に入って深刻化した渇水問題に対する住民の不満は、市行政による「美化運動」の枠内に収まるものではなかった。渇水問題の発生を契機に、生活と直接的な関係のある湧水を守ろうとする住民運動が生じた。保守系の地元有産者による運動から青年層による署名運動に至るまで、多様な住民による運動が契機となり、それまで必ずしも市が政策の対象としてこなかった湧水の保全が、自治体の政策に埋めこまれたのである。住民による運動（請願や陳情）を媒介として、地域の生活環境に関する地域社会と自治体との関係が新たに生成しこれを地元メディアが報じたことは、後に、静岡県が第二次石油化学コンビナート計画を発表した際に、三島市が反対運動にいちはやく乗り出すうえでの重要な条件になったといえよう。

とはいえ、一九六〇年代半ばに至っても渇水問題が続いた。地下水利用企業が増加する一方、これらを規制する有効な手だてがみつからないなかで、市行政がとった政策は、湧水の復元ではなく、簡易水道や「カワバタ」に依拠しない水道整備であった。新水源地からの水道管工事が完了した一九六五年以降、市街地に住む住民は、井戸や水辺の所有の有無にかかわらず、断水の心配をあまりせずに水道水を用いることが可能となった。他方、市内湧水の枯渇は続き、河川の汚濁はさらに進んだものの、その代わりに子ども向けの人工の〝水辺〟として、水道水を用いたプールが整備された。こうして住民の水利用と湧水・水辺との関係は切り離されていき、反対に水道水と住民生活との関係が創出された。住民は行政サービスを享受する側に位置づけられるようになり、このような変化を地元メディアも報じた。住民の運動に触発されて進展した市の水道事業が、住民の生活スタイルを変え、その結果住民による湧水それ自体を守る運動が弱まっていく（あるいは中身を変えていく）点に注目する必要があろう。

市内を流れる河川を直接生活に利用する機会は減少し、水道水の利用が普及していったとはいえ、種々の運動に促されたことによって自治体が水問題に取り組んだことは、住民の記憶に残された。それゆえ、一九六〇年代末～七〇年代にかけて、市の公共下水道計画に東レから工場排水の受け入れ要請があった際や、裾野市にライオンサファリ建設が計画された際に、水に関する新たな公害の発生を恐れる住民の動きが生まれ、それらは自治体の政策に影響を及ぼそうとしたのである。

参考文献

酒井郁造『見えない公害との闘い』「見えない公害との闘い」編集委員会、一九八四年
沼尻晃伸「松村美與子氏聞き取り調査の記録」『社会科学論集』一二二号、二〇〇七年
沼尻晃伸「高度経済成長前半期の水利用と住民・企業・自治体」『歴史学研究』八五九号、二〇〇九年
沼尻晃伸「地方自治体の渇水対策と企業・農民・住民」原朗編『高度成長展開期の日本経済』日本経済評論社、二〇一二年
沼尻晃伸「自治体政策にみる高度成長期の下水道設置と公共性」君島和彦編『近代の日本と朝鮮―「された側」からの視座―』東京堂出版、二〇一四年
星野重雄ほか『石油コンビナート阻止　沼津・三島・清水、二市一町住民のたたかい』技術と人間、一九九三年
三島市教育委員会編『三島用水誌』三島市教育員会、一九八七年
三島自然を守る会編集委員会編『どこに消えたか三島の湧水』三島自然を守る会編集委員会、二〇〇六年

【コラム6】

「ＮＰＯ法人夢未来くんま」にみる地域おこし

大塚佐枝美

山間農業地の状況　浜松市天竜区熊は浜松駅より北へ約四〇キロメートルの場所にある。江戸時代は天嶺であったが、明治九年に静岡県になった。一八八九（明治二二）年町村制の施行により、熊村、神沢村、大栗安村を合わせて豊田郡熊村となり、明治二九年に磐田郡、その後二俣町熊となった。一九五八年には天竜市に合併され、平成の大合併により浜松市となった。天竜川の支流である阿多古川の両岸に拓け、かっては秋葉山・鳳来寺街道と善光寺・奥山街道の交わる交通の要衝として賑わった宿場町で、一八九二（明治二五）年には宿屋が六軒とも八軒あったともされている『天竜市史下』。また、阿多古川は二〇〇八年には環境省から「平成の名水一〇〇選」に認定され、美しく清らかな清流に恵まれた川である。熊地区は標高二〇〇～八〇〇メートルと高所に位置し、地区面積の八七％が山林であり、日本三大美林の一つ天竜美林の一翼を形成している。終戦後の戦災復興時には復興資材として山林の伐採や製材が盛んに行われ山林業や木材業が盛況であった。

熊の人口は一九五五（昭和三〇）年二五一二人であった。しかし、その後、林業中心の山間地は、外材の輸入、人件費の高騰などの要因が重なって、林業が不振となり、農外への労働力流出と人口過疎化をもたらした。

生活改善センターの建設　さびれゆく街道、町を離れて遠くへ日銭を求めて働きに出る主婦、働いても車のガソリン代に消えていく労賃に、生活改善のために集まった自主グループ「神沢生活改善グループ」（一九五三年活動開始）の女性たちは地域に密着した問題意識を持っていた。当時、お宮の境内で、七輪《しちりん》、コンロで火を起こし、まな板や包丁を背負い籠に入れては持ってきて漬物・おやつの講習などを行っていた。また、熊婦人会では一九八一年に「ふるきを温ね新しきを知る」を課題に地域のお年寄りから昔から伝わっている食文化、農作業等の聞き書きを行った。これが七草粥等の行事食、味噌、漬物等の保存食、ふるさとの味など、古の生活の知恵を掘り起こすことにもつながった。そして人口が一九五五年の半数になった一九八〇年頃より過疎化に対する危機感は地域全体で共有されるようになった。公民館主催の「明日の熊を語る会」で、商家に育って地元に嫁いだ生活改善グループの金田三和子は「この頃、私たちの周りでは過疎過疎と言いながら、それからそれへと町のほうに越していき、空き家ばっかりになっていく、本当にさびしい」「蕎麦や味噌など農産物の加工販売をやってみたい。間借りでもいい、掘立小屋でもいいから施設が欲しい。宿場町だった賑やかさを取り戻すことができたら」と提案した。この発言が行政や市議会を動かすことになった。

「くんま水車の里」のシンボル、水車小屋 1988.5

国の施策として始まった山村振興事業を利用し、一九八三年に天然杉をふんだんに使い、木のぬくもりと香りが漂う二階建ての生活改善センターが建設された。その中に三台の調理台と味噌の発酵施設が用意された。ここを地域活動の拠点として、農産加工グループが誕生し、手作り味噌、保存食づくりに取り組むことになった。「明日の熊を語る会」での話し合いを受けて一九八六年に「熊地区活性化推進協議会」が事務局を天竜市の出向職員が担当し誕生した。この推進協議会では「ふるさと活性化対策事業として、生産施設と飲食施設を建設することになり、総額一億六〇〇〇万円の計画が立てられ、国・県・市の補助金を活用し、内四二〇〇万円は自前で資金調達することとした。資金をえるために、地区の共有林を売却、熊地区全戸三〇七戸が推進協議会に加入することに合意がなされ実現した。その後も補助金を利用してそば加工施設、間伐材使用の護岸事業等を行った。一方、明治から昭和の初年にかけて水車を利用して自家発電を行っていた。そこで、里のシンボルとして「水車」（製粉・精米施設）を建設し、一帯を「水車の里」とし、グループの名称も「水車の里グループ」（一名の男性を含む三一名）とした。このグループが農産品「そば」や「みそ」等の製造部門を担当し、食事処「かあさんの店」では手打ちそばをメインメニューとし、七名のパート職員を雇用し開店した。

農林水産祭「豊かな村づくり部門」で天皇杯獲得（農林水産省）　一九八九年、地域振興と相互扶助の先駆的な取り組みが高く評価され、農林水産祭「豊かな村づくり部門」で天皇杯を獲得した。このことにより、メディアでもたびたび取り上げられ、売り上げは増加し、これまで無報酬で頑張っていた「水車の里グループ」にも報酬が支払われるようになった。「水車の里」と「かあさんの店」は活性化推進協議会から施設を借りて運営してきたものであったが、その賃借料二〇〇万円も納めることができた。一九九五（平成七）年「くんま水車の里」が「道の駅」に認定され、金田は駅長になった。

NPO法人に　一九九五年の阪神大震災をきっかけとして誕生したNPO法が一九九八年に成立した。公益、非営利、地域活性化、生きがいづくりということの法律の趣旨が本グループのミッションに合致することがわかり、その設立に踏み切ったのは二〇〇〇年六月である。そこで活性化推進協議会を解散し、新たに全戸加入、

「水車の里グループ」メンバー　1989.10.10

会費一〇〇円のNPO法人を設立、山間地活性化のモデルとして、県下で五四番目、北遠地区で最初に認証。「夢のある未来に向かって、前進していきたい」との願いをこめてNPO法人「夢未来くんま」と名付けられた。（静岡新聞二〇〇〇・七・四）水車部、ふるさと部、しあわせ部といきがい部からなり、水車部で得た収入を他の三部門に還元することとした。

水車部では、翌年の一〇月には林産物展示販売施設「ぶらっと」を完成した。天然杉をふんだんに使って、二階を販売スペース、一階を展示体験コーナーとした。水車の里グループ」が制作したそばやみそ、五平餅やまんじゅうなどの農産物加工品から、竹や木端を材料にして作ったミニチュアの農機具の籾摺り機に唐箕《とうみ》等が並ぶ。地元やゆかりの人たちのきらりと光る一芸一品に目を付け、商品化するのが駅長の金田の仕事である。夏と冬の二回にわたって売り出される「ふるさと便」は添加物を一切使わない、まごころ込めた手作りのそばやみそ等の詰め合わせであり、素朴な味が「玉手箱」のようだと喜ばれている。

ふるさと部では環境保全の活動と位置付けられ、子どもの体験活動の場としてふさわしい水辺を選定し、河川利用の促進を図ることを目的として「くんま子どもの水辺協議会」を設立した。文部、建設両省と環境庁が連携して行う「子どもの水辺再発見プロジェクト」の協議会として県内初のモデルとなる（静岡新聞二〇〇〇・八・一八）。

阿多古川の支流、六郎沢川ではホタルの乱舞する六月の一か月間ホタルが観賞でき、その生態を学ぶ。三月にはギフチョウの観察会、夏休みはオートキャンプ場でのアユつかみ、川の生き物を学ぼう等、子どもたちの環境教育にも力を入れる。

しあわせ部ではお年寄りの生きがいづくりを支援する活動「どっこいしょ」は、各地区を巡回し、簡単な体操、レクリエーションをしたり、弁当を囲んで会話を楽しんだり、〝出前老人憩いの場〟づくりの活動である。二〇〇〇年一一月に活動を開始し、月に一回山間の地区を回り開催、毎回七五歳前後のお年寄りが二〇人前後集まる（静岡新聞二〇〇一・三・一四）。地区の七五歳以上の一人暮らし老人を対象に、月一回の給食の宅配サービスを実施。これはかあさんの店等の収益を地域に還元するためにはじめたものである。約四〇人に宅配を行う。出来たてのお弁当を載せた車は、一台がやっと通れるような細い山道を上る。一五年近く一人暮らしを続ける大桑モトさん（八一歳）は「手をかけた料理はできない。永く暮らした住み慣れた場所。他へはいけないし、嬉しい限り」という（静岡新聞二〇〇〇・一一・二一）。

いきがい部では、社会教育、町づくり、交流事業等を担当。かつては一〇〇〇枚あったという大栗安の棚田も都市との交流の場、農作業体験の場として、散策ツアーが計画されている。空き家対策に、農山村への移住にも知恵をしぼる。「最近はバイクのツーリング客が多くなり、リピーターも多くなった。駅長の金田は「ここへ来てほっとするというお客さんの言葉が一番うれしい。感謝しながら楽しい交流を続けていきたい」と。そして、フィリッピン、チェコ・スロバキア、韓国等との交流にも力を注いでいる。

おわりに　生活改善、地域おこしを原点にして始まった女性たちによる事業は、全戸加入のＮＰＯ法人となり、行政、高齢者、男性の協力を得て事業規模としては八千万円、地域の雇用を生み出し、年間七万人の集客がある。先駆者として他の地域の活動にも影響を与えている。過疎化の波は避けられないとのことではあるが、恵まれた自然、親密な人間関係、課題解決型の地域づくりを目指して、一人一人がいかに活き活きと生きて行かれるかの模索は研修・学習を重ねながら粘り強く展開されている。日本全国いたるところで見られる限界集落の再生への一つの試みとして注目されており、あわよくば若い人への魅力づくり、定着率の増加など、残された課題はいろいろあるが、なにが生活を豊かにするのかとのわれわれ自身への問いかけでもある。

執筆者一覧　執筆順

市原正恵（故人、静岡市、女性史研究者）
枝村三郎（藤枝市、元高校教員）
平井和子（清水町、一橋大学特任講師）
日野資純（静岡市、静岡大学名誉教授）
村瀬隆彦（藤枝市、掛川東高校教員）
肥田正巳（藤枝市）
竹内康人（浜松市）
清水実（島田市、元高校教員）
川口和正（東京都中野区、ライター）
五味響子（静岡市、元『静岡の文化』編集委員）
橋本誠一（静岡市、静岡大学教員）
小池善之（浜松市）
鈴木雅子（静岡市）
高柳友彦（東京都、一橋大学教員）
高木敬雄（掛川市）
沼尻晃伸（埼玉県、立教大学教員）
大塚佐枝美（静岡市、静岡女性史研究会）

静岡大学人文社会科学部研究叢書 39

時代と格闘する人々

2015 年 3 月 10 日　第 1 刷発行

定　価　本体 2,315 円 + 税

編　者　静岡県近代史研究会

〒 422-8529　静岡市駿河区大谷 836

静岡大学人文社会科学部法学科橋本研究室内

会長　橋本誠一

TEL・FAX 054-238-4544

発行人　松原正明

発　行　羽衣出版

〒 422-8034　静岡市駿河区高松 3233

TEL 054-238-2061

FAX 054-237-9380

ISBN978-4-907118-14-3　C0021 ¥2315E